湘籍辛亥风云人物传记丛书

饶怀民　主编

甘肃临时军政府都督
黄钺传

陈向科　著

岳麓書社

·长　沙·

黄钺（1930年）

黄钺（青年时期）

黄钺（老年时期）

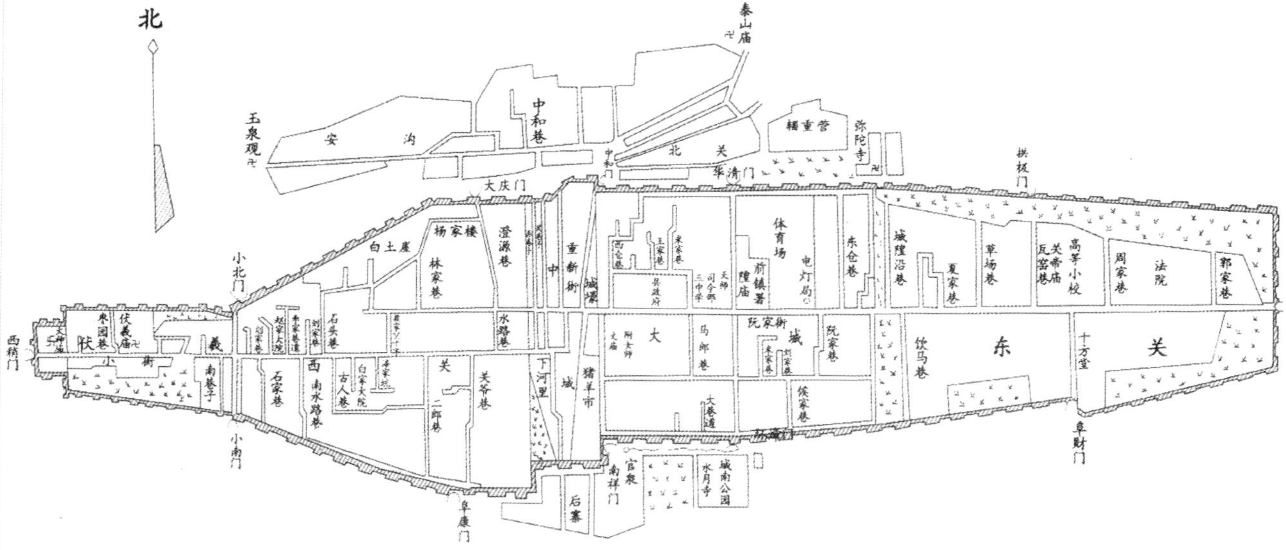
北
秦山庙
王泉观
安
沟
中和巷
中和门
北
关
辎重营
弥陀寺
拱极门
大庆门
小北门
西稍门
伏羲庙
伏
义
南巷子
小南门
石家巷
西
南水路巷
古人巷
石头巷
白土崖
杨家楼
林家巷
澄源巷
水路巷
关
二郎巷
关爷巷
阜康门
下河里
城
重新街
中
城壕
猪羊市
后寨
南祥门
官泉
水月寺
城南公园
体育场
前镇署
隍庙
电灯局
兵政府
东仓巷
城隍沿巷
夏家巷
草场巷
关帝庙
瓦窑巷
高等小校
周家巷
法院
郭家巷
广武门
大
马郎巷
阮家街
城
阮家巷
大巷道
侯家巷
饮马巷
东
十方堂
关
阜财门
民国初年秦州

黄钺起义时的军事指挥所——秦州泰山庙(摄于1927年黄钺起义前夕)

甘肃临时军政府军票

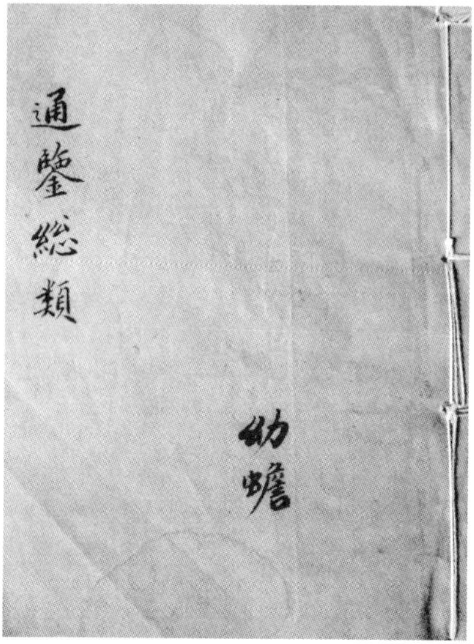

黄钺手迹

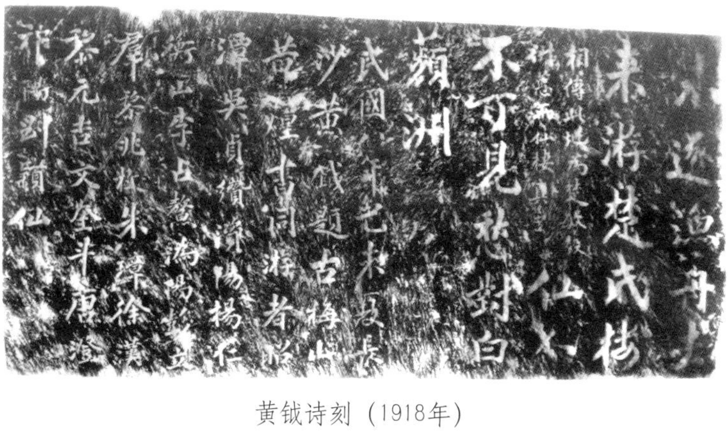

黄钺诗刻（1918年）

黄钺墓

湘籍辛亥风云人物传记丛书
总序

1911年10月10日，以武昌首义为标志的辛亥革命是中国近代史上的重大事件，它一举推翻了统治中国2000多年的封建君主专制制度，建立了资产阶级民主共和国，使中国民族资本主义获得了进一步发展，也使中国人民在思想上获得了空前大解放，大大促进了中国的近代化。因此，在近代以来的中国社会发展进程中，辛亥革命是一个重要的里程碑，因而产生了重大而深远的影响！湖南则因其特殊的历史机缘在辛亥革命时期成为举足轻重的地域之一，具有重要的历史地位，如国内率先发动的长沙起义，引领长江流域革命的鄂宁起义，震惊中外的萍浏醴起义，民族资产阶级上层发动的国会请愿运动，以绅商为主体带头发动的湖南保路运动，社会广泛参与的长沙抢米风潮，湖南首先响应武昌首义以及派遣湘军援鄂、策动各省光复等等，都是整个辛亥革命史链条中的重要环节。

辛亥革命这场伟大的革命运动不仅改造着社会，也改造着人们自身，诚如列宁曾经指出的，“历史早已证明，伟大的革命斗争会造就伟大人物，使过去不可能发挥的天才发挥出来”[①]。辛亥革命不仅铸就了孙中山在中国资产阶级民主革命中的领袖地位，而

① 列宁：《悼念雅·米·斯维尔德洛夫》（1919年3月8日），《列宁全集》第29卷，人民出版社，1956年，第71页。

且造就了一个庞大的领袖集团，可以毫不夸张地说，在这一领袖集团中，湖南人以其人数之众、知名度之高、贡献之大、影响之深，格外引人瞩目。其中有与孙中山齐名，领导过10多次武装起义的“武圣”、陆军总长黄兴；有以领导云南重九起义和奋起讨伐袁世凯、声威远播于海内外的护国将军蔡锷；有率先加入湖北新军，担任过湖北著名革命团体文学社社长，武昌起义前被推举为临时总司令的开国元勋蒋翊武；有精通资产阶级民主与法制，被人们赞誉为“第一流政治家”“为宪法流血第一人”的宋教仁；有代理孙中山、黄兴主持东京同盟会总部工作长达四五年之久，抵制“倒孙”风潮，粉碎暗杀孙中山阴谋，为辛亥革命一家牺牲三位亲人的“痛苦的革命家”刘揆一；有受东京同盟会总部派遣领导过萍浏醴起义，被清吏杀害而成为“同盟会员中为中国革命流血第一人”“留日学界为中国革命流血第一人”的青年革命家刘道一；有一生四次加入革命团体、六次担任总司令，开辟整个华东战场，在沪宁光复过程中立过汗马功劳的李燮和；有著名通俗宣传家、被时人称之为“革命党之大文豪”，著名的《警世钟》《猛回头》《狮子吼》的作者陈天华；有在日本参与创办《游学译编》和湖南编辑社，着力介绍西方社会科学和自然科学知识，对帝国主义本质有着深刻认识的《新湖南》作者、蹈海志士杨毓麟；有大胆改革《苏报》、大造革命舆论、第一个将日本志士宫崎滔天所著《三十三年之梦》节译出来，将孙中山首先介绍给国人的著名的民主革命宣传家章士钊；有以联络会党为职志，在汉口、汉阳相继失守的关键时刻临危受命，出任过武昌防御使兼北面招讨使，人称“托塔天王”的谭人凤；有担任过同盟会湖南分会会长，因积极从事革命活动被捕、备受酷刑而宁死不屈的革命活动家禹之谟；有担任过同盟会调查部长，嗣后又参与组织著名革命团体共进会，并率先响应武昌首义，被推举为湖南首任都督的焦达峰；有秘密策划武昌首义，事泄被捕、英勇就义的武昌首义著名三烈士之一的刘复基；有因抗议日本文部省颁布的《取缔留学生规则》、愤而回国，在上海创办中国公学受阻、投黄浦江以死抗争的姚宏业；有主编过《洞庭波》杂志和《帝国日报》，积极鼓吹反清革命、事泄被捕的“牢狱诗人”宁调元；有回国响应萍浏醴起义，失败后在江苏扬州谋刺两江总督端方、慷慨捐躯的杨卓林；有毁家纾难、离乡背井，长期以山西为主要活动区域，辗转于长江流域各省，联络会党密谋起义，失败后被捕而瘐死狱中的郑子瑜；有在广州新军中秘密散发“保亚票”，联络清巡防营中会党，策动反清武装起义被捕牺牲的谭馥、葛谦；有在新疆领导迪化（今乌鲁木齐）起义，将民主革命烈火燃遍天山南北，誓与迪化共存亡，被捕牺牲的刘先俊；有在甘肃领导秦州（今天水）起义、宣布秦州独立、成立甘肃临时军政府担任都督的黄钺；有在贵州率先成立自治学社、担任贵州枢密院院长的张百麟；几乎可以说，在辛亥革命时期，湖南人在中国乃至世界各地都留下了他们从事革命活动的足迹，在辛亥革命的每一个阶段都曾建立过不朽的历史功勋！

孙中山于1912年3月6日曾以临时大总统名义给予陈天华、杨毓麟、杨卓林、郑子瑜等湖南死难烈士高度的评价，并批准建立烈士祠。他在给陆军部下达的批文中明确批示：“按民国缔造之功，匪一手足之烈，睹兹灿烂之国徽，尽系淋漓之血迹。以上诸烈士，或谋未遂而身赴西市，或难未发而瘐死囹圄，或愤铁弹之一击，或举义旗于万夫，或声嘶去国之吟，或身继蹈海之烈”；“此次义师一呼，万方响应，实由民族学说灌输人心，已匪朝夕，故铜山崩而洛钟应，光复大业，期月告成”。[①] 这段赞词无异于给所有湘籍志士的反清革命活动勾勒出了一幅色彩绚丽的历史画卷！

为了叙述的方便，我们将湘籍辛亥风云人物对辛亥革命的贡献概括为以下四个方面：

第一，出版著作、译作，创办报章杂志，广泛开展革命的舆论宣传。

“长夜千年何日醒，睡乡谁遣警钟鸣？”在中华民族面临亡国

---

① 孙中山：《令陆军部准建杨、郑二烈士专祠并附祀吴、熊、杨、陈四烈士文》（1912年3月6日），《孙中山全集》第二卷，中华书局，1982年，第183页。

灭种的危急关头，是杨毓麟、陈天华等人率先向国人敲响了警世钟！他们撰写、出版了一大批唤醒国人的著作，其中较早的代表作是杨毓麟的《新湖南》。该书于1902年冬在日本东京刊行，早于邹容的《革命军》、章炳麟的《驳〈康有为论革命书〉》等著作。《新湖南》虽以省区命名，但其出发点并非仅仅论述湖南省范围内的区域自治，而是基于作者深厚的国学功底和对世界历史与现状的深刻了解，以其广阔的政治视野探索了20世纪的时代特征。杨毓麟将湖南人的历史责任放在民族解放运动的整体中进行考察，同时又将振兴中华的事业放在新世纪的世界全局中来认识，他的著作因此具有超越同时代革命党人的思想深度。可以毫不夸张地说，杨毓麟对帝国主义本质的认识是最深刻的，诚如我国当代著名历史学家章开沅教授曾经指出的，“作者对帝国主义这个怪物的认识，是当时历史条件下先进的中国人所能达到的最深刻的理解”[①]。《新湖南》以强烈的理论色彩见长，容易在“中等社会”即资产阶级知识分子中广泛传播。此书出版后，“风行于世”，大量传播于内地，成为当时影响最大的新潮读物之一。

如果说杨毓麟的《新湖南》是用文言文写成，专从学理上阐述反帝反封建斗争，容易在“中等社会”中广为流传的话；那么陈天华的《猛回头》《警世钟》《狮子吼》则是用白话写成，更容易在“下等社会”即广大下层劳动群众中传播开来。1906年，龙华会会员、浙江金华人曹阿狗到处演唱《猛回头》，被金华知府杀害。为此，金华知府出一告示，诬称《猛回头》为“逆书”，“阅者杀无赦，以阿狗为例”；可是，“索观此逆书之人益多，乡人多辗转向上海购阅”[②]。据史料记载，士兵读之，“奉为至宝”；学生读之，“如同着迷”，“时以偷看《猛回头》为乐”。当时革命派在新军中的代表，甚至以此为政治教材，士兵退伍，“散至民间，则

① 章开沅：《湖南人与辛亥革命》，湖南史学会编《辛亥革命在湖南论文集》，湖南人民出版社，1984年，第6页。

② 冯自由：《中华民国开国前革命史·中编》，良友图书印刷公司，1920年，第130页。

用为歌本，遍行歌唱，其效力之大，不可言喻”①。《猛回头》《警世钟》两书再版10余次，仍然供不应求。陈天华强烈的反帝爱国思想大大鼓舞了人们的斗志，也使他赢得了“革命党之大文豪”的赞誉！

除上述著作之外，还不能不提到一批颇具影响的译作，最引人注目的是翻译家赵必振的译作。他于1902年在上海广智书局翻译出版了日本著名社会主义思想家幸德秋水所著《二十世纪之怪物帝国主义》和《广长舌》；翌年，他又翻译出版了福井准造著的《近世社会主义》；在此前后，他还翻译了《日本人权发达史》《世界十二女杰》《东亚将来大势论》《阿拉伯史》《土耳其史》《巴比伦史》《希腊史》《罗马史》等10余部著作；他是我国早期介绍社会主义思想的著名翻译家，尽管他所说的社会主义并不完全是真正意义上的科学社会主义。此外，由黄兴、杨毓麟于1902年11月在东京创办的《游学译编》是“全以译述为主”的刊物。是年底，又由黄兴、蔡锷等人创办了“湖南编译社”，大量译介西方近代科学知识，宣传民主革命思想。这一大批湘籍志士的译著，如果从整体上考察，则无论从广度或深度方面较诸启蒙大师严复都有所前进！

报刊是舆论之母，是传播思想文化的重要载体。湘籍志士始终把创办报章杂志作为推动民主革命事业的重要组成部分。据不完全统计，在辛亥革命前后，即从1901年到1917年，由湘籍志士创办或主编的宣传民族民主革命思想的报章杂志多达40余种。他们在这些刊物上发表的文章包括时评、社论、新闻等等，大都有感而发，具有很强的针对性。上述著作、译作和文章犹如黑血、金鼓、警钟、木铎，敲响了清王朝灭亡的丧钟！

第二，聚集人才，创建革命团体，深入进行组织活动。

1904年2月以黄兴为首成立的华兴会，是国内第一个反清革命团体，人数多达数百人。1905年8月，同盟会成立，华兴会除

① 曹亚伯：《武昌革命真史》前编上，上海书店，1982年，第130页。

个别成员外，几乎全部加入了同盟会。据冯自由著《革命逸史》所载《同盟会最初三年会员人名册》统计，1905 年至 1907 年间在东京登记的 960 名会员中，湘籍志士 157 人，仅次于广东。[①] 同盟会东京本部所设执行、评议、司法三部中，黄兴任执行部庶务，实居协理之职。其后，代理庶务干事、主持本部工作的还有宋教仁、刘揆一等人，刘揆一主持同盟会本部工作长达四五年之久。宋教仁还担任过司法部检事长。胡瑛、覃振、陈家鼎、范治焕等任评议部评议员。同盟会章程八名起草人员中即有黄兴、宋教仁、陈天华等人，处于执牛耳的地位。以孙中山、黄兴为轴心的中国第一个资产阶级政党同盟会的成立，标志着中国资产阶级民主革命进入到了一个崭新的阶段。

1907 年 8 月，共进会在日本东京成立，焦达峰被推举为交通部长。对于组织共进会，刘揆一“极表赞成”。该会创立的目的完全是为了加强会党的联络工作，以推动长江流域的革命事业。由于焦达峰、刘揆一及川人张百祥、吴玉章等同盟会员的推动，各地哥老会、孝友会、三合会等会党组织在日本的首领“终于在 1907 年的下半年结成了一个统一的组织”[②]。

为进一步推动长江流域的革命事业，中部同盟会应运而生。1911 年 7 月在上海成立的中部同盟会，选举宋教仁、谭人凤等人为总务干事。公推谭为总务议长，负责召集会议、保管文书及印信等事，会后发布了谭起草的成立《宣言》；宋教仁被推举任文事，他亲手制定了《中部同盟会总会章程》《总务会暂行章程》《分会章程》等等。谭、宋二人实居于核心地位。

上述两个革命团体尽管在成立过程中存在这样或者那样的缺点甚至错误，但它对统一全国各地会党，促成同盟会将战略重点由东南沿海转移到长江流域、推动中部地区的革命事业具有重要的战略意义，其积极作用还是主要的。

---

① 冯自由：《革命逸史》第六集，中华书局，1981 年，第 75 页。

② 吴玉章：《吴玉章回忆录》，中国青年出版社，1978 年，第 49 页。

1908年12月在广州成立的保亚会，是谭馥、葛谦等湘籍志士为策动广州巡防营起义而设立的革命团体。保亚会采用唐才常领导庚子自立军起事散发“富有票”的方法，在广州巡防营士兵中散发“保亚票”，嗣因鄂人严国丰不慎失落“保亚票”，而使这次策动清巡防营起义的计划泄露归于流产。葛谦、严国丰当即被捕就义，谭馥于翌年被捕牺牲。

特别值得一提的是，在湖北革命团体的演变中，鄂籍志士无疑起到了关键性的主导作用；湘籍志士的参与更是湖北革命团体屡仆屡起的重要原因之一，有的甚至还担任了湖北革命团体的主要领导者。1904年成立的科学补习所，胡瑛为总干事，宋教仁任文书；1906年成立的日知会，辜天佑为干事，胡瑛为主要活动分子；1908年成立的军队同盟会，湘籍志士杨王鹏、钟畸、章裕昆等都是该组织的骨干成员；同年底成立的群治学社，“暂设庶务一人，主持会务”，众推钟畸为庶务；① 1910年，群治学社改为振武学社，杨王鹏任社长；钟、杨均为著名的湘籍英烈。1911年，振武学社改为文学社，蒋翊武任社长，武昌首义前夕，文学社已发展会员达3000人，成为当时最有影响的革命团体。正是文学社与湖北另一个革命团体共进会联合，共同领导了武昌首义。

第三，拥戴孙中山，维护孙中山，勇敢地捍卫孙中山的领袖地位。

当清政府横加诬陷、悬重赏捉拿孙中山的时候，当保皇党人肆意诋毁、恶毒攻击孙中山的时候，当多数革命党人由于孙中山形象被扭曲而对其产生误解、不敢与其接近的时候，是毕永年、秦力山等一批湘籍志士主动与孙中山站在一起，风雨同舟，带头与孙中山交游，从而较早地沟通了孙中山与留日学生之间的感情。孙中山与湖南知识界最早取得联系的代表人物是长沙拔贡毕永年。毕于1899年东渡日本，率先加入孙中山最早创立的革命团体兴中

---

① 张难先：《群治学社始末》，严昌洪等编《张难先文集》，华中师范大学出版社，2005年，第162页。

会，旋奉孙中山之命，回国调查国内会党势力，从事联络长江流域哥老会的工作。同年冬，毕永年邀约哥老会各山堂正龙头齐集香港，与陈少白联络的三合会合作，并在兴中会本部举行兴中会、三合会、哥老会的合并大会，另拟会名为“兴汉会”，拥戴孙中山为总会长。为让更多的人了解孙中山，秦力山曾有过为孙中山立传的想法，后因担心别人说他“好标榜，复罢之”。但这一意愿终于由另一个湖南人章士钊在1903年实现了，章利用他在沪上主《苏报》笔政的余暇，节译了日本志士宫崎滔天撰写的《三十三年之梦》，以《孙逸仙》为书名出版。章士钊以敏锐的政治眼光率先喊出：孙逸仙为“近今谈中国革命之初祖，实行革命者之北辰”，“有孙逸仙，中国始可为”。这种认识与秦力山极相类似，因而秦热情为该书作序，尊崇孙逸仙为“天锡之勇者”①。此书一出，“一时风行天下，人人争看”，这对人们全面了解、重新认识孙中山起到了振聋发聩的作用。以1903年章士钊的《孙逸仙》一书出版为契机，初步确立了孙中山在资产阶级、小资产阶级知识分子中的领袖地位。

此后，在陶成章、章太炎、张继等人连续两次掀起“倒孙”风潮的关键时刻，是黄兴、刘揆一挺身而出，坚决捍卫孙中山的领袖地位。1907年3月，在第一次“倒孙”风潮中，陶成章等人要求当时主持本部工作的刘揆一召开一次特别会议，以便开除孙中山，另选黄兴为总理。刘揆一力排众议，断然拒绝召开特别会议。为此，张继竟然同刘揆一在民报社编辑部互相揪打起来。刘揆一坚持认为，黄兴“素以实行革命为务，绝不居此空虚总理之名，且方与孙总理共谋粤东起义，万一因‘总理’二字而有误会，使党军前途顿生阻力，非独陷害孙、黄二公，实不啻全体党员之自杀”② 就在同盟会内部矛盾加剧之时，日后成为叛徒的刘光汉伙

① 黄中黄：《孙逸仙》，《中国近代史资料丛刊·辛亥革命》四，上海人民出版社，1957年，第91页。

② 刘揆一：《黄兴传记》，饶怀民编《刘揆一集》，湖南人民出版社，2008年，第152页。

同日本人北辉次郎等人企图篡夺同盟会领导权，提出所谓改组同盟会的提案，挑起了更加激烈的纷争。刘揆一在“望浅、众意不属”的情况下[①]，仍然坚持维护孙中山的领袖地位，他将东京本部这种混乱状况急函在香港的友人彭邦栋转告黄兴。黄兴在复函中称：“革命为党众生死问题，而非个人名位问题，孙总理德高望重，诸君如求革命得有成功，乞勿误会，而倾心拥护，且免陷兴于不义。”正是由于黄、刘正确处理同盟会内部纷争，“会众遂欣然安之”，第一次“倒孙”风潮暂时平息下来。

1908 年 2 月，刘光汉在公众舆论面前，无法遂其个人野心，竟暗中勾结日本人北辉次郎、清藤幸七郎等人阴谋暗杀孙中山，“欲以十万金而鬻孙文之首”[②]。又是刘揆一团结东京同盟会本部同仁共同斗争，一举粉碎了一起惊心动魄的暗杀孙中山的阴谋。

1908 年 9 月，在第二次“倒孙”风潮中，陶成章以川、粤、湘、鄂、江、浙、闽七省同志的名义起草了一份“孙文罪状”的公函，要求同盟会公开发表；章太炎发布《伪〈民报〉检举状》以与陶相唱和，大肆攻击孙中山；在法国的张继，与陶、章遥相呼应，要求孙中山“辞退同盟会总理”职务，布告天下。黄兴、刘揆一严正拒绝了陶、章等人提出革除孙中山总理的要求，拒绝发表所谓的公函。并由黄兴、刘揆一、谭人凤三人联名致函南洋各埠，对陶氏散发的“孙文罪状”逐条加以驳斥，以中国同盟会总部的名义致函美洲各华侨报馆同盟会员，针对陶、章所为，规定“按本会章程，如总理他适，所有事务由庶务代理，故凡公函必须有庶务签名及盖用同盟会之印者，方可认为公函”[③]。如非公函，“同人可置之不理”。喧嚣一时的第二次“倒孙”风潮总算平息下来。

---

① 汤志钧：《章太炎年谱长编》上册，中华书局，1979 年，第 258 页。

② 宋教仁：《程家柽革命大事略》，陈旭麓主编《宋教仁集》下册，中华书局，1981 年，第 439 页。

③ 黄兴等：《致美洲各埠中文日报同志书》（1909 年 11 月 7 日），《黄兴集》，中华书局，1981 年，第 11 页。

在组织南京临时政府的过程中，黄兴仍然在关键时刻发挥了重要作用。1911 年 2 月，各省代表会议致函黄兴，欢迎黄兴去南京组织临时政府。临行前，黄兴获悉孙中山不久即可到达上海，遂决定等待孙中山到达上海之后再定行止，众不以为然，他解释说：“孙先生是同盟会的总理，他未回国时，我可以代表同盟会，现在他已在回国途中，我若不等待他到沪，抢先一步到南京就职，将使他感到不快，并使党内同志发生猜疑。”① 于是，在黄兴等人的积极努力和精心安排下，使孙中山顺利当选为中华民国临时大总统，从而胜利地完成了建立民主共和国这一中国历史上的伟大创举！

第四，赴汤蹈火，前仆后继，积极开展反清武装斗争。

1904 年的长沙起义是国内第一个反清革命团体华兴会领导的第一次反清武装起义。这次起义是黄兴、刘揆一等革命知识分子与倾向革命的会党首领马福益等共同商量制定的，他们计划于 1904 年 10 月 10 日清西太后 70 岁生日那天，全省官吏在省城行礼时，“预埋弹药其下，以炸毙之”，而乘机起义，外分五路响应，以“洪会健儿充队伍，军学界人为指挥”②。推黄兴为主帅，刘揆一、马福益为正副总指挥。但这次起义由于会党败类告密而流产，黄兴、刘揆一等人逃往上海，马福益于翌年被捕遇难。长沙起义失败后，黄兴、刘揆一又与华兴会外围组织上海爱国协会同仁于同年 11 月间共同策动了引领长江流域革命的鄂宁起义，但这次起义又由于受万福华刺王之春事件的牵连，造成黄兴等 13 人被捕入狱，鄂宁起义计划被迫搁浅。黄兴等人出狱后，原华兴会成员纷纷东渡日本，他们并没有因两次起义的先后失败而停止其革命活动，而是集结在中国第一个资产阶级政党同盟会的旗帜下，酝酿着更大规模的反清武装起义。

① 李书城：《辛亥前后黄克强先生的革命活动》，《辛亥革命回忆录》（一），文史资料出版社，1981 年，第 196 页。

② 刘揆一：《黄兴传记》，饶怀民编《刘揆一集》，湖南人民出版社，2008 年，第 141 页。

1906年，受黄兴派遣，同盟会员刘道一、蔡绍南在湘、赣边境发动了震惊中外的萍浏醴起义，这次起义是同盟会成立后领导的第一次大规模武装起义，也是南部中国自太平天国运动以后范围最大的一次革命。参加起义的民众包括江西萍乡安源地区的一部分煤矿、陶瓷工人，湖南醴陵、浏阳的贫苦农民和手工业者，聚众3万多人，义旗所指，云集响应，起义遍及萍乡、浏阳、醴陵、衡山、湘潭、平江、宜春、万载、义宁（今江西修水）等市县，与清军鏖战匝月，交战26次，给清朝统治者以沉重的打击。清政府集结了湘、鄂、赣、苏四省兵力，包括地主武装团练5万多人，才将这次起义镇压下去。这次具有资产阶级民主革命性质的大起义揭开了以后同盟会领导的一系列武装起义的序幕。孙中山在东南沿海发动和领导的反清武装起义中，黄兴几乎无役不与，例如1907年的防城起义和镇南关起义、1908年的钦廉上思之役和云南河口起义、1910年的广州新军起义、1911年的黄花岗起义等等。在钦廉上思之役中，黄兴率领华侨青年200余人对抗清兵2万多人，“转战数月，所向无前，敌人闻而生畏，克强之威名因以大著”①。黄花岗起义前夕，黄兴抱着以身殉革命事业的决心，留下绝笔书，战斗打响以后，他组织敢死队，始终站在战斗第一线，一直战斗到最后只剩下他一个人，而且被打断两指，仅以身免。

武昌首义爆发后，临时总司令是蒋翊武，嗣由黄兴担任战时总司令，黄兴离汉赴沪之后，谭人凤毅然出任武昌防御使兼北面招讨使。在各省光复过程中，湖南是首先响应湖北首义的“首应之区”。10月22日，焦达峰、陈作新率新军起义，湖南各地会党积极响应，当晚，湖南即宣告独立，举焦达峰、陈作新为湖南军政府正、副都督。湖南军政府成立之后，先后分四批派遣16个营8000多名湘军援鄂，湖湘子弟在前线风餐露宿、浴血奋战，表现出对清朝封建专制统治的无比愤恨和对革命事业的无限忠诚，协

① 孙中山：《革命原起》，《中国近代史资料丛刊·辛亥革命》一，上海人民出版社，1957年，第14页。

统刘玉堂和敢死队队长徐鸿斌在前线英勇杀敌殉难，其他官佐、士兵“死伤约千人”[①]。这批援鄂湘军的参战，稳定了武汉战局，巩固了新生的湖北革命政权。在各省光复中，还有蔡锷、李燮和、孙道仁、黄钺等湘籍志士纷纷率众在各地起义，以响应武昌首义。10月30日，蔡锷在云南昆明发动重九起义，这次起义是除首义的湖北之外，独立各省革命党人组织的省城起义中战斗最为激烈、付出代价也是最巨大的一次，经过一个晚上又一个上午的血战，终于大获全胜。11月1日，成立云南军政府，蔡锷出任都督。11月3日，陈其美发动上海起义受挫被俘，李燮和下令组织敢死队，冲锋陷阵，营救陈其美出险；经过连夜苦战，清政府在上海的最后一个反动堡垒江南制造总局终于被攻克。11月4日，上海胜利光复。诸军推李燮和为临时总司令，移驻江南制造总局。李燮和除担任上海起义军临时总司令外，还先后担任过吴淞军政分府水陆军总司令、光复军总司令、援鄂联军总司令、光复军北伐总司令、长江水师总司令等多个总司令职衔，以军功论，李燮和应当出任上海军政府都督，但由于革命党人内部发生争夺都督风波，李燮和以大局为重，只好让位于陈其美，他本人退守吴淞，被举为吴淞军政分府都督。后来，李燮和又参与江、浙联军攻克南京，厥功甚伟。11月7日，经过革命党人反复做工作，广西宣布独立，改巡抚衙门为军政府、咨议局为议院、桂军为国民军，以原清广西巡抚沈秉堃为都督。9日，孙道仁在福建率新军起义，11日，成立福建军政府，孙被推举为都督。在山东光复过程中，烟台曾是同盟会北方支部所在地，在革命与反革命进行殊死搏斗的关键时刻，孙中山委任胡瑛为烟台都督。在甘肃光复过程中，黄钺领导了秦州起义，成立了甘肃临时军政府，黄钺出任都督。此外，新疆光复是刘先俊领导的，他率先在迪化起义，被捕遇害，成为辛亥革命时期牺牲在西北边陲的著名英烈。贵州光复是张百麟为

① 谢介僧、文斐：《湖南辛亥光复事略》，《辛亥革命史料选辑》（下），湖南人民出版社，1981年，第11页。

首的“自治学社”领导的，贵州军政府成立时，众推张百麟为都督，张固辞未就，改任枢密院院长，掌握军政、民政事宜。刘先俊和张百麟也都是湖南人。诚然，清王朝的最终覆灭是同盟会领导全国人民共同奋斗的结果，但湘籍志士毕竟具有特殊的劳绩。

中华人民共和国成立以来，有关湖南辛亥革命史以及湘籍辛亥人物的文献整理与研究取得了较大的成绩，特别是湘籍辛亥人物文集的整理成效尤著，先后出版了《黄兴集》《蔡锷集》《宋教仁集》《陈天华集》《刘揆一集》《杨毓麟集》《谭人凤集》《宁调元集》《杨度集》《章士钊全集》等10多部文集；在此基础上，也陆续出版了有关黄兴、蔡锷、宋教仁等人的传记。尽管如此，这与湘籍辛亥人物在辛亥革命史上的地位相比还是极不相称的。因此，出版一套“湘籍辛亥风云人物传记丛书”就显得很有必要。

科学研究是没有止境的，辛亥革命时期的人物研究也不例外。有的湘籍辛亥人物虽然已经出版过传记，但还是可以继续挖掘新资料，从新的视角、不同的侧面进行深入研究的；有的湘籍辛亥人物由于搜集资料存在某些困难，几乎无人问津，类似这种情况更需要有人去进行研究，只要我们下苦功夫沿着当事人的活动轨迹去进行地毯式的搜查，还是能够发现蛛丝马迹、找到不少文献资料和口碑资料的，而且这样的学术研究成果属于填补空缺之作，更具有学术价值。

因此，对湘籍辛亥风云人物的研究，仍然具有广阔的空间。这就为出版“湘籍辛亥风云人物传记丛书”提供了可能。

马克思主义认为，历史首先是劳动群众创造的，是劳动群众的历史；在承认劳动群众创造历史的同时，也承认个人在历史上的作用。杰出的历史人物对社会的发展往往能起到加速或者延缓的作用。政治家、思想家的正确领导能促进历史的发展；他们所创造的革命理论能为群众自发运动指明前进的方向，诚如列宁所指出的："没有革命的理论，就不会有革命的运动。"① 如果没有正确的领导，革命就会失败，社会变革就会推迟。我们研究湘籍辛亥风云人物的思想及其生平史迹，涉及辛亥革命时期的政治、经济、军事、思想、文化以及当时的国际环境、社会背景和一些重大的历史事件等等。特别是辛亥革命时期发生的一系列重大历史事件都与湘籍志士有着千丝万缕的联系，他们或是领导者，或是策动者，或是参与者。他们的思想和活动与这些重大历史事件紧密相联，甚至直接影响着这些重大历史事件的发展进程。因此，出版一套"湘籍辛亥风云人物传记丛书"，不仅可以推动辛亥革命时期人物的思想与革命实践的研究，而且还可以促进和加深对整个辛亥革命史乃至中国近现代史的研究。

湘籍辛亥风云人物是近代湖湘文化哺育的结果。而近代湖湘文化继承了古代湖湘文化的优良传统，又吸收了近代西方文化的精华，对湘籍辛亥风云人物产生了深远影响。他们大都具有强烈的忧患意识和爱国主义情怀，他们主张经世致用，勇于任事，注重气节，有一种敢为天下先的使命感和投身政治洪流的献身精神。可以说，他们大多数人的史迹都是一部活生生的爱国主义教材！他们坚贞不屈的民族气节，改造社会的伟大理想，一往无前的英雄气概，孜孜不倦的探索精神，永远是鼓舞我们建设有中国特色社会主义的强大精神动力！因此，出版他们的传记，对于弘扬先进文化，加强社会主义精神文明建设，对广大人民群众进行爱国主义教育，推动我国的社会主义现代化建设事业具有极其重要的现实意义！

由岳麓书社申报、湖南省新闻出版局批准出版的"湘籍辛亥风云人物传记丛书"是很有创意的举措，是一件很有意义的大事，也是一件喜事！作为这套丛书的主编，我深感责任重大，将不遗余力地组织大家完成此项任务，以不辜负广大读者的期盼。

① 列宁：《怎么办》（1901 年秋至 1902 年 2 月），《列宁选集》第 1 卷，人民出版社，1976 年，第 241 页。

众所周知，出版学术著作丛书是一件很困难的事情，主要是出版经费难以筹措。在本丛书因为经费问题面临搁浅的情况下，得到了华民慈善基金会的资助，从而解除了丛书作者的后顾之忧。他们这种强烈的社会责任感和爱国主义情怀时时令我感动不已，我唯有以努力推动和促成本丛书早日出版的实际行动感谢他们的关心和支持。

我希望长期从事辛亥革命史研究的学者，特别是青年学者积极参与此项系统工程建设，振奋精神，潜心研究，撰写出更多有创意、有特色、有质量的湘籍辛亥风云人物传记，为广大读者提供丰富的精神食粮，为弘扬先进文化、繁荣社会主义史学做出更大、更新的贡献！

是为序。

饶怀民

2011 年 7 月 1 日

目　录

前　言

黄钺（1869—1943），原名庆，字绍荃，号佑禅、幼蟾，派名义瑾，册名钺，别号穆满、怡凫庵主，湖南宁乡人，中国近代史上著名的资产阶级民主革命家。

黄钺其父黄万鹏为清末名将，随左宗棠赴新疆平定阿古柏叛乱有功，任新疆提督。黄钺自小就有继承父志报效国家的宏愿。青年时期常读王船山著作，对王船山的“道随器变”“天地之化日新”的唯物主义思想和与时俱进观点非常推崇。他经常游历各地进行考察，目睹清政府的腐败，山河破碎，萌生革命思想，认为“非革新专制，推倒满清腐败政府，国将无以图存，民将无以自立”，遂立志从事革命活动，“志气倔强”。

1900 年 7 月，义和团运动期间，黄钺在驻京统领余虎恩军中任职，曾计划于直隶涿县、定兴一带，袭取自京仓皇出逃的慈禧太后。后因慈禧秘密改道经怀来逃往西安，致未所获。以事无可为，乃率部南下清江（今淮阴），旋为两江总督刘坤一遣散。不久，前往上海，与马君武、张继、禹之谟、张通典、陈贞瑞等密通声气，又与黄易、李世昌等组设环球中国学生招待所、广艺书局及武汉益中书局等机关，以为掩护，进行革命活动。他仗义疏财，广结志士，奔走南北，策划革命，因此曾被时人目之为“官场革命党”。1903 年至 1906 年之间，黄钺借助其友人、华英日报馆经理麦士尼为能的大力斡旋，曾“两救章炳麟于厄，再救黄兴、张继、章士钊于狱”。辛亥革命前期，东南革命运动风起云涌之际，黄钺只身奔赴西北传播革命火种，以“为将来大局进行计”。1912 年 3 月 11 日，他在甘肃秦州领导发动武装反清起义，振臂一呼，光复陇右，建立民主革命政权，任甘肃临时军政府都督，给封建顽固势力以沉重打击。主持甘肃临时军政府期间，黄钺一方面与以赵惟熙为首的甘肃顽固派进行针锋相对的斗争，捍卫共和果实；另一方面在政治、经济、社会文化教育等方面大刀阔斧地进行改革，实施新政，稳定社会秩序，体现了高超的斗争策略和淡泊名利的高贵品质，赢得社会各界广泛赞誉。辛亥革命后，从二次革命、北伐战争到抗日战争，他“无役不从，无苦不受”。1943 年，黄钺病逝于原籍湖南宁乡，享年 74 岁。国民政府谓其“毕生从事革命，矢志忠贞，赞助共和，厥功甚著”，特予明令褒扬，以“彰潜德，显明勋”。

黄钺不仅“晓畅军事”，还是一位“深谙文墨”“著作等身”的才子。1913 年，黄钺于“勤劳之暇，集秦州反正事实，暨往来电文、公私缄牍，并颂词报录，凡有关系于秦州表面者，皆荟萃而编辑”为《陇右光复记》。其后的倥偬岁月，黄钺陆续著有《怡皃庵诗文集》《云涛阁词存》《革命回忆录》《楚春楼随笔》，又辑刊《唐诗》《储英馆存书》《华胥幻影》《帕米尔图说》等。令人遗憾的是，后世仅留存《陇右光复记》与《革命回忆录》，其余均散佚。

《陇右光复记》分为一、二两部，约 20 万字，由时任湖南都督谭延闿题写书名，书前有民国元老、与黄钺同为湖南宁乡人的周震鳞、周昆、黄人羲等分别撰写的序言。第一部收录了 9 篇文告、34 篇电文、10 篇呈文。从秦州起义《檄文》开始，到甘肃临时军政府颁布《甘肃临时军政府法约》《甘肃临时军政府行事章程》《实行政策》《军政府及各司职员名册》以及《解决条约》等，完整地记录了秦州起义从策划、发动到成功的全过程。第二部收录黄钺和临时军政府当时与北京大总统、南京参议院、湖南都督谭延闿、甘肃同乡会及兰州、四川、武昌等省市的同仁往来文函23篇；给湖南、湖北、四川、陕西等省都督的去函45篇，两湖同乡、川军司令、伏羌军学界、兰州官绅、南京留守黄克强等的来函38篇，其他往来函件17篇；甘肃军政府成立祝词、秦州四民纪功词、童筱珊寄怀诗、陈贞瑞事略等10篇；摘录《秦风日报》《长沙日报》《天民报》《国风日报》《民立报》等有关辛亥革命和秦州起义的政论文章23篇，收录了与秦州起义有关的各种文字材料，内容广泛详尽，从不同角度反映出此次秦州起义策划组织的艰难和起义发动后面临的复杂形势以及社会各界对起义的不同态度，从中传递出极为丰富的社会历史信息，使我们可以深切感受到民国元年前后中国社会新旧思潮交错杂糅、民主共和精神在专制政治的传统中突围而出、艰难生长的不易以及推翻专制建立共和是人心所向、大势所趋的浓厚时代氛围。该书具有客观真实的特点。书中不仅详细介绍了起义的经过以及社会各界对起义的正面回应，也客观记述了起义力量十分薄弱的实际；既记录了起义后实行的各种新政对稳定社会秩序、促进经济繁荣的积极作用，也记录了起义后敌军压境、战争一触即发带给老百姓的惊恐和不安；既收录了发动起义一方的各种公文私函，也收录了反对甚至围剿起义的清朝旧吏、敌方将领的文电书函，直录无隐，真实可信。同时，该书系统完整，其所收材料，从时间上涵盖了秦州起义从策划发动到成功的全过程，从内容上包括了起义经过、起义后建立的组织机构、实行的各种政策、产生的社会反响、造成的连锁效应以及最后取消的原因，从性质上既有当时产生的各种文件，又有当事人对事件过程的叙述和报刊舆论对事件的评议，正反各方面人物的观点都在书中得到了原原本本的展示，构成了一部完整的秦州起义全宗档案，为后人留下了一份珍贵的原始记录。①

不宁唯是，《陇右光复记》还有一姊妹篇，即《陇西光复记》，

---

① 汪开云：《黄钺秦州起义与〈陇右光复记〉》，甘肃天水市档案局编《西北辛亥革命史料三种》，2011年，第265页。

可以与其互为印证。《陇西光复记》是2001年甘肃天水市档案馆自民间征集所得的一份手抄本资料复印件，系1912年秦州起义的亲身经历者以日记形式记述的从1911年3月10日到4月16日前后38天中的见闻。从内容看，日记作者应为当时巩秦阶道道署或秦州州衙的一名书役，是当时许多事件的现场目击者，而且有机会接触甘肃临时军政府公文。日记大量收集了《陇右光复记》内没有收录的一些政治文告、往来电文，特别是天水城区内一些下属机构（比如城防局）的告示及城内当时流行的民谣、歌谣，无疑对于研究秦州起义的一些具体细节有极大帮助。嗣后天水市档案馆整理出版时将其书名改为《壬子日记》。

长沙理问街新湘刷印公司于1912年出版的《黄钺革命事略》也是研究黄钺不可或缺的重要资料。该文献记述了黄钺早期从事革命活动直至民国元年发动秦州起义宣布甘肃独立，组织临时军政府以及之后取消都督名号，解散甘肃临时军政府期间的事迹，对于研究黄钺生平及陕甘地区辛亥革命运动具有重要作用。

文献整理方面，黄钺之子黄祖同等于1992年整理出版的《黄钺与秦州起义》，辑录了有关对秦州起义的回忆文章、诗词、论述，黄钺传略，文件及函电档案，具有重要的史料价值。2011年，适逢辛亥革命一百周年纪念，甘肃省档案馆组织编辑了《辛亥革命在甘肃》一书，分上、下两册，上册收录《陇右光复记》，下册摘录《甘乱杂志》《甘宁青史略》《甘肃通志稿》《王烜诗文集》《甘肃文史资料选辑》（第十一辑）等反映甘肃辛亥革命全貌的文献，具有极大的参考价值。同年，天水市档案馆也辑录了《西北辛亥革命史料三种》，即《陇右光复记》《壬子日记》与《甘宁青辛亥革命史略》三种，为后人研究黄钺、研究甘肃辛亥革命提供了部分珍稀资料。此外，2015年，张振中、阎虎林主编的《泰山庙与秦州起义》论文集，以秦州起义指挥部泰山庙为主题收集了部分史料，可资参考。

研究成果方面，主要是后世的一些回忆性文章和纪念诗词，如向天水撰《黄钺传略》、魏绍武的《黄钺在秦州反正的回忆》、张澄子的《黄钺在天水反正概述》、窦建孝的《黄钺秦州起义》、吴鸿宾的《忆黄钺秦州起义》、韩世杰的《追忆与沉思：述论黄钺将军之革命英迹》等。任书贵的《黄钺与秦州起义》、吴钧的《革命志士黄钺与秦州起义》、李乔生的《湖湘文化成就黄钺事业》、韩世杰的《黄钺与民国元年的秦州起义》等论文具有一定研究性质。

综上所述，对黄钺的研究还很薄弱，这与黄钺在辛亥革命史上的地位是极不相称的。有鉴于此，在深入挖掘有关黄钺原始资料的基础上，本书拟对黄钺的一生进行系统研究，对其生平、事功、思想及政治主张，尤其是以下几个问题进行细致地探讨，以期对黄钺这位叱咤风云的历史人物有一个比较全面的了解和完整的把握。

第一，我们找到完整的 14 卷本《西湖黄氏六修族谱》，并参考黄祖同所撰《黄钺年谱》（未刊稿），解开了黄钺家世的谜团。通过这部族谱，我们对黄钺家世源流有了明晰的了解，对黄姓的来源，西湖黄氏先祖搬迁轨迹，黄钺祖母、父母的德行与学识，黄钺父亲勋绩，黄氏先祖箴言遗训和祖母、父母的嘉言懿行对黄钺人生走向的深远影响，黄钺的文才等问题都有了清楚的认识。尤其是黄钺作为《西湖黄氏五修族谱》的主修，他撰写的《西湖黄氏五修族谱序》《西林寺记》，为我们研究黄钺家世及其早年生活提供了宝贵的第一手资料，颇具权威性。

第二，对辛亥革命前黄钺反清活动、秦州起义及其“功成身退”之后至抗日战争时期的革命轨迹、思想嬗变历程进行了系统研究。通过新发现的史料，如 1911 年至 1913 年《申报》的相关报道，1913 年 7 月 5 日至 10 日《长沙日报》连续刊载的《黄钺小史》，1930 年海上名人传编辑部编辑出版的《海上名人传》中《黄幼蟾先生小传》等，并在 1912 年出版的《黄钺革命事略》及邹鲁的《中国国民党史稿》第四篇和中国国民党党史会编的《革命人物志》第四集的基础上，对黄钺一生的革命活动和思想历程进行了详细梳理。

第三，对以往黄钺研究中的谬误及有争论的问题，进行了缜密地分析，从而得出令人信服的结论。以往囿于史料的匮乏，学者一直对黄钺是否截击过慈禧太后，究竟是否加入中国同盟会，是否出过国，是否一开始就坚决反对袁世凯，以及他对秦州武装起义前署巩秦阶道向燊与甘肃临时军政府期间秦州名绅张世英的态度等问题，只能援引二手资料或回忆录权作讨论，不仅不能发现真相，反而以讹传讹。本书依托新发现的第一手史料，着重对这些问题逐一进行深入辨析，澄清了史实。

第四，对以往黄钺研究中有所忽视或根本未能涉及的领域进行了初步探讨。以往关于黄钺的文章回忆性质居多，研究性质甚少。例如，辛亥革命前，黄钺反清革命思想的形成过程，创设革命团体，设立书局从事革命宣传，营救章炳麟、邹容、黄兴等革命志士，与黄兴交往经过；黄钺领导秦州起义的具体筹划过程、采取的革命措施，社会各界对黄钺秦州起义的态度，起义成功后建立的军政府称“甘肃临时军政府”而不是“秦州军政府”或“甘肃军政府”的缘由，黄钺推行的新政措施，与以赵惟熙为首的甘肃封建顽固势力的激烈斗争，黄钺“权利上之思想一介不屑，名誉上之关系一介必争”的思想与“欲求和平，先须武装”论断的提出，黄钺急流勇退、自解兵权的原因；与袁世凯的关系，与黎元洪的关系，二次革命、北伐战争、抗战时期从事的革命活动，黄钺诗词等问题在本书中逐一得到解决。

由此可知，本书是一部填补黄钺研究空白，具有很强史料性、创新性、纪实性和可信性的传记作品，应当说，对于推动黄钺研究和辛亥革命史研究具有一定的学术价值。

第一章　少年俊才　改文习武

宁乡，即“乡土安宁”之意，唐贞观元年（627）置县。往前追溯，汉为益阳县地，三国时置新阳县，晋改为新康县，隋并入益阳县。往后延续，宋隶潭州长沙郡，元隶湖广行中书省湖南道宣慰司天临路，明隶湖广布政使司长沙府，清隶湖南省长沙府。县域多为丘陵地带，山地、平原、江河相映成趣，气候宜人。境内大沩山为湘江支流沩水的发源地。衡山山脉向西北方向延伸之余脉，与自西北向东南方向延伸而来的雪峰山余脉相接，如两条巨龙交会于此，形成了气势雄伟而充满灵气的大沩山山系。周围一二百里的崇山峻岭和丘陵，云兴霞蔚，漫山升腾，大气磅礴。传说舜及其儿子“沩”曾相中此地，来此开发，开创了沩山的农耕业和手工业，并代代相传。历经千百年发展，山间数百上千个大小山冲田连阡陌、流水人家，有如世外桃源。在博大精深、源远流长的湖湘文化影响和孕育下，自三国时开始这一片钟灵毓秀的文明热土便引人注目，生于斯长于斯的历代文人墨客、政界名流不计其数。从唐代大诗僧齐己到宋代金科状元易祓，从清代大学者黄本骥，名将黄万鹏、周家树，民国“三省主席”鲁涤平到中共“一大”代表何叔衡、原国家主席刘少奇、人民司法奠基人谢觉哉，无一例外地在中国历史上留下了浓墨重彩的一笔，成为宁乡乃至湖南的骄傲。在这些灿若星辰的名字当中，有一位出生于晚清、建功于民国的人物亦令人瞩目，他就是中国近代著名的资产阶级民主革命家、辛亥革命元勋、甘肃临时军政府都督黄钺。

一　西湖黄氏

“国有史，方有志，家有谱。”对于历史人物而言，家族族谱乃是其家世研究不可多得的第一手资料。长期以来，囿于黄氏家族族谱的散佚，关于黄钺家世源流，学界鲜有研究，这不能不说是一种遗憾。有鉴于此，探讨黄钺家世之前，有必要对其家族族谱《西湖黄氏族谱》进行一番考查。

《西湖黄氏族谱》自明万历二十一年（1593）陵峰公草创《墨谱》至1948年，历经六次修纂。清雍正元年（1723）一修，乾隆五十四年（1789）二修，系“通祖后历与我贵祖后嗣敦崇族谊，故两祖得以合牒”①。道光二十四年（1844）三修，“将两修老谱从头编次，过细检阅间有字迹讹错、位置颠倒者，悉为改正。其世系齿禄仍因前修款式，而略为变更。于一切传赞，除忠孝节廉外，概不准入，非必数十年间其品性才学均无可传可赞之人后先辉映者，第恐滥收入谱，或名浮于实，后人不无遗议焉”②。“一修二修皆有传赞以表善行，而三修独阙如，且先茔如大寒坝、仙女山、纱帽山及通房之丫公山等处皆属本源重地，不惟无图说可考，即各案卷亦未之登载。”③ 看得出，三修修谱标准十分严格，注重简洁明了。同治十三年（1874）四修，“仍遵老谱，酌加传赞，使人见善者有美必彰，将益勉于为善，见不肖者表扬不及将有所惮而不复为非。更就茔域绘图立说而以案牍附之于后”④。宣统元年（1909）五修，值得注意的是，此次修谱由黄钺担任主修。民国三十七年（1948）六修。可见，随着生齿日繁，家族日益兴旺，黄

①② 《西浒公序》，《西湖黄氏六修族谱》卷一，1948年，香龄堂校刊。

③④ 《子元先生序》，《西湖黄氏六修族谱》卷一，1948年，香龄堂校刊。

氏族谱修纂日臻完善。

1948 年修纂的《西湖黄氏六修族谱》(以下简称《六修谱》)①，线装本，毛边纸木活字印刷，共计 14 卷，凡 30 万字。主修兼纂修为泽震，总修为先制，总修兼纂修为经成，督修为承都，倡修为义忍、先刚，纂修兼校阅为义荩、经泰，纂修为先霖、经义、书琦、经迪，传修为承录、承虢、泽海、经典、泽树、承税、先乔、先盔，房修为承录、承柏、经全、先雯、承登、经纯、经泳、泽枬、经善、先淳、承葆、先净，行修为经隆、承永、承玖、经明、先挥、泽藾、泽芳。卷一，分为序文、凡例、先儒谱论、历修职任名表、源流考、年表、家训、家法、派语等。卷二，分为罗纹图、垂丝表。卷三至卷十二，为始迁祖下六派衍录以及各派衍录。卷十三，分为祀仪、敕书、诰轴、诏谕、清德宗御祭定坤府君文、礼部奏疏、传略、神道碑、墓志铭等。卷十四，分为祠图、祠堂碑文、田业契据、领谱名表等。

从《六修谱》可知黄氏姓氏起源、始迁祖、迁徙轨迹、黄钺之上各代尤其是其父黄万鹏的生平事迹，祖母、母亲学识德行等，下面择其要者分述之。

第一，关于黄氏起源问题。据《史记》：“《秦本纪》曰，秦之先为嬴姓，其后分封，以国为姓，有黄氏。”② 所以，《六修谱》中的《源流考》对黄氏起源作了如下考证：“粤稽我族黄，黄以国命氏（《史记索隐》汝南弋阳县故黄国。《括地志》黄国故城。汉弋阳县在光州定城县。梁置光州弋阳郡，治光山。唐太极元年徙治定城，今为光州治。《左氏传》，胙之土而命之氏，注若胡公封于陈，命曰陈氏也，黄之命氏以此），出自嬴姓（杜预《左氏传》注，黄嬴姓国，《史记正义》《括地志》皆同其说），其先曰大业，少昊氏之后也。母曰女脩，吞元乌卵生大业，大业生大费。与禹

① 笔者有幸得到黄钺之子黄祖同先生的倾力支持，获赠部分《六修谱》及其他珍稀资料，谨表诚挚谢忱。

② 《黄氏嬴姓祖少昊考》，《六修谱》卷一。

平水土，是为柏翳，舜乃妻之姚姓之女，赐姓嬴氏。大费生大廉。若木大廉之元孙曰中衍，为太戊御，后世有功于殷，故嬴姓多为诸侯。由殷历周，黄之传国为久。鲁桓公八年（前 704）始见于《春秋左氏传》。不堪楚虐通于齐，卒以忤楚亡其国。后三百余年至战国，其裔曰歇，事楚考烈王，号春申君，以好客闻，赐淮北十二县地，徙封江东，而故宅乃在黄，盖黄入楚后，其宗族未尝他徙也。考烈王卒，诸黄避李园之祸，始别著籍。”“至汉而黄氏多见于史，于是在阳夏者曰淮阳黄氏，在余姚者曰会稽黄氏，在慎阳者曰汝南黄氏，在南阳者曰南阳黄氏，在泉陵者曰零陵黄氏，在阆中者曰巴西黄氏。而江夏黄氏魏郡太守香行尤显著，时人所谓天下无双。江夏黄童也，香生瓊琼，孙琬，皆致位三公，与东汉相始终。湖南黄氏多系出江夏，故合宗以江夏为继。”[①] 概言之，“汉代淮阳黄氏江夏最著，而皆于江汉为近，则淮阳江夏诸黄皆江汉间黄国之后也”[②]。

第二，关于湖南始迁祖及迁徙问题。西湖黄氏在湖南的始迁祖乃“赞公，字太伯，生长吴地”，“宋理宗[③]时官尚书，没，葬于湖南长沙宁乡东湖大寒坝上牌楼岭南山之阳。爰是子孙始建业于善、宁、湘、龙等邑，斯实族源之所由来也”。太伯公官居高位，缘何辗转数千里，迁徙至湖南定居，黄氏后人颇为费解，如黄钺就对此感到疑惑，“窃尝览而私怪焉，谓其航路未通，以前吴头楚尾，相距颇遥，跋涉之劳，数倍于今日。尚书清秩，既非远宦，何必弃吴入楚，转徙于三千里外哉？况吴地甚阔，只载生长吴地而究不知其地伊何？视此迷糊影响之词殊令我后人苦思而莫得也”[④]。对此问题，黄氏后人泽震在《六修谱》中给出了答案，即“宋理宗时金虏猖獗，太伯公其为避难来楚”。“太伯公迁楚之日，正民族危殆之时，于时舟车未通，由吴入楚，颠簸流离。”太

① 《六修谱》卷一。

② 《黄氏为江汉间黄国之后考》，《六修谱》卷一。

③ 宋理宗，赵昀，公元 1225—1264 年在位。

④ 《幼蟾公序》，《六修谱》卷一。

伯公“兹以上国大夫悲国家颠覆，悯民族之危亡，疾首痛心”①，故有远程迁徙之举动。

第三，关于黄钺之上各代生平事迹②。

第一代：迁宁始祖黄赞，“宋理宗时官尚书”。

第二代：庚，子四。大贵；大富，立业宁邑资佛寺；大得，立业龙邑；大通，立业宁邑周坝塘。庚公“国学微名，理宗宝祐三十二年丙辰生，享上寿九十有九，元顺帝至正二十二年甲午没，生子四，大贵、大富、大得、大通。是时也，明太祖高皇驱元，定鼎后乃兄弟各居。大富公居宁资佛，大得公居常德龙阳，大通公居宁周坝塘，我大贵公守居西湖，享寿九十有一，于明永乐辛卯岁卒，卜葬于关口岭纱帽山，生子麟、祐。祐公叨登黉序，随奉例设生员籍贯，作本图之里长，即今里甲之设始于此也”③。

第三代：大贵，子二：添麟、添祐。

第四代：添麟，子三：肇、盛、妹。

第五代：肇，子一：尹。

第六代：尹，字帝佐，子一：纶。

第七代：纶，子一：永文。

第八代：永文④，字斐庵，子一：守国。

第九代：守国，字朝用，子三：以乾、以益、以谟。

第十代：以乾，字配天，子二：光彝、光醇。

第十一代：光彝，字右泉，子一：之林。

第十二代：之林，字钦寰，子一：科泰。

第十三代：科泰，字君伯，子二：国学、国珩。

第十四代：国学，字希圣，子五：正昌、正乐、正灿、正灼、正中。

---

① 《泽震序》，《六修谱》卷一。

② 《六修谱》卷二。

③ 《陵峰公墨谱序》，《六修谱》卷一。

④ 自第七代起设有派名，即“永守以光之，科国正亨时，忠义承先泽，经书启后嗣”，见《六修谱》卷二《罗文图》。

第十五代：正灼，字起潜，子四：亨宗、亨从、亨通、亨蹈。

第十六代：亨蹈，字常高，子六：时前、二子（出抚）、时和、时家、时甸、时句。

第十七代：时和，字玉林，子一：忠璘。

第十八代：忠璘，字万鹏[①]，子五：义章、二子（早殇）、义贵[②]、义瑾、义骞。万鹏病故后，葬宁乡道林老女塘虾形山之原，乙山辛向。

黄钺为黄赞公第十九代孙，黄忠璘第四子。据《六修谱》记载，黄钺谱名义瑾，“字幼蟾，优廪贡生，湖北补用道，承袭二等男爵，诰授荣禄大夫、振武将军，辛亥革命任甘肃都督，授陆军上将、陆军中将，旋任大总统政治咨议官、大总统军事顾问官。原名庆，字绍荃，号佑禅，晚号幼蟾，册名钺，清穆宗同治八年己巳四月二十二辰时生，寿七十五岁（虚岁 75 岁），民国三十二年癸未十一月二十八亥时卒，葬宁邑五都三区桎木塝老屋上首围子后，甲庚向”[③]。“子四：承德，殇；承慧，字寿岳；承慈，殇；承怡，字祖同。”[④]

第四，关于黄钺祖母、父母学识、德行等问题。黄钺祖母杨太夫人，系“沩宁五都河清公女”，“生于嘉庆十五年庚午十一月初七日戌时，以光绪三十年甲辰五月二十五日午时薨，于三区桎木塝里第，享寿九十有五”。“道光戊子归同里黄玉林封翁，时年十九。越五年壬辰，生子忠璘，册名万鹏，即为定坤爵帅。是冬，封翁故，太夫人矢志柏舟，玉洁冰操，历七十年如一日。”真可谓“德著闺闱，寿同金石”。

杨太夫人生子忠璘仅 10 个月，就面临夫亡的巨大变故，“时则上有衰亲，下有弱息，丁此巨患，何以自存”，但杨氏“完贞

---

① 《六修谱》中又名“定坤公”“襄恪公”。

② 义贵，子四：长子，殇；次子承卓，殇；三子承宪，字寿苍；四子，出抚。承宪，子一：先霆，字振柯。

③ 《幼蟾公传略》，《六修谱》卷十三，1948 年，香龄堂校刊。

④ 《垂丝表》，《六修谱》卷一。

洁，矢志不渝，舅姑则敬事之。孀妇居然，孝子襁褓，则顾复之慈母即是严亲。其时，家道尚丰。妯娌诸姑同居共爨，治内治外，差幸有人耳。既而以生齿之繁分产析箸。军门年将弱冠，凡从师就学与冠婚诸礼独任其难，家则靡有余赀，而太夫人节操愈厉，平居屏繁华，勤纺绩，食以时，用以礼。翁姑以其孤苦，居与之偕，则为之谋菽水进鸡豚，毋忘定省。遇疾痛则躬侍汤药，涤污秽，无倦容，四十年如一日。且见乡里之贫乏者，多方周恤。踵门乞食者，别其男妇老幼给衣食止信宿，而为善常恨力不从心”①。

杨太夫人“其训子也有义方而无姑息，尝曰：吾虽未学，亦知将相无种，人当自强”。“常训万鹏提携同族，寄俸金辄以周济贫困。”“教子以忠，故爵帅在外四十余年，仅三次归省。国而忘家，实遵母诫也!”光绪五年（1879），黄万鹏“自关外归，太夫人抚摩噢咻，以遍身不曾被创而喜”。所以，黄万鹏“宾礼文士，有古儒将风”。“抑使军门不仰体慈训，又奚能建此勋名哉?”

杨太夫人富有“好善之心，老而弥笃，岁歉出粟米以济饥，乡党争讼助资财以相与冰释。家人或有吝容则厉言以加切责，且营葬以安亲骨，丰饩以重经师。寄书勉军门，敬以事上，仁以待下，和以处众，恭以礼贤，博施以济”②。“性宽和，好施与，同里多贤之。”最令人称道的是，“太夫人不以子至节钺稍改，常度钗荆裙布，始终不渝。青年亲操杵臼，垂老犹勤纺绩”③。

黄钺父亲黄万鹏“生而岐嶷，长而敦敏，学未成名，转而用武，材力雄勇，超过等伦”④。“秉性忠勇，办事勤能，于咸丰年间投入湘军，在营四十余年，效劳最久，立功最多。”“生前战功事迹宣付史馆立传，原籍省城及立功省份建立专祠。”“统帅戎行多历年，所待士卒如子弟。当攻战时身为之先，晓以大义，严后至

①③　《前清诰封正一品夫人黄母杨爵太夫人墓志铭》，《六修谱》卷十三。

②④　《杨太夫人寿序》，《六修谱》卷十三。为杨太夫人寿辰作序的有陕甘总督杨昌濬（自称愚侄）、新疆巡抚刘锦堂、甘肃新疆布政使魏光焘、阿克苏兵备道陈名钰、喀什噶尔提督董福祥、伊犁镇总兵张俊、巴里坤镇总兵萧元亨、喀什噶尔兵备道向邦倬。

之诛。平日同甘苦，偶有疾病，亲调汤药而抚循之，以致士卒皆应命，所向无前。”一生乐善好施，“生平广交游，室中自晨至夕，未尝无客。与客饮酒谈笑穷日夜不衰。好周急告贷者，不拘方隅亲故，皆有佽助。纵囊橐空虚，必百计以应之。微时交游，凡与共患难者，远在万里外皆给赀归其骨，故疏财之誉遐迩咸知。亏累之巨，亦基于此。薨后异常萧索，几不能葬”①。

黄万鹏事母至孝，弥留“呻吟之际，犹以家有九旬老母，身受国恩未报，未能一觐天颜为念，口不及私，囊无余赀，是可哀已”②。此外，宁乡当地还流传黄万鹏为孝子徐文海立碑的故事。清道光年间，黄万鹏家乡男子岭有一孝子名徐文海，父亲早逝，母亲是瞎子。徐文海靠打工奉母。天亮时，徐文海就煮饭，等母亲吃了再去做工。东家老板办了鱼肉饭，他就把自己的一份夹在竹筒里，带回来给母亲吃。家里断粮时，徐文海到处借饭给娘吃，自己却端着一只空碗。其娘死后，徐文海睡在墓庐守孝三年。黄万鹏在外带兵打仗，闻徐文海事迹，深为感叹，特意为其树碑立传。

黄钺母亲李氏，“素娴礼法，事姑以孝，相夫以顺，课子以严。军门之赋行役也，一切供具皆其手出。方之谯国夫人出簪珥以佐军食，庶乎其不差矣。军门得内助之贤，无内顾之累”③。“夫人性温恭，好施与，里党多贤之。其事姑尤以孝著。”“夫人六旬之外，尚以妇道而兼子道，然自俸殊薄，饮食必洁，垂老之年，犹纺绩不倦，其勤俭有如此者。夫人以道光十六年丙申八月二十二日戌时生，薨于宣统元年己酉四月二十日未刻，享寿七十有四。”④

---

①③ 《定坤宫太保寿序》，《六修谱》卷十三。

② 《定坤府君战功事迹清册》，《六修谱》卷十三。

④ 《前清诰封正一品夫人黄母李爵夫人墓志铭》，《六修谱》卷十三。

二 将门之子

1869年6月2日（清同治八年四月二十二日辰时），黄钺出身于宁乡县西冲山乡方塘村梽木塝（今属东湖塘镇）一户官宦人家。

远在战国、秦汉、晋唐五代，黄钺先祖“或以功烈显，或以文学著，尤代不乏人”。其湖南始迁祖“太伯公仕宋，历理、度、恭三朝，官至尚书，以文章政事间称于时”①，迁到湖南后的第三代，“富贵得通四公”“支庶繁昌，其间文人学士，擢高科居显宦者，代有其人”②，第四代“添祐公叨登黉序，随奉例设生员籍贯，作本图之里长，即今里甲之设始于此也”，第五代至第九代中，添祐公“生胜、通、铭、但。胜之次子良乃廪膳生。通行魁六，由贡生任徽州府府尹。铭行魁八，生子二，洪、源。洪生子三，衡、高、俨。衡由岁贡任江津县知县，亦生子二，诏、诰。诰，乡试举人，任石城县知县、文林郎。胜公元孙永祖由监任长安县知县。诏子守封，任濮州州同。诰子守约，为吏吉府长史司。高公为人超群异众，后起绵绵，生子训、谊、谔、诱、评。兄弟并茂独其间。训与评，早年得隽，诗书传后，诚足光大家声。至若源，乃洪之弟，子若孙同为贵胄，亦皆当世之才猷出众者。其子鼎俊仪杰，惟杰孙嗣绵绵，中多俊秀。传至永宪亦正见，诗书门第，礼乐家声，此源之后，诚堪与洪比翼者。值此之时，受皇禄者盖亦多矣”③。

第十代至第十六代黄氏先祖的入仕情况，囿于资料的缺失，《六修谱》没有详细载明，后人不得而知。

---

① 《子元先生序》，《六修谱》卷一。

② 《致福公序》，《六修谱》卷一。

③ 《陵峰公墨谱序》，《六修谱》卷一。

第十七代，致福公，即时震，“为庠生”。到第十八代黄钺父亲这一代，黄万鹏承担了光宗耀祖的重任，他投身军营，忠心报国，以军功起家，累迁至提督，号称“中兴名将”。提督在清朝官员品级中为从一品，可谓位高权重，无限风光。值得一提的是，黄钺母亲娘家也是官宦人家，为当地的显贵大户。黄钺母亲李氏，“系出名门”①，乃“沩宁五都光宇公女，记名提督海云公之姊，补用副将定佩之姑也”②。

黄万鹏，字忠璘，亦字抟九③，号定坤，生于1832年2月4日（清道光十二年正月初三日）。出生才10个月，父亲去世，黄万鹏与母亲杨氏相依为命，住在两间茅草屋里。母亲纺绩度日，他年龄稍长，即以砍柴、帮人扮禾为生。“幼聪明，遇事有部署；性孝，为母杨氏所钟爱；及长，豁达大度，待人接物忠信。酷爱骑射，喜拳棒，读《孙子兵法》。”④“性豪侠，自少喜兵家言。”⑤这似乎意味着黄万鹏将来要在行伍营生。1852年太平军攻入宁乡，母谓之曰：“你可移孝作忠，杀贼立功此其时，不要以我为念。”23岁那年夏天，他正式投身湘军，入曾国荃部队。从1855年至1898年，黄万鹏始终在行伍，“在营四十余年，血战湖南、江西、安徽、河南、江苏、湖北、陕西、甘肃诸行省，最后立功西域”⑥。

黄万鹏一生戎马倥偬，军务繁忙，战功累累，可分为三个时期。第一个时期（1855—1864），“初从曾国荃援赣、皖，积勋至都司。从克江宁，历迁总兵，赐号力勇巴图鲁”⑦，主要活动范围在苏皖。第二个时期（1866—1869），因功以提督记名简放，主要活动范围在湖北。第三个时期（1870—1898），协助左宗棠收复新疆。1870年，钦差大臣陕西总督左宗棠奉命督师出关，收复被外

---

① 《定坤宫太保寿序》，《六修谱》卷十三。

② 《前清诰封正一品夫人黄母李爵夫人墓志铭》，《六修谱》卷十三。

③ 清史编纂委员会：《清史》，台湾“国防部研究院”1961年印行，第5010页。

④ 黄祖同：《湘军名将黄万鹏》，《长沙文史》1998年第15辑。

⑤⑥ 《定坤公神道碑》，《六修谱》卷十三。

⑦ 《黄万鹏》，《清史稿》第454卷，第12639页。

国侵略者侵占的新疆，故调黄万鹏赴援甘肃。时敌军盘踞乌鲁木齐、古牧地，倚其险要顽抗。1871 年，黄万鹏署任汉中镇总兵，抚循士卒，巩固边防，不遗余力。1872 年 8 月，进军碾伯、峡口，经大小 50 余战，解西宁之围。1873 年正月，率部攻克向阳堡、大通县，并在敌溃部中遴选精壮士卒，建立“旌善马队”，因叙功赏三代正一品封典。时湘军围攻肃州不克，檄黄万鹏以师会之。

光绪二年（1876），“出关。时土回马明据古牧，白彦虎闻官军至，自红庙子与合师，夜袭黄田。旦日，闻古牧角声起，万鹏与余虎恩驰击寇骑却之，语详《余虎恩传》。乌鲁木齐诸城既复，追至池墩而还。捷入，赏黄马褂。北路略定，逸寇多亡匿东南山谷。万鹏复与虎恩取道大小盐池墩至柴窝，略有斩擒。八月，金顺攻玛纳斯南城弗胜，锦棠檄万鹏助击。掘隧以攻，寇死拒，矢贯万鹏臂，拔之，更疾战，与诸军大破之。三年，攻克达坂，乘胜取托克逊。至小草湖，遇伏，围万鹏数匝。万鹏率队荡决，所向披靡。锦棠军继至，寇大溃，诏予云骑尉世职。是役，帕夏知不免，饮药死，彦虎遂奔开都河西岸。七月，师至曲惠，锦棠自向开都河，而令万鹏道乌沙塔拉傍博斯腾淖尔西行，出库尔勒之背。彦虎慑军威，已先期遁。诇知胁缠回走布古尔，亟行四百里追及之，战良久，大败其众。九月，驰抵托和奈，再败之，收库车，进驻拜城。履冰夜行至铜厂，诸军直搏之，寇愕走。万鹏长驱察尔齐克台西，斩数千级。越二日，夜抵扎木台稍憩，即引兵阿克苏城。未至城数里，见西南尘埃坌起，会谍报彦虎走乌什，嗾安集延走叶尔羌纬追师。锦棠乃舍安夷，而令万鹏专追彦虎，阻河涨不能济。时彦虎止隔河十里许造饭，掩袭可擒也，而我师遽返，锦棠大怒，责令复进。于是万鹏渡胡马纳克河，行戈壁八十里，获其后队马有才，进拔乌什，而彦虎已走喀什矣。东四城俱下，诏改骑都尉世职。当是时，伯克胡里据喀什攻汉城，彦虎至，助之，势益张。守备何步云告急，锦棠檄万鹏道布鲁特与虎恩期会喀城。万鹏倍道应赴，缘雪山千余里，每以毡铺地济师。十一月，抵城麻古北木，虎恩亦抵城东牌素特。寇诇骑驰归，曰：‘大军至矣！'于是二巨酋走回城北，进捣之，则又宵遁。万鹏向西北追彦虎，至爰岌槽，与贼后队遇，生擒伪元帅马元，斩其副白彦龙。次日，追至恰哈玛纳，为布鲁特人所阻，彦虎遂奔俄。新疆平，改授二等轻车都尉。四年凯旋"①。

黄万鹏为平定新疆立下累累战功，左宗棠大喜，上报其功，建议光绪皇帝授予其二等轻车都尉世职："查该提督于追剿逆回，连克阿克苏、乌什两城案内，已蒙恩由云骑尉世职改为骑都尉世职，钦遵在案。臣于克复西四城案内缮折时，将该提督底衔误书云骑尉世职，以致重复。可否恳恩将记名提督、骑都尉世职、伯奇巴图鲁黄万鹏改加世职之处，出自鸿慈。谨附片陈明，付乞圣鉴训示。谨奏。"②

1880 年，黄万鹏短暂回乡省亲后仍赴新疆统带扬威等营。1884 年，新疆南山、北山边防平定，获赏头品顶戴。1889 年，新疆巡抚刘锦棠以黄万鹏屡著战功，营伍边情尤为熟悉，疏请留新疆任职，调署喀什城协副将。1890 年，新疆巡抚魏光焘，疏荐黄万鹏驭军严谨、韬略优娴，委署阿克苏镇总兵，统东四城各营。1894 年，升任新疆提督，并统西四城马步各军。1895 年，兼任巴里坤镇总兵，并绕东路防剿各军。1897 年，清廷"令开缺送部引见"。时黄万鹏枪伤举发，闻诏立即就道。1898 年 9 月，行至陕西阳桥，因伤势剧增去世，享年 67 岁。

纵观黄万鹏一生，他为清王朝政权的稳固、西北边境的安宁立下汗马功劳，功勋卓著。因此，他自己除了不断备受皇恩、加官进爵外，也给整个家族、母亲、子女带来巨大的荣耀和荫护。

黄万鹏病逝后，光绪皇帝颁布诏书，给予极高的评价和荣誉："诏曰，黄万鹏，尔原系记名提督、前阿克苏镇总兵，因攻克达坂城等处出力，光绪三年五月初十日奉上谕，赏给云骑尉世职，钦

---

① 赵尔巽等：《清史稿》，中华书局，1998 年，第 5010—5011 页。

② 《提督黄万鹏底衔误缮请更正片》，《左宗棠全集・奏稿七》，岳麓书社，1996 年，第 122 页。

此。又因连克阿克苏、乌什两城，光绪三年十一月二十一日奉上谕，着赏骑都尉世职，钦此。又因克复西四城，南路一律肃清，光绪四年六月初四奉上谕着赏给一等轻车都尉世职，钦此。应准并袭二等男爵。"①陆军部为黄万鹏恤典声明请旨："奏为声明请旨事，据吏部郎中黄承宪呈称伊祖父、已故记名提督、前阿克苏镇总兵黄万鹏由前新疆巡抚饶应祺奏请照提督军营立功后，积劳病故，例从优议恤，于光绪二十六年四月初六日奉朱批，'着照所请该衙门知道，钦此'。钦遵在案，乃事阅九载，未奉部中行知，呈恳咨查军机处等情到部检查。臣部军机处钞档原折并奉，朱批日期均属相符，业经兵部照提督总兵军营立功后病故例议给恤银二百两，荫一子给予六品顶戴送部带领引，见作何录用之处。请旨于光绪二十六年五月十八日具奏奉旨'依议，钦此'。嗣于光绪三十年五月复由前湖南巡抚赵尔巽咨送折稿一件，亦系为黄万鹏恳恩赐恤建祠等情，彼时臣部并未奉到阁钞及交片，论旨兹据该故员之孙黄承宪呈请咨查，当经臣部片查军机处赵尔巽为该故提督黄万鹏恳恩赐恤一折奉何，论旨等因片行去后，旋准军机处复称，查此案于光绪三十五年五月十三日奉旨'着勿庸议，伊母杨氏年近百龄，着礼部照例办理，钦此'。"②湖南巡抚赵尔巽疏请："照提督立功从优议恤，生前战功事迹宣付国史馆立传，原籍省份及立功省份建立专祠，并请加恩予谥"，皆得旨允。不久，赠太子太保，赐恤如例。

对黄万鹏的母亲杨太夫人，朝廷自然也是赏赐有加。如，1891年2月12日（光绪十七年正月初四日），上谕，"甘肃新疆阿克苏镇总兵黄万鹏等老亲，均已年逾八秩，爱日承欢""黄万鹏之母杨氏着赏给御书皃藻怡颜匾额一方，紫檀三，镶玉如意一柄，小卷江绸袍褂二件，小卷蚕丝袍褂二件"。1894年10月29日（光

---

① 《旧敕书》，《六修谱》卷十三。

② 《陆军部奏已故总兵黄万鹏恤典声明请旨折》，《政治官报・折奏类》，1908年第349期。

绪二十年十月初一日），上谕，“喀什噶尔提督黄万鹏”“之母杨氏着赏给御书福寿字各一，松筠笃祜匾额一方，白玉如意一柄，金华一对，金杯一只，大卷江绸袍褂料二件，大卷八丝缎袍褂料二件”。1900 年 7 月 20 日（光绪二十六年六月二十四日），上谕，“黄万鹏之母杨氏着赏给御书慈竹延龄匾额一方，白玉如意一柄，大卷江绸袍褂料二件，大卷八丝缎袍褂料二件”①。黄万鹏去世后，杨太夫人仍然健在，朝廷继续赏赐，“已故记名提督、前阿克苏镇总兵黄万鹏之母，寿妇杨氏，现年九十八岁，五世同堂”，赏给“匾额”“银十两，缎一匹”②，并“诰封正一品夫人”③。

黄钺本人及其兄弟等也因其父的缘故而加官进爵：黄钺二哥，义贵，字筱荃，官居“太守”；同父异母的大哥，“义章，花翎都司”；同父同母的哥哥，“翰章，附生，甘肃候补知府”；弟弟，“翼章，新疆县丞”；黄钺自己为“廪贡生，袭世爵，以道员分省湖北”④；侄子“承宪，一品荫生”⑤。

考察黄钺的家世源流及其父辈的事迹，我们不难发现，黄氏先祖的嘉言懿行对黄钺人生走向产生了重要影响。

第一，黄氏先辈具有热爱祖国、立志要干一番大事业的英雄气概。黄氏肇姓始祖黄赞公，“官居尚书”，却能抛弃功名利禄，不畏艰险，不辞辛劳，辗转数千里，迁徙至湖南落籍，皆缘于“金虏猖獗”、国将不国的民族大义。黄万鹏白手起家，投身行伍，敢于闯荡，立志要干出一番大事业。为保卫祖国西北边境的安全，

① 《旧诰轴》，《六修谱》卷十三。

② 《旧礼部奏章》，《六修谱》卷十三。

③ 《前清诰封正一品夫人黄母杨爵太夫人墓志铭》，《六修谱》卷十三。

④ 《杨太夫人寿序》，《六修谱》卷十三。

⑤ 黄钺之兄黄义贵的第三子，“字寿苍，英俊好学，有大志，敏慧过人”。“光绪十八年卒业于岳麓书院，以荫生奉诏赴京，补吏部郎中。光绪二十一年，擢河南候补道。光绪二十八年回湘，与黄克强、谭祖庵、周道腴等组织事业，功绩卓著。先总理授予五等文虎章及三等嘉禾章。民国元年任湖南筹饷局副办兼湖南都督府高等顾问。三年创办宁乡平民习艺所，七年任吉林督军署高级参事，十一年春疾终任次，时年四十又二。”见《六修谱》卷十三《寿苍公事略》。

他与外国侵略者和国内的分裂势力进行了殊死的斗争，战功卓著，最后因枪伤复发，为国捐躯。黄钺则已“袭爵”，为候补道员，已然步入官场，飞黄腾达，指日可待。然而他却投身反清革命洪流，远赴西北边陲，光复陇右，开府秦州，创造出惊人的业绩。

第二，黄氏先辈具有舍生取义、“为国赴难”的献身精神。诚如《六修谱》序言所云：“国家鼎革，国事纷繁，直至抗战戡乱，族中志士为国家赴难、为民族尽忠无不有人参与也。或则壮烈牺牲，或则绝塞远戍。”“扩张家族主义、宗族主义而为国族主义，我族人固早已秉承。”① 黄钺目睹清政府甲午战争惨败，“前清光绪甲午以后，时事日非，瓜分之说，倡自各国新闻纸，海内志士，纷然陈言，清政府多留中不报”。他认为，“非革新专制，推倒满清腐败政府，不足以图存”。于是，屡屡冒着生命危险从事革命活动，披荆斩棘，开拓革命阵地，为中华民族民主共和事业立下彪炳史册的功勋。

第三，黄氏先辈具有宅心仁厚、淡泊名利的高尚品德。黄氏《家训》规定：孝父母、和兄弟、端闺范、教子孙、慎交游、敦族谊、崇节俭、息争讼、禁溺女、戒吃烟、防淫乱、择术艺。其中，“孝父母”指“鞠育之德，罔极难酬。始而教读，继而婚娶，所以致望于其子者甚奢，故有读书成就，或效职戎行，克勤国事，俾得显亲扬名，此大孝不匮”。“教子孙”指“玉不琢，不成器；人不学，不知义。子孙之贤与不肖，未必生而即然，惟在为父兄者因才教育后秀者”②。特别强调脚踏实地，埋头苦干，不追求虚名。黄钺父亲黄万鹏尤其如此，他“蒿目时艰，弃文就武，慨然有澄清宇内之志”，“宅心仁厚，尤不嗜杀。凡于军纪当诛者辄曲宥之。军士化其德，不敢犯法，一军肃然。厨丁以杀牲告者，置不复食，数十年如一日，人谓公后必昌非谀词也。公度量宏远，不记人过，

---

① 《泽震序》，《六修谱》卷一。

② 《旧家训》，《六修谱》卷一。

不忘人善，一生无深仇嫉恶之人”[①]，“赋性刚毅，识大体，不随俗，俯仰无诡随趋走之行，故屡阨于台司。战绩虽多，进秩独后，虚怀退让，口不言功”。这几点对黄钺一生影响甚大。黄钺从小就有继承父辈报效国家的宏志，“尚志笃行事亲孝，俭朴勤苦，不耻劳辱，博学广记，有治世才”。“秉军政权要数十年，清廉遍著，曾未以分文顾家，而祖遗又薄，故晚景极艰苦。然廉正嫉恶之心老而弥笃，贫而益坚，气节凛然，遐迩钦敬。”[②] 在他辉煌的一生中，黄钺多次领导反清、反军阀武装斗争，出生入死，战功卓著，但他从来不图名利，数次功成身退，给后代留下“浮云富贵非吾愿”“得志不宜再往，万事当留余地”的家训。[③]

三 文武兼资

生于官宦之家，黄钺自然“幼即热心究学，大有志”[④]。1873年4岁时，即“延师在家，课读《百家姓》《三字经》《弟子规》等启蒙书籍”。黄钺童年时期性格较为内向，“不善说话。但读起书来，朗朗有声”。1876年，7岁，去善化西林寺[⑤]求学，读《幼学琼林》《增广贤文》等。西林寺有多尊神像，他早晚也跟着住持一起顶礼膜拜[⑥]。

据《六修谱》记载，黄钺自幼“极有文采，聪颖过人”，“出

---

① 《国史黄万鹏传》，《六修谱》卷十三。

② 《幼蟾公传略》，《六修谱》卷十三。

③ 《家训》，见陈鹏科、黄向秦《忠义龙腾进展图》，2012年，第47页。

④ 《秦州两都督之历史》，《申报》1912年5月8日。

⑤ 原址在今长沙市望城区雨厂坪镇南岳庙村，寺庙已无存。

⑥ 黄祖同：《黄钺年谱》（未刊稿）。

身前清优贡生”[①]，文笔古雅优美。为具体说明黄钺少年时期的“文才”，以下节录黄钺中年时期的两篇短文佐证。

一是 1910 年黄钺为《五修谱》作的序言。“旧谱载，赞公，字太伯，生长吴地，仕宋为尚书，迄卒，葬于楚南长郡宁乡东湖黄官山，为我西湖黄氏始祖。而其历史不见于他书，世系源流，无从征考。窃尝览而私怪焉，谓其航路未通，以前吴头楚尾，相距颇遥，跋涉之劳，数倍于今日。尚书清秩，既非远宦，何必弃吴入楚，转徙于三千里外哉？况吴地甚阔，只载生长吴地而究不知其地伊何？视此迷糊影响之词殊令我后人苦思而莫得也。今岁续厘谱政，钺主之。适安化龙塘黄燧农参军述其九世祖万石公者，宋末官侍郎，系梦鼎公幼子，与赞公年代相同，参阅《簪缕图》，载万石，字定伯，列于赞公之右，考时度理，其为同产兄弟，似为可信。然而时代久远，人事变迁，欲叙其世系相承不绝，如屈指而数庭树，无参稽犹豫之词者，盖亦难得矣。庐陵谱学，参订精密，后人犹识其不能阙疑，钺也慎之，初非有援附华胄之意，姑叙之以备参考。自赞而后支分派别，传二世曰贵、曰富、曰得、曰通。富公之裔无传，得裔徙居龙阳，旧谱曾志之。贵、通两裔布居于善、宁之间，子姓蕃昌，烟墟相接。自雍正癸卯肇修谱牒，历再修、三修、四修，皆合之。去岁组织五修，钺适赴京，未遑执简，而通裔急于先务，迨钺归，而谱已付梓。今只订我贵房，沿旧例而续修之。钺不才，董理是役，有德、子谦任总修，绍箕任督修，纂述则宝卿、端甫，钞辑则石关、海涛，校阅则葆真、金万，竭虑殚精，不数月而谱成。昌黎有云，莫为之前，虽美弗彰；为之后，虽盛弗传。欲美彰而盛传，其在斯乎，其在斯乎。”[②]

二是 1910 年黄钺所作《西林寺记》。“西湖有西林寺，相传创建于唐宋，以后有黄铭、黄洪、黄源建立茅庵。后有知县黄诰、

---

① 科举制度中由地方贡入国子监的生员之一种。清制，每三年由各省学政从儒学生员中考选一次，每省不过数名，亦无录用条例。同治中规定，优贡经廷试后可按知县、教职分别任用。

② 《幼蟾公序》，《六修谱》卷一。

黄诏、黄高、黄杰、黄崇一、崇七、以衮等先后修建。敬修神像，发派原为应院，厥后兵戈扰攘，殿宇毁破，因而易应为禅，得僧东明住持，修积苦力掌持。后复一僧微音见寺衰敝，化修大殿，后复得僧觉修、自辉，纠议山主，募化众姓，建立关圣殿宇，族众重修佛像。至若上殿观音阁，亦僧觉修、自辉募修之力。因工程浩大，难以完备。山主黄君美、星寰、玉芝等见洞宗和尚（名义弦）修行颇堪服众，为人刚直无私，因同觉修往请登山，圆成上下殿宇，栽培山场。此时，山主等见西林所出有限，意欲置产，以为香火之用。幸和尚开堂说法，参学者多亦念西林淡薄，因而募诵金刚藏经，纠议山主及檀越，共捐经资五十余两，接受樟木冲田塘山地，刊勒碑记，以为西林日后之需。但其田熟少荒多，和尚每鼓励佃人挑塘蓄禁，以为西林后计。此和尚之有功西林者多矣。后和尚修设完备，意欲他游，众山主见其出力甚多，不忍令去，建立寿塔，以终余年。但西林寺原系前人所立，凡竹木田山，后僧宜加意蓄禁，不可遗失。众山主檀越亦必竭力栽培，以全梵宇，而无负先辈经营之苦心也。”“西林寺上下殿宇，光绪初年已经倾圮，迨十九年癸巳，钺忝列黉宫，得祠奖湘元银叁拾两，钺益以银柒拾两，托房伯有纪公监修，将下栋补苴，勉栖神像，两厦亦略加修葺。钺以限于财力，暂难恢复旧观。倘侥幸事会稍有寸进，尚欲踵前人之志而扩充焉。”①

可以说，即使是出身于普通耕读之家，凭借自己的学识和文才，依循传统的科举入仕之路，黄钺也有可能过上封建士大夫的富贵生活。但黄钺父亲已经为他设计好了将来的人生蓝图：改文习武，从戎报国。

光绪二年（1876），黄万鹏统领湘军在新疆连连大捷，“清廷闻捷，赏黄万鹏穿黄马褂。黄万鹏由新疆军中传讯黄钺改文习武”②。古语云：盛世习文，乱世习武。20 世纪后期的中国属于半

---

① 《西林寺记》，《六修谱》卷一。

② 黄祖同：《黄钺年谱》（未刊稿）。

封建半殖民地社会，外有列强虎视眈眈，内有各个阶级的反抗斗争此伏彼起，怎一个“乱”字了得！在这样的历史背景下，黄万鹏希冀黄钺像自己一样投身行伍、带兵征战、报效国家的意愿是显而易见的。

光绪三年（1877），黄钺8岁。从这一年开始，他日常的主要学习内容逐渐以习武为主、习文为辅。首先是在家乡梽木塝请武教练传授拳术和刀枪使用技艺。当时，黄家屋宇占地面积很大，分上中下三厅，上厅作祭祀场所；中厅设练武厅，聘请拳师到此执教，供黄钺练习武术；下厅会友。其次是练习骑射。幼年黄钺每日功课之一就是要拉弓练射。家的近旁还设立跑马场，供黄钺练习骑射。附近山林的围猎活动，以及不定时的较射，是黄钺学习骑射并检验成绩的场所。① 最后是阅读《孙子兵法》等兵书②。黄钺一边刻苦钻研兵法，一边认真练拳习武，强身健体，练就一身过硬的武功，准备将来长大成人后为国效力。这也为他日后领导武装起义打下了基础。

综上所述，黄钺可谓文武全才，这正如1930年出版的《海上名人传》对他的评价：“先生不第晓畅军事，且深谙文墨，其致段芝贵、黎元洪、吴佩孚诸书，词义尔雅，为时人传诵。所著有《怡皃庵诗文集》《云涛阁词存》《陇右光复记》《革命回忆录》《楚春楼随笔》，又辑刊《唐诗》《储英馆存书》《华胥幻影》《帕米尔图说》等，生平著作等身，诚不愧文武兼资者矣。”③

---

① 黄祖同：《黄祖同口述史料》（未刊稿）。

② 黄祖同：《黄钺年谱》（未刊稿）。

③ 《黄幼蟾先生小传》，《海上名人传》，1930年，第64页。

第二章 门阀革命 矢志反清

自鸦片战争以来，中国人民除受封建专制主义的黑暗统治之外，还迭遭西方列强的野蛮蹂躏，中华民族日益处于存亡绝续的危险境地。近代中国的有识之士面对亡国灭种的险境，无时无刻不在探索挽救民族危亡的出路。由于他们生活环境、个人经历和所受教育及社会地位的不同，所走的救国道路也各不相同。以辛亥革命时期的知识分子为例，出身于中上层家庭，且具有科举功名的新式士人，奉日本、沙皇俄国或者英国为改造中国的圭臬，视反清革命为畏途，主张在现成体制内进行改良；出身于中下层家庭为主的新式知识分子则多奉美国、法国为楷模，激进地走上了体制外改革，即暴力革命的道路。黄钺却是一个例外，他以二等男爵、正四品候补道员身份投身反清革命运动，因此被称之为“官场革命党”。不同于体制内一般官员的浑浑噩噩，黄钺觉醒得最早，抱有强烈的使命感，以挽救国家危亡、谋求民众幸福为己任。在救国道路上，黄钺坚定地选择了武装革命的道路。这是其最令人称道之处。

民国元老周震鳞在《陇右光复记》序言中曾对黄钺在领导秦州武装起义之前所从事的秘密反清革命活动作如是评价：“陇右有兵在握，起事尚易。其最难者，在前此二十年如一日，牺牲一切，奔走运动，鼓吹实行革命时也。”① 一个“难”字，高度概括了黄钺秘密从事反清革命的不易。从1892年到1912年20年间，认识到清政府无可救药之后，黄钺奔波于湖北、广东、北京、江苏、上海、浙江、湖南、甘肃数省，任劳任怨，义无反顾地致力于反清革命。黄钺曾对张之洞抱有幻想，希望能策动这位声名显赫的封疆大吏脱离清廷，自立为王，以局部带动全国反清革命力量，实现推翻清政府、建立民主共和国的目标。后来他干脆通过直接掌握武装力量，试图暗杀清廷最高统治者，以给清政府致命一击。这些努力失败后，黄钺继续投入到其他革命活动中。他利用自己的特殊身份和人脉关系，积极营救和保护革命党人；创办学校，储备革命人才，参与组织革命联络机关。1906年9月上旬，黄钺在上海由黄兴介绍，秘密加入中国同盟会。从此，在同盟会的统一领导和部署下，他更加卓有成效地开展革命活动。

一　反清革命思想形成

黄钺反清革命思想的形成大体上经历了三个阶段。

第一阶段，即1892年前后，黄钺萌生反清革命思想。黄钺1912年3月领导甘肃辛亥革命时，曾明确指出：“钺与黄君兴、章君炳麟等抱民政主义垂二十年。”② 在给袁世凯的呈文中也明确提到：“钺自有知识以来，即痛恨满清之虐政残害齐民，奔走呼号，求其铲除者已二十余年。”③ 由此可见，黄钺在1892年左右即萌生反清之志。和一般革命志士不同的是，黄钺父亲为新疆提督，自己是候补道员，年龄才24岁，可谓春风得意，前途无量，但是，

① 周震鳞：《陇右光复记序》，甘肃省档案馆《辛亥革命在甘肃》，甘肃文化出版社，2011年，第3页。

② 黄钺：《致陕西统制张云山》（1912年4月5日），《辛亥革命在甘肃》，第196页。

③ 黄钺：《呈大总统文》（1912年6月16日），《辛亥革命在甘肃》，第177页。

作为体制内的精英，黄钺却在心中立下了革故鼎新、推翻清政府的远大志向，从此走上了一条辗转奔波的革命之路。

这似乎令人不解？年轻的黄钺“素具革命志愿”不是偶然的，有其现实背景和思想动因等多重因素的影响。

现实背景的刺激在于：其一，晚清政府政治上腐朽黑暗，已到无法挽救的地步。尤其是晚清的官场已是一个黑暗腐臭的大染缸，清廉、实干、亲民者难以立足。正如郑观应所言：“尝见置身通显者，往往因清廉而致终身贫苦，未闻有人奖励；因贪墨而致毕生厚富，未闻有人黜罚。世上既无赏罚，既无是非，廉耻道丧，实业安得振兴乎？中国安望富强乎？”清廉官员落于贫困，贪婪之人却富裕逍遥，这是晚清官场的真实写照。其二，由于处于晚清官员序列，在体制内部，黄钺比外人更加清楚清政府的黑幕，知悉清政府已不可救药，于是逐渐萌生出反清革命思想。其三，黄钺年轻时曾外出各地尤其是到西北游历，观察风土人情，结交名士侠客。劳动人民反封建斗争精神的濡染，开阔了他的视野，使他的思想富于斗争性。目睹山河破碎，他对清王朝的腐败又有了更深层次的了解。“清末政乱外患日剧，公深忧惧，计非推倒清室，国将无以图存，遂从事革命。”① 其四，目睹外国侵略者频繁入侵和不平等条约的接连签订造成的民族危机。“我中国苦清专制久矣，堂堂华胄，竟见凌于异族之夫！祖宗之惨戮，疆土之裂分，脂膏之剥削，衣冠沦于禽兽，礼乐变于犬羊，鱼肉我人民，狼藉我生命，凡我汉族吞声饮恨者，已二百六十有余年，寰海志士，靡不欲灭此而朝食也。”② 黄钺认清了清政府的昏庸无能，对腐朽僵化的封建制度彻底丧失了信心，毅然站在其对立面，致力于推翻清政府的斗争。

思想动因在于：其一，受经世致用思想、湖湘文化的影响。经世致用思想是中国文化特别是儒家文化的一种传统精神。它

---

① 《幼蟾公传略》，《六修谱》卷十三。

② 黄人羲：《陇右光复记叙言》，《辛亥革命在甘肃》，第7页。

"用之则行，舍之则藏"，其强弱显隐程度直接受到外在历史环境的左右。"一般说来，社会平稳安定，封建专制统治强劲有力时，经世观念就隐而不彰，藏而不露；一旦社会危机四伏，封建专制统治衰弱，内忧外患纷至沓来之际，经世意识就会活跃起来。"鸦片战争前后，经世思潮兴起和盛行，出现了一大批有影响的经世思想家，如林则徐、魏源、龚自珍、姚莹、何秋涛等。他们以治国平天下自许，以挽救民族危亡为己任，或撰写政论时文，探究现实问题；或研求治国大政，倡言变革之法；或潜心于舆地术数，从事致用学问。其核心精神是面向现实，讲求功利，注重实效。在经世思想家们的身体力行和深情呼唤下，当时的中国思想学术界出现了一批研究世界史地和西方坚船利炮的著作，形成了蔚为大观的竞相追求海外新知的盛况。这些经世思想家的思想为黄钺提供了丰富的思想养料。湖湘文化博大精深、源远流长，在它的孕育和熏陶下造就了一代又一代的湖湘学者和英雄人物。宋代便有"求实证理，重躬行践"的胡安国、张南轩等一代宗师，近代史上有"修身，齐家，治国，平天下"的曾国藩、"内清四境，外援五省"的左宗棠等风云人物。"经世致用，敢为人先"的湖湘精神，造就了"当今天下，舍我其谁"的无数湖湘儿女。受经世致用思想和湖湘文化的熏陶，黄钺从青年时期便树立了经世报国的思想。

其二，"排满"思想的影响。"自明末清初以来，在汉族士大夫中出现过一批反满派，他们从儒家学说和思想中引申阐发'夷夏之防'的春秋大义，宣传仇满思想，王夫之等人就是其中最杰出的思想代表。"① 黄钺青年时期常读王船山著作，对船山的"道随器变""天地之化日新"的唯物主义思想和与时俱进观点非常推崇。他认为，堂堂中华大地，到处都是侵略者，原因在于清政府的腐败无能，因此要"驱除鞑虏，恢复中华"。这正如黄钺同族黄人羲所言："国势艰难，种族日弱，其见凌于异类者亦不下数千百

① 饶怀民：《李燮和与沪宁光复》，湖南师范大学出版社，1998 年，第 18 页。

万，于虑悲矣。”“我汉族堂堂华胄，岂可久辱于他人？自今而后，吾知强吾种者，不在他族，而在我黄帝文明之后。”“西湖居善、宁两邑之间，黄氏子孙亦世居于两邑，其人如佑禅诸子，洵热血之奇男，吾同胞之杰出者，悲大陆之将沉，痛神州之日暗，筹维百计，思所以强吾种族者甚殷。”①

第二阶段，1895 年《马关条约》签订后，黄钺反清革命思想初步形成。

这主要是深受甲午中国战败的刺激。鸦片战争以后，西方资本主义列强曾发动过一次又一次的侵华战争。虽然历次都是以中国的失败和签订丧权辱国的不平等条约而告终，但每当硝烟散尽，朝野上下在经受过一阵惊吓和经历过一番争吵之后，很快就会恢复老样子，依旧是文恬武嬉、歌舞升平。1894 年中日之间爆发甲午战争，次年以清政府失败、与日本侵略者签订丧权辱国的《马关条约》而宣告结束。该条约规定：割让台湾全岛、澎湖列岛与日本；赔款两亿两；增开沙市、重庆、苏州、杭州为商埠；允许日本在中国开办工厂；等等。毫无疑问，《马关条约》是自鸦片战争以来割地面积最大、赔款数额最多的一个条约。日本侵略者的贪婪使国人为之震惊。消息传开，犹如天崩地裂，日亡月殁，又好比昆仑倾圮，黄河倒流，这对中华民族的打击是无比巨大的。该条约让国人深感愤恨，既愤恨日本的凶残贪婪，又愤恨清廷的软弱无能。人们无不深感失望，隔海相望的蕞尔小国现在居然可以在中国面前称王称霸，可见清政府如今腐朽到何等地步。许多人在摇头叹息，在自哀自怜：中国的命运不知将伊于胡底！也有一些人，将失望化为仇恨，仇恨以慈禧太后为代表的清政府，认为是清政府将中国弄得如此一塌糊涂，使本来辉煌的中华文明蒙羞含垢，所有罪责应由清政府来承担。

面对甲午战争的惨败和《马关条约》的签订，黄钺内心感到无比震撼与愤懑，早已立志反清的他，此时革命意志更加坚定，

---

① 《燧农参军序》，《六修谱》卷一。

反清革命思想初步形成。此时的他明确指出，只有推翻清政府，才能拯救中国："前清光绪甲午以后，时事日非，瓜分之说，倡自各国新闻纸，海内志士，纷然陈言，清政府多留中不报。钺计非革新专制，推倒满清腐败政府，不足以图存。"①

反清意志弥坚，接下来就是采取何种革命手段的问题。黄钺首先将目光瞄准了时任湖广总督的张之洞。张于1889年任湖广总督后，大力从事洋务活动，建立湖北铁路局、湖北枪炮厂、湖北纺织官局，促兴筑粤汉、川汉等铁路，设新式学堂，派学生赴日、英、法等国留学，声誉颇旺，黄钺因之对其寄以厚望，想要策动张之洞"自立"。黄钺认为，要反清，要革命，"非优踞形胜之地，握重要之柄，不克有所借手"。第一步，1898年春，黄钺上书张之洞，"因鄂督张之洞稍负时名，而武昌居长江上游，最擅形胜，遂于戊戌春密商湘臬幕李莲航，借臬署马递，驰书张督，说以日本幕府维新故事，以觇其志意"。第二步，面见张之洞，"旋偕戚友王家宾、李彭年、贺寿霖等抵鄂，谒张督"。可惜的是，"三见而张无他辞"②，"张不听"③。

这里需要指出的是，黄钺之所以上书张之洞并面见张之洞，目的并不是以往论者所述的"建议张之洞仿效日本明治维新，以图自强"，而是希望张之洞能够趁天下大乱、民心背离清政府、革命党人四处鼓吹革命的大好时机，趁机"自立"，独立于清政府，进而以局部带动全国反清革命势力。对于此次面见张之洞的用意，黄钺有过明确说明："钺抱民政主义已廿年于兹，戊戌上张南皮书，即劝其自立。"④ 黄钺此举，并不令人感到意外，而是顺理成章的：其一，黄钺并不是上书、面见张之洞受到拒绝后才立志从事反清革命活动，而是上书张之洞之前，就已立志反清。其二，黄钺致书张之洞，表面上是以日本维新的成功案例打动张，实际

---

①② 黄钺：《反正以前运动革命事略》，《辛亥革命在甘肃》，第17页。

③ 《黄幼蟾先生小传》，《海上名人传》，第64页。

④ 黄钺：《复赵芝珊、潘锡九、马云亭、刘晓南、张祥林、张小坞、周本斋》（1912年3月29日），《辛亥革命在甘肃》，第189—191页。

是由此判断张之洞的真实意图，是黄钺实施自己反清方案的一次尝试。其三，黄钺之所以选择武汉、选择张之洞，是因为武汉的战略地位和张之洞在当时的良好声誉。在黄钺看来，武汉乃“优踞形胜之地”，张之洞乃“握重要之柄”。若张之洞能投入反清革命阵营，在武汉振臂一呼，定能应者云集。应该说，张之洞在当时的督抚中是比较开明的人物，一直主张学习西方的科学技术并付诸实施，是洋务派的主要代表人物。对于变法维新，张之洞也是支持的。但张之洞办洋务，目的是为了维护清政府的统治。我们可以说，黄钺在当时的历史条件下未能认识到要说服像张之洞这样的封疆大吏“自立”，无异于与虎谋皮，对清政府地方督抚存在一定的幻想，但不管怎样，黄钺不是一次，而是三次试图说服张之洞，这正折射出黄钺意欲推翻清政府的急切心情和坚定信念。而对武汉战略地位的正确认识显示出他的高瞻远瞩。由于张之洞的“不听”“无他辞”，黄钺认清了清朝官员的顽固不化，“自念计画不行”，从而放弃幻想。他谢绝了湖北巡抚谭继洵的挽留，“乃只身赴粤”①，寻求其他反清革命道路。

第三阶段，1898 年戊戌变法后，黄钺反清革命思想正式形成，标志性事件是截击慈禧太后。关于此事，黄钺曾有过较为详细的描述：“未几而政变事起，维新之士窜杀殆尽，更蹉跎无济，又去粤之燕。值庚子拳匪之乱，联军入京，清太后挟帝西遁，会钺充虎军营务处，遂收聚溃勇，欲乘机蹙之于途。时谭钟麟在京，不知钺之本谋，谓南方收一溃兵即北方少一流寇，极赞助之。钺急与钱维麒部署，军甫出城，天已曛暗，雨大至，误走保定道，钱亦散失。既抵白河，又待大贾陈鸿玉，饷久不至（是役，七月二十一日早出京，于枪林弹雨中经过。二十九至漕河，又遇虎军与徐德标营战，钺奔避不及，四面受敌，伏于深沟得免）。是时，伏尸盈野，疫疠盛行，钺冒暑大病，日昏卧舆中。”② 从黄钺的自述，可以得知：黄钺初步认识到武装力量的重要性。他利用自己在余

①② 黄钺：《反正以前运动革命事略》，《辛亥革命在甘肃》，第 17 页。

虎恩[①]统领的虎军营务处任职的便利条件，乘义和团运动期间北京一带混乱、散兵游勇四散的机会，四处游说，得到谭钟麟[②]的支持，招募了一支队伍，准备相机采取行动。尽管黄钺统领的这支部队后来为两江总督刘坤一予以遣散，“江督刘坤一惊我军至，遽派淮扬总兵潘万才、关道李维翰，携饷五千余金，解散所部军”[③]，但是这是黄钺第一次独立统领军队的开始，为其后来统率武装力量从事反清起义积累了经验。

不仅如此，黄钺还欲作石破天惊之举——率领招募的军队，趁八国联军入侵、慈禧太后仓皇出逃之机，在半路堵截、击毙慈禧太后。“庚子，联军入京，那拉后挟帝西遁。先生在燕收集散卒图劫取之，以误道不克。”[④]“在北平统领杨武楚军，拟在南京涿定一带，邀截西幸之清西后，毙之于途。”[⑤] 尽管因为慈禧太后“密出怀来误道致逸”，但这一方面体现了黄钺超人的胆识和高昂的反清斗志。要知道，截击最高统治者，一旦事情泄露或失败，当事者不仅会身首异处，还会株连九族。不是对清政府恨之入骨，不是反清革命意志无比坚定，一般的革命志士是不敢冒此大险的。另一方面，这种试图谋杀最高当权者的举动也反映了黄钺的急躁冒进情绪。是时，仁人志士普遍存在急迫情绪，急于毕其功于一役，一下子改变中国积贫积弱的落后面貌。据梁启超对清末世风的观察，面对各种事情，世人若“谓其一当办，而其它可无办焉，

---

① 余虎恩（1836—1905），字华南，号勋臣，今平江县三阳乡人。以武童投入湘军，追随曾国藩镇压太平军，累官至副将。后北上镇压捻军，赴新疆参加平叛，后又与黄万鹏等部合围进剿喀什城，迫使阿古柏自杀，斩叛军副元帅王元林、白彦虎，活捉叛军元帅马元、余小虎，平定南疆，以功赏一等轻车都尉。此后，历任陕安镇总兵、广东高州镇总兵等职。1900 年调京，统武卫中军十营。余虎恩为陕安镇总兵时，黄万鹏为新疆提督，两人既为同乡，又为出生入死的战友。

② 谭钟麟（1822—1905），字云觐，号云卿，湖南茶陵人。散馆授编修，官至两广总督，谥文勤。其子为谭延闿。

③ 黄钺：《反正以前运动革命事略》，《辛亥革命在甘肃》，第 17—18 页。

④ 《黄幼蟾先生小传》，《海上名人传》，第 64 页。

⑤ 周震鳞等：《黄钺同志革命事略》，《革命人物志》第 20 集，第 205—207 页。

不得也；谓其一当急办，而其它可缓办焉，不得也。于是志士热心之极点，恨不得取百事而一时悉举之，恨不得取百事而一身悉任之”①。黄钺亦然。

综上所述，从黄钺立志反清及投身革命的过程，我们可以看出，与同时代革命党人相比，他有两个最大的特点：第一是立志反清的时间早。黄钺意欲推翻清政府的腐朽统治，不是在甲午战争之后，而是在甲午战争还未发生之时，这在时间上要远远早于同时期的其他革命志士。这是引人注目的第一点。二等男爵、候补道员的特殊身份是第二点。在封建社会，道员已跻身封建统治阶级中上层。依黄钺父亲累积的深厚人脉和荫护，只要稍微运作，黄钺即可谋得实际职务或某个肥缺，如此发展下去，官至藩台、巡抚，并非什么难事。总之，年富力强的黄钺，只要他用心钻营，在晚清官场可谓前途无量。但黄钺却视功名利禄如敝屣，投身反清民主革命，甚至准备从事暗杀活动，这不能不令人钦佩、感叹。

也正因为黄钺的特殊身份，这使他的反清革命道路不同于孙中山、黄兴、宋教仁、谭人凤等职业革命家，也有别于蔡元培等体制内造反的上层士大夫。孙中山从小接受西方教育，受资产阶级民主革命思想的启迪，既而又遍历欧美各国，体察资本主义社会的善政与弊害，逐渐同改良思想划清界限而走上革命道路。“黄兴出身于湖南长沙一个名门望族，宗族中世代都有出仕为官者。早年接受封建传统教育，并考中秀才，进入新式学堂，亦曾存在社会改良思想，希望张之洞‘改良’政治，反对义和团的‘野蛮’举动，未亲自参加唐才常的‘勤王’运动。后受自立军志士死难的刺激，留学日本，系统学习西方社会科学名著以及从事反清革命斗争，最终形成民主革命思想。他走的是一条秀才造反的道路。”② 宋教仁1903年进入武昌文普通学堂时，正是资产阶级民主革命思想的勃兴时期。次年，他即随黄兴等在长沙创立革命团体

---

① 梁启超：《新民说》，《饮冰室合集》专集之四，中华书局，1989年，第157页。

② 饶怀民：《黄兴：从传统儒生到革命领袖》，《南方都市报》2011年9月16日。

华兴会，嗣后又在湖北设立华兴会湖北支部和协助湖北革命党人成立科学补习所，所以他没有经过改良主义的曲折，一开始就踏上了民主革命的道路。谭人凤走上革命道路则与个人坎坷的经历分不开。谭人凤屡试不第，甚至在科场上“被斥逐”，这无疑在他内心深处种下了仇恨的种子。他又因爱打抱不平，“以事赴讼，为吏所侮，发愤欲摧折之”，历经曲折后，他如同洪秀全等人一样被“逼上梁山”。蔡元培早年也接受过系统的封建传统教育，打下了深厚的国学根基。在科举的道路上，他青云直上，抵达令无数文人学士羡慕的科举高峰：得中进士，被点翰林。受传统的经世致用思想和反封建专制主义的民主思想的影响，加之西学的洗礼，蔡元培对清政府的腐朽统治日益不满，最后弃官南下探索救国道路。但由于其独特的经历，他一时难以摆脱改良主义的束缚，曾徘徊于改良与革命之间。随着客观革命形势的发展和反清革命斗争的实践，他最终从改良走向革命，从清朝的名翰林成为坚定的资产阶级民主革命者。黄钺以二等男爵、四品候补道员身份秘密从事反清革命，而且从一开始，黄钺就旗帜鲜明，态度坚定，并未对清政府抱有任何幻想，也未持有改良主义思想，他主张务必要推翻清政府。这是他的难能可贵之处。总之，他走的是一条“门阀革命”的独特道路。

二　营救革命党人

在秘密开展反清革命活动的同时，黄钺凭借其候补道员身份的掩护和广泛的人脉关系，以营救、保护被清廷捕获入狱的革命党人为己任，多次营救革命同志，为反清革命保留火种。“癸卯、甲辰、丙午间，借故友英人麦士尼为能[①]之力，两救章炳麟于厄”[②]，“救黄兴、张继、章士钊等于狱”[③]。据我们考证，黄钺在1902年至1906年间营救革命党人的行动至少有三次。

第一次，1902年营救吴稚晖、钮永建。

这要从中国留日学生在日本成城学校的入学事件说起。成城学校是一所陆军士官学校的预备学校，1898年专设清国留学生部，清政府派遣的军事留学生大都直接进入该校。1902年7月，吴稚晖奉两广总督之命，带领男女学生数十人赴日本留学，“其中有钮瑗等9名自费生想进入成城学校学习陆军”，但是按照惯例，自费生进入成城学校学习军事必须由清政府驻日公使保送方能入校。驻日公使蔡钧本应提供担保的方便，但他虚与委蛇拒办。吴稚晖左右斡旋无果，与孙揆均率26名留学生大闹公使馆。蔡钧斥他们“纯是目无纲纪，无理取闹”[④]。吴稚晖不甘示弱，嬉笑怒骂讽刺挖苦，蔡钧恼羞成怒，“因嗾日政府，以妨害治安罪”，拘捕吴稚晖“及孙揆均两人于东京狱，限期翌日晨流逐返国”[⑤]。吴稚晖决心以死抗争，写下绝命书，愤而投水自杀，幸被警察救起。在被迫登

---

① 麦士尼为能（1842—1919），原名William Mesney，字闻皋。清同治前期到达中国，在武汉和上海等地闯荡，从事军火贸易。1861—1862年曾被太平军截往南京留数月。后由英国驻镇江领事雅妥玛领出，一度在汉口中国海关任职。1868年，麦士尼应地方官员崇实之聘前往四川和贵州，1869年到贵州教练枪炮。后被川军唐炯部聘为“武教习”参与镇压贵州苗民起义，获清廷授予的“巴图鲁”称号。1882年，任山西总督张之洞的外交事务顾问，并参与规划了由皇帝下诏、总督张之洞承办的十九大实业工程。1885年，负责主管广州的两个兵工厂，后来被提升为参将。1889年，获御赐顶戴花翎，并晋升为总兵。1895年，在上海创办华英日报馆，自任经理，并出版发行《华英会通》周刊（英文名《麦士尼中国札记》）。周刊每期约20—30页，内容庞杂，涉及中国的政治、经济、产业、风俗、植物、城市、礼仪、秘密会社等（见余学军：《英人麦士尼与近代贵州工业化的缘起》，《黔南民族师范学院学报》2011年第4期。另，根据英文，“麦士尼为能”应为“麦士尼·威廉”，“为能”即“威廉”）。

② 《幼蟾公传略》，《六修谱》卷十三。

③ 周震鳞等：《黄钺同志革命事略》，《革命人物志》第20集，第205—207页。

④ 路小可：《民国大老吴稚晖》，兰州大学出版社，1997年，第29—33页。

⑤ 王云五：《民国吴稚晖先生敬恒年谱》，台湾商务印书馆，1981年，第25页。

上法国邮轮回国时，正在日本的蔡元培闻讯赶到船上护送其回国。回到上海后，中国教育会请吴稚晖演讲该事件始末。他“慷慨激烈，淋漓尽致，述及腐败，丧失国权，听者皆为之愤怒；述及蔡钧举动乖谬，出语荒唐，又令人失笑。鼓掌之声，震动屋宇”。

吴稚晖在欢迎会上慷慨陈辞时，殊不知，一场灾难即将降临到他和钮永建的头上。原来，认为被吴稚晖羞辱的蔡钧尽管借助日本政府的力量驱逐了吴稚晖等人，但还觉得不够解恨，遂“密电沪道袁树勋[①]，俟吴、钮抵沪埠，即坐以党锢，急捕之，以泄其忿”[②]。形势十分危急，革命党人如果不能获悉此阴谋并采取行动，吴、钮二人将必遭不测。

万幸的是，“事为苏报馆主笔陈贻范诇知”[③]，陈贻范获悉后，苦于无法应对，乃急忙告知黄钺。黄钺认为，时任上海道台袁树勋政治上比较开明，可以去做袁的说服工作。但黄钺当时是秘密从事革命活动，自己不便直接出面相救，他想到了自己的好友刘笃烈与袁树勋关系密切，因此嘱托刘笃烈赴袁树勋处斡旋，“袁始不为蔡嗾”[④]。经过黄钺的暗中出手相救，吴稚晖、钮永建的一场无妄之灾遂化于无形。

第二次，1903 年、1906 年营救和保护邹容、章太炎。

1903 年，邹容撰写、出版轰动全国的《革命军》，销售逾百万册。6 月 29 日章太炎在《苏报》发表著名的《驳康有为论革命书》，指出“公理之未明，即以革命明之；旧俗之俱在，即以革命去之”，歌颂革命为“启迪民智，除旧布新”的良药，将光绪皇帝斥为“载湉小丑，未辨菽麦”。章太炎高呼革命为神圣“宝物”，要求建立资产阶级“中华共和国”，推荐《革命军》为国民必读的

---

① 袁树勋，1901 年任上海道台，湖南湘潭人。值得一提的是，据《申报》报道，黄钺在此事件后，曾以江苏候补道员男爵的身份赴上海拜访袁树勋，此系后话。参见《观察谒客》，《申报》1902 年 10 月 4 日。

② 黄钺：《反正以前运动革命事略》，《辛亥革命在甘肃》，第 18 页。

③ 《黄钺小史》，《长沙日报》1913 年 7 月 5 日第 12 版。

④ 黄钺：《节录反正以前运动革命事略》，《辛亥革命在甘肃》，第 18 页。

第一教科书。《苏报》同时还报道各地学生的爱国运动。为此，清政府照会上海租界当局，于6月30日以“劝动天下造反”“大逆不道，煽惑人心，谋为不轨”罪名将章太炎等逮捕。7月1日邹容激于义愤，自动投案。7月7日苏报馆被查封，此乃轰动一时的“苏报案”。

按照清政府处理此类案件的惯例以及清政府官员当时的意图，章太炎、邹容等被捕人员，将被移交清政府处理。因此，清政府想方设法，企图将章、邹“引渡”，解至南京，处以极刑。但是，英国等帝国主义国家出于自身利益的考虑，不但坚持不移交，而且力主判刑不能过重。1903年8月5日，英国宣布拒绝交出“苏报案”被关押者后，上海道台曾提出一个方案，即在会审公廨审讯，由清政府派出高级别官员参与审讯，并且判处章太炎和邹容死刑或者终身监禁。对此，英国驻华公使萨道义未表示赞同。美国态度尽管一度模棱两可，但最终表示尊重道台和领事团达成的协议，支持在租界审讯，在租界执行。[①] 12月3日正式开庭审理。12月3日是审讯的第一天，上午十点一刻正式开始，十二点半休庭，古柏作为原告律师出庭，代表清政府向法庭提出指控，律师琼司和爱立司为被告作无罪辩护。第二天（12月4日）全天审理，章炳麟和邹容出庭，接受双方律师的讯问。第三天（12月5日）也是全天审理，外侨李德立和西蒙作为辩护方和控方的证人先后出庭作证。12月7日是庭审的最后一天，陈仲彝、程吉甫、钱允生和执行逮捕令的巡捕出庭接受法庭调查，程吉甫、钱允生被当场释放。12月9日，参与审讯的中方官员汪瑶庭抢先宣判，英国副领事以事先未与其商议且判刑过重为由，提出抗议，不承认中方官员单方面判决的效力。于是双方又求助于外交途径，“苏报案”的审理再起波澜，此后就判决问题又进行了长达半年多的交涉，直至1904年5月21日才最后宣判：章太炎监禁三年，邹容监

① 王敏：《西方列强与苏报案关系述论》，《历史研究》2009年第2期。

禁二年，“罚作苦工，限满释放，驱逐出境”①。

清政府压制舆论、镇压革命的企图没有得逞，章太炎、邹容二人得以轻判，这一结局一方面是列强、租界等政治力量与清政府反复博弈的结果，另一方面也是革命党人多方运动、努力营救的结果。然而，令人遗憾的是，以往研究者在考证各革命党人想方设法营救章太炎、邹容的种种细节时，均未提及黄钺在其中所起的重要作用。我们认为，“苏报案”中，黄钺暗中营救过章炳麟、邹容，在一定程度上影响了“苏报案”的结局。

下面先看黄钺本人对“苏报案”的两段记载：“癸卯，邹容著《革命军》一案，波及章炳麟等。时饶伯亮出入两江督署，侦悉其由，就钺谋所以救者。钺因与华英日报馆经理英人麦士尼为能缄托其保护。适洪本枬、叶长生侦得沪道有照会，致英领事捕邹、章，亦径往托麦。麦遂身任其事，联合工部局总办朴兰德及教士李提摩太，并二三有力之英人，出而干涉。尔时，清政府竭力相争，必欲死邹、章。苏抚恩寿，满人也，恶革命党尤切，而江督魏光焘幕客贺弼、江胜营（营务处夏时济）统领杜俞等，均欲借此案谋补关道缺，咸劝魏比恩，事益急。贺复因其母舅夏康侯稔麦犄，邀麦至江宁，啖以重利，俾卸肩，麦拂袖去，大骂贺之无耻。后邹虽毙狱中，而龙积之等之得释，章定三年监禁，皆麦之力也。”

“丙午夏，钺因事赴沪时，仇亮、龚陈百（仇、龚由樊宗汉、黎瑞芬介绍见钺后，樊因革命无成，忧愤死）奉党魁孙文命，至沪营救章炳麟出狱，以章监禁期将满，又虑出狱后满奴不甘心，特专人来沪运动孙，原托法界捕头马烈照料，然狱在英界，马殊少效力，仍由钺托麦图之，如期即出。当章之未释也，麦有粤东之行，不及待，既登邮船，忽奔至钺寓，再三叮咛，谓章不日当即出，宜疾行，勿恋租界，且不欲声张，经渠运动有效之语，其

① 王敏：《苏报案的审讯与判决》，《史林》2005 年第 6 期。

缜密如此。”①

由黄钺的自述可以发现，章炳麟、邹容甫一被捕，黄钺获悉后即与其他革命党人商量营救对策，“谋所以救者”。同时，黄钺还委托华英日报馆的经理麦士尼为能，“托其保护”章、邹二人。

而且，在清政府企图将章、邹“引渡”的紧要关头，黄钺所委托之麦士尼为能，“联合工部局总办朴兰德及教士李提摩太，并二三有力之英人，出而干涉”，在很大程度上影响了“苏报案”的走向。

在1906年夏章太炎即将刑满释放、清政府欲乘章太炎出狱离开租界对章实施秘密逮捕时，黄钺再次通过麦士尼为能的关系，“经渠运动有效”，并与孙中山从日本派来上海迎接章太炎出狱的同盟会员仇亮、龚陈百等接洽，确保了章太炎的顺利出狱和安全离开上海前往日本。因此，章太炎成为与黄钺“有密切之关系者”②。

这里需要补充说明的是，黄钺与英国人麦士尼为能交往频繁，两人关系密切。如1902年3月，黄钺在江西办理矿务，就曾与麦士尼为能一起勘探煤矿③。同年6月，两人又一同赴江西袁州煤矿考察。据当时《大公报》报道：“江西矿产著名宇内，前有湘人黄幼蟾爵观察、张伯纯部郎偕同英人麦士尼总戎及矿师平克司克伦两人，上溯袁州河察勘蒋冠群大令所办宜春煤矿，据称沿途所经皆极好矿苗，江西所产实可抵英伦一岛，惟土法挖取甚不得法，麦君特开具手折，请中丞招股借款速行开探，以浚利源而成富国，兼可以工代赈，隐弥巨患云。”④ 正因为黄钺与麦士尼为能的私交甚密，所以黄钺得以凭借其力来营救革命党人，麦士尼为能也不

① 黄钺：《反正以前运动革命事略》，《辛亥革命在甘肃》，第18—19页。

② 黄钺：《复赵芝珊、潘锡九、马云亭、刘晓南、张祥林、张小坞、周本斋》（1912年3月29日），《辛亥革命在甘肃》，第190页。

③ 《申报》1902年4月15日。

④ 《袁州矿事》，《大公报》1902年6月18日。

负黄钺所托，不为清政府的金钱所收买，为营救革命志士积极奔走。①

第三次，1904 年营救黄兴等革命党人。

1904 年 2 月 15 日，黄兴与刘揆一等人正式成立了国内第一个资产阶级革命团体华兴会。华兴会成立伊始，便把武装起义提上了议事日程。黄兴根据当时的实际情况，提出由湖南首先发难，然后谋各省响应，以实现“直捣幽燕，驱逐鞑虏”的革命方略，并决定从联络哥老会着手。黄兴与马福益联络后，商定于 1904 年 11 月 16 日（农历十月十日）趁慈禧太后 70 岁生日祝寿之机，发动长沙起义。计划届时由浏阳、衡州（今衡阳）、常德、岳州（今岳阳）、宝庆（今邵阳）五路同时响应，攻占长沙。② 但长沙甲辰起义机密尽泄，黄兴、刘揆一、马福益身份暴露，和其他革命党人一起处于长沙府、县衙门的搜捕之中。黄兴凭借超乎寻常的胆略和机警以及革命党人、社会各界人士的保护，逃脱了追捕，辗转逃亡上海。嗣后，黄兴、陈天华与自日本陆续归国到沪的杨笃生、苏鹏、何海樵等，以及经何、苏介绍参加军国民教育会的蔡元培等江浙革命志士聚集起来。他们在英租界大马路新开路余庆里八号，租设启明译书局，作为革命机关。黄兴、杨笃生、苏鹏等都住在书局里。

1904 年 11 月 7 日（农历十月初一），黄兴、蔡锷、陈天华、杨笃生、苏鹏、苏曼殊、黄炎培、章士钊、周来苏、杨度、张维、仇鳌、仇亮、陈去病、刘季平、柳弃疾等 40 余人在上海余庆里举行会议，制定了以长江流域发难的方略，决定“即日分途运动大江南北之学界军队，起义鄂宁等处”，“这是辛亥革命准备时期中革命党人举行的一次规模较大的会议，标志着以华兴会为中心的反清革命力量的联合”。③

① 《黄钺小史》，《长沙日报》1913 年 7 月 5 日第 12 版。

② 饶怀民：《李燮和与沪宁光复》，第 27 页。

③ 饶怀民：《李燮和与沪宁光复》，第 35 页。

11月19日，忽然发生革命志士万福华自行暗杀亲俄派官僚王之春未成被捕的事件。万福华也是留日的革命志士，当时回到上海。王之春是前安徽巡抚、驻俄大臣，与俄太子尼古拉友善。日俄战争时，尼古拉已登位为沙皇，王之春在沪倡联俄拒日之议。万福华等认为日俄为一丘之貉，有何可联，而预料战局，日本将取胜，联俄之说对我国更形不利。欲打破联俄之议，万福华等商议对王之春行刺，以收釜底抽薪之效，据闻参加商议的有林白水等。万福华等商定，假借王之春友人名义，定于11月19日宴王于英租界一枝春西菜馆，安排一人在宴客厅下手，万福华则在门口楼梯边接应。11月19日晚，王之春如约来到金谷香番菜馆二楼，陈自新佯充日本人，与王之春笔谈。王之春心生疑虑，起身下楼。万福华守候楼下，见状，快步上前，连开数枪，却不见枪响。原来急迫中忘记拨开枪栓，以致不能击发。巡捕赶到，逮捕了万福华。章士钊得知暗杀失手、万福华被捕，焦虑万分。探知万福华押于捕房，即于次日前往探视。捕房以嫌疑犯拘捕了章士钊，并以此为线索，搜查拘捕了黄兴、张继、薛大可、方表、苏鹏、周瑟铿、徐佛苏、赵世暄、汤重希、章勤士、郭人漳11人。“加上原已被拘的万福华、章士钊，共13人陷狱，可算是当时英租界内的一桩大案了。”①

革命党人最担心的是黄兴，尽管黄兴化名李寿芝，但他是当时湖南巡抚悬赏缉捕的要犯，处境危险。因此，在狱外的革命党人杨笃生、蔡锷、蔡元培、于右任、林长民、刘申叔等大力营救，奔走呼吁。蔡锷赴江苏泰兴，找到暗中赞助革命的湘籍知县龙璋。龙璋筹集千金，行贿狱吏，并以知县身份向租界当局担保，请求放人。杨度则致电江西巡抚夏时，请夏时出面救助。这是由于被拘捕人员中的郭人漳系江西新军统领，赴沪公干，途遇旧友张继，应邀到余庆里寓所叙谈，一并被拘捕。海内外同志捐款数千元，聘请中西律师四人为他们辩护。日本东京留学生中的革命党人派

① 苏仲湘：《黄兴清末上海陷狱前后》，《百年潮》2004年第9期。

刘颂虞携带捐款，回沪营救。有些官方人员也多方庇护。如搜查余庆里时，一位华人书记将搜出的党人名册伪称为伙食账簿，即刻丢弃，掩盖了最紧要的证据。会审中，中方会审官员黄某问话力求简便，并称搜出的化学仪器、炼药炉灶等造炸弹所用的违禁物品难保不是逃脱者的，尽力抹煞证据。经多方奔走，江西巡抚夏时致电上海道台袁树勋，要求放人，袁树勋亲访英国总领事交涉。23 日，郭人漳获释，黄兴与赵世暄、汤重希冒充郭人漳随从，一同获释①。黄兴身份不久即被租界当局获悉，不得不迅速转移到日本②。

上述革命党人积极营救黄兴出狱的史实毋庸置疑，但是，黄钺在此次营救行动中所起的作用却鲜为人知，一直为人遗忘，不被提及。

其实，黄钺对这段史实有过明确的记载："甲辰十月，皖人万福华枪击王之春一案，牵捕者十余人。时钺方自浙返沪，与粤人丁惠康（字叔雅）同主华宁里吴葆初宅。一日，偶于曾广钧座闻被捕有郭人漳、张继，皆旧识，而黄兴虽易姓名，亦在逮（兴初非此名，只闻其字瑾午，罗大维侦悉，密以相示）。钺遂叩麦士尼为能之门谋救。麦力任之，潜商驻沪领袖领事。不二日，讯判郭等四人先行释免，余六人随后保释，万判监禁。是时，华兴会破坏禁网尤密，此次革命巨擘黄兴与诸君不遭毒手者，以运动出狱，非常敏慎，风声未露故也。"③

由此可知，这桩租界内的大案之所以能够在几天之内迅速结案，黄兴的真实身份还没有被租界识破之前就得以脱险，除了革命党人的积极营救之外，黄钺功不可没。"当黄兴被逮时，君以秘密运动，周旋夫沪滨，得英人麦士尼为能之力，不使民国元勋陷

① 此外，周瑟铿是拘捕人员中唯一有物证的人，被判 6 个月监禁。万福华被判 10 年监禁，辛亥革命后出狱。张继、章士钊被拘 40 余日。其余以证据不足，无罪释放。见陈奇《刘师培与暗杀王之春案》，《贵州社会科学》2005 年第 1 期。

② 黄蔡二公事略编辑处：《黄克强先生荣哀录》，新民印书社，1918 年，第 28 页。

③ 黄钺：《反正以前运动革命事略》，《辛亥革命在甘肃》，第 18 页。

于贼臣之手，苦心孤诣，罄竹难宣。”[①] 因此，黄兴成为与黄钺“有密切之关系者”[②]。这次营救行动也为 1906 年黄兴介绍黄钺加入同盟会埋下了伏笔。

三 加入同盟会

加入同盟会之前，除营救革命志士，黄钺还参与组织诸多革命联络机关，作为革命志士的秘密据点。唐才常自立军起事失败后，黄钺辗转至南京，“遇党人张通典、禹之谟、陈贞瑞，其后数年常往来沪上，密与党员黄易、李世昌、贺永龄、成邦杰、葛连城、吴超徵、童俊、洪本枬、张通汉等，先后组织寰球中国学生招待所、广艺书局，及武汉之益中书局、武库书局、大家来栈等处，以为秘密机关”[③]。1905 年春，黄钺在湖南与黄易一道“组织新华会虚无党支部，借名办矿，为矿局提调。裕庆、蒋少牧洞悉黄为革命家[④]，言于巡抚端方捕之。时钺在籍与之往来颇密，捕者于黄笥搜出洪本枬、成邦杰与钺私函，词涉含浑，端大疑，钺几得祸。后黄虽经曾广銮、张祖同极力运动保释，终因吴樾炸弹一案捕死江宁狱中，盖端必欲杀之也”[⑤]。新华会系两湖地区留日学生覃振、仇鳌、焦达峰、刘道一、仇亮等发起组织的革命团体，计划归国响应长沙起义[⑥]。“东京的新华会就是为响应华兴会而组织的，两湖留学生参加的最多，覃振、刘道一、田桐、白逾桓、

① 黄人羲:《陇右光复记叙言》,《辛亥革命在甘肃》，第 7 页。

② 黄钺:《复赵芝珊、潘锡九、马云亭、刘晓南、张祥林、张小坞、周本斋》(1912 年 3 月 29 日),《辛亥革命在甘肃》，第 190 页。

③ 黄钺:《反正以前运动革命事略》,《辛亥革命在甘肃》，第 18 页。

④ 黄钺自注:“黄与罗谦、李佩铭为龙城三杰。二十年前曾以倡革命被捕，后经张学使亨嘉释出者。”

⑤ 黄钺:《反正以前运动革命事略》,《辛亥革命在甘肃》，第 19 页。

⑥ 田伏隆:《湖南近百年史志日志》，湖南人民出版社，2010 年，第 128 页。

沈鸿烈、樊锥、盛时等都是会员。"①

为培养革命人才，黄钺亲自或者策动其他志士一道共同创办学校，同时将学校作为革命机关。仅1906年，黄钺先后创办或参与创办的学校有三所。

开办湖南全省黄氏中学堂师范速成科。1906年，黄钺任湖南全省黄氏中学堂正监督。利用这个机会，黄钺在黄氏中学堂之外附设师范速成科，② 以培养师范人才。后因师范生与监学之间冲突，加上当局的阻挠，对师范生的毕业文凭"不予存案"，开设三个月后，被迫停办。③

创办法政学堂，培养政治人才，但胎死腹中。据当时《申报》报道："湘省学界中人，现均趋重法政，以为易图出身起见，兹有道员黄钺邀集同志多人，拟设法政专科学堂，于日前具禀湘抚，请予立案。昨奉批示云，查奏定学堂章程学务纲要第十六条内开私立学堂，不准讲习政治、法律专科，以防空谈妄论之弊。是已立之校专习，犹且不可况，该职等所请系专授法政而特别开校乎，现在省垣已立法政学堂两处，并准学部来文各省存古学堂酌改法政尚可通筹办理，将来官立之校渐多，士人肄习法政，尽可考取入学。定章既禁私立，该职等所请应即毋庸置议，仰学务处转饬遵照。"④

鼓动伶界大亨潘月樵等于1906年创办"榛苓""菁莪"学堂。黄钺结识梨园名角潘月樵后，认为其"性情豪爽，具新知识"，故而"诱之，进俾为革命机关。月樵遂组织榛苓、菁莪各学堂。钺更为介绍与海上党人王峰等相往来，童俊、吴超徵尤与之契。厥后党人之困乏者，月樵无不济之。且特筑舞台，改良新剧。伶人

① 仇鳌：《辛亥革命前后杂忆》，《辛亥革命回忆录》第一集，文史资料出版社，1981年，第437—438页。

② 《批驳擅给师范文凭》，《申报》1907年7月16日。

③ 《批饬族学认真办理》，《申报》1907年7月29日。

④ 《不准特设法政专科》，《申报》1906年11月4日。

革命，自月樵始”①。榛苓学堂在上海老北门内西马桥梨园公所，是我国创办的第一所戏曲艺人子弟学校，学堂经费由梨园担负，“设有不给，各梨园合班会串数日，以所得戏资补助之。会串系拈阄定期，每园一日，如期轮演，以免争论先后。学科系普通小学程度。而所课者并非梨园子弟。具见夏、潘等兴学热心，诚伶界中不可多得之人也”②。“为义务教育，一切费用皆由本学堂筹备，不收学生分文，尤足见其热心于学，任事宏毅。”③

艺人学校的创办，无疑为艺人提升自身素质、提高整个艺人队伍素质提供了有利条件④。创办艺人学校，还有一个重要作用，即为日后民主革命储备人才。戏曲艺人后来还直接参与上海光复，为辛亥革命做出了贡献。潘月樵带头组成一支梨园敢死队，加入上海商团，亲自参加攻打江南制造局的战斗，在上海光复中发挥了重要作用。并和夏氏兄弟一起，在伶界商团里发挥了关键作用。夏氏兄弟和潘月樵是伶界商团的负责人，夏月珊又是伶界救火联合会的会长。救火员大部分是剧团里的武行——精装少年，他们大部分都参加了商团。他们在夏氏兄弟和潘月樵的领导之下，成为这次攻打制造局的先锋。

加入中国同盟会是黄钺革命生涯中一个标志性的转折点，对黄钺之后反清革命的行动具有极其重要的影响。然而，关于黄钺是否参加中国同盟会的问题，当事人及学界有不同说法：一种是“肯定说”，一种是“否定说”。持“肯定说”者，如张澄子撰文介绍“黄钺是湖南人，为同盟会的同志”⑤。慕寿祺在其《甘宁青史略》中指出：“黄钺，同盟会中人也，由东洋毕业后捐道员。”⑥

---

① 《黄钺小史》，《长沙日报》1913 年 7 月 6 日第 12 版。

② 《榛苓学堂》，《图画日报》1909 年第 110 号。

③ 《榛苓小学堂发起》，《申报》1906 年 12 月 17 日。

④ 赵娟：《辛亥革命前后的潘月樵研究》，扬州大学硕士学位论文，2009 年。

⑤ 张澄子：《黄钺在天水反正概述》，刘绍韬、黄祖同《黄钺与秦州起义》，甘肃人民出版社，1992 年，第 52 页。

⑥ 慕寿祺：《甘宁青史略》，《辛亥革命在甘肃》，第 421 页。

向天水说，黄钺“1906年，经黄兴介绍，在上海加入同盟会”①。《黄氏家谱·黄钺传》记载：“元前十一年（1900）……赴沪参加同盟会，与张通典、禹之谟、马君武、张继等进行革命事业。”此外，黄钺之子黄祖同也持同样观点。

持“否定说”的主要是任书贵。他在《兰州大学学报》上撰文（以下简称“任文”）指出，秦州起义时就有人说黄钺是同盟会会员的说法，慕寿祺《甘宁青史略》中的记述，20世纪60年代初甘肃省政协文史资料研究室组织撰写的回忆辛亥革命文章中“黄钺是同盟会会员”的说法，“均系回忆传闻，说法不一，不足为据”。《黄氏家谱·黄钺传》的“记载也站不住脚”。任文的依据是：其一，据《陇右光复记》，黄钺自己在《反正颠末》中记载：“其后数年往来沪上，与党员黄易、李世昌、贺永龄、成邦杰、葛连城、吴超徵、童俊、洪本枬、张通汉等先后组织‘环球中国学生招待所’‘广艺书局’及武汉之‘益中书局’‘武库书局’‘大家来栈’等处以为秘密机关，是为钺与同盟会联合之始。”黄钺只是说和同盟会会员联合，组织秘密团体，但未说他参加同盟会。这篇文章是黄钺在民国二年（1913）以后写的，不可能再隐瞒他参加同盟会问题。其二，邹鲁《中国国民党史稿》第三编（乙）第一章，“光复之役”一文中未讲黄钺是同盟会会员，只是有“及抵甘，同志周昆、卢士璜、昆季及黎兆枚均在焉”，“黄钺聚同志与谋”，“黄钺陆续派陆军学生李仁斌、李宗南、安国柱、李望英及同志寇献琛、黄达等赴陕西联络”，眉批有“黄钺聚同志谋反正”等记载。所谓“同志”，志同道合之谓也，如果仅以称同志证明黄钺是同盟会会员，不能使人信服。其三，据中华民国三十年（1941）版《宁乡县新志》卷三表三十三记载：“黄钺字幼蟾，清提督黄万鹏次子，袭男爵，由道员改副将，辛亥起义以秦州响应被举为都督，授陆军中将，行政院参议。”未讲黄钺是同盟会会员。其四，《陇右光复记》由周震鳞、周昆、洪汝冲、黄人羲为该

① 向天水：《黄钺传略》，《黄钺与秦州起义》，第70页。

书写序，对黄钺的人格和他领导的秦州起义都作了高度评价。他们称黄钺为“门阀中革命巨子”，“为豪杰”，“伟人也，鼓吹革命十有余年”。但是谁也未说黄钺是同盟会会员。①

此外，还有文章尽管对黄钺参加同盟会一事没有直接否认，但对黄钺参加同盟会的时间、地点和介绍人提出了质疑：“《黄钺传略》说，1906 年黄兴在上海介绍黄钺入同盟会。据全国《文史资料》和《湖南文史资料》发表的黄一鸥等人的文章：1905 年和 1906 年黄兴都在日本，1907 年始奉孙中山之命去香港成立同盟会支部，以后才在国内建立同盟会支部。黄钺 1906 年在上海由黄兴介绍入同盟会的说法，时间、地点或介绍人是否有误?”②

我们认为，“肯定说”的说法不尽准确，“否定说”存在主观臆断的问题，不客观，缺乏史实依据，同样“不足为据”。传闻、回忆或许可能有时候失真，但也可能包含着事实真相，很多时候也并非空穴来风。黄钺在甘肃兰州、秦州时，彭英甲等人就因为听到传闻，怀疑黄钺是同盟会会员，对黄钺时时提防。我们不能因为只是传闻，就断然否定或肯定黄钺的同盟会会员的身份，这些传闻恰恰可以作为黄钺究竟是不是同盟会会员的间接证明材料，需要进一步去伪存真。

我们认为，任文存在诸多可待商榷之处：第一，引文出处不准确。《陇右光复记》中黄钺自己记述：“其后数年往来沪上，与党员黄易、李世昌、贺永岭、成邦杰、葛连城、吴超徵、童俊、洪本枬、张通汉等先后组织‘环球中国学生招待所’‘广艺书局’及武汉之‘益中书局’‘武库书局’‘大家来栈’等处以为秘密机关，是为钺与同盟会联合之始。”这段文字并非是刊登在《反正颠末》，而是出自作者自述的《反正以前运动革命事略》。前者是黄钺对自己秦州起义经过的详细记载，后者才是黄钺本人对其自甲

---

① 任书贵：《黄钺不是同盟会会员也未留学日本》，《兰州大学学报》（社会科学版）1982 年第 2 期。

② 史宜中、董武人：《〈黄钺传略〉质疑》，《宁乡文史资料》1985 年第 3 辑。

午战争至1912年秦州起义前革命活动的记述。任文引用时张冠李戴，弄错了该段文字的出处。

第二，任文根据黄钺“是为钺与同盟会联合之始”的记载，认为“黄钺只是说和同盟会会员联合，组织秘密团体，但未说他参加同盟会”，“这篇文章是黄钺在民国二年以后写的，不可能再隐瞒他参加同盟会问题”。我们认为，任文的推断忽略了黄钺当时特殊的身份和黄钺淡泊名利的品格。黄钺为时人视为“官场革命党”，他一直借助自己特殊的身份，在体制内游走，目的是为进行反清革命提供便利条件。再说，他当时是道员、男爵，因此，在此特定的背景下，加入同盟会也只能是秘密加入，不可能大张旗鼓将其公布于众。同时，黄钺历来淡泊名利，在辛亥革命成功后，他不想借同盟会会员这个光鲜的头衔为自己博取利益，也不会四处宣扬自己的秘密革命经历。所以，在领导秦州武装起义之后赋闲故里对秦州起义及自己革命生涯进行总结的时候，就顺便提及了自己与同盟会的“联合”关系。这一说法应该是一种隐晦的、间接的说法。

第三，任文所言，根据“黄钺聚同志与谋”，“黄钺聚同志谋反正”等记载，“仅以称同志证明黄钺是同盟会会员，不能使人信服”。并云“所谓‘同志’，志同道合之谓也”。这里，任文的说法有两个问题。首先，仅仅指出黄钺对其他同盟会会员称呼为“同志”，没有指出其他同盟会会员也是称呼黄钺为“同志”。如黄钺去世后，居正在《居委员正等拟请政府褒恤黄钺提案》就提到“黄钺同志，早岁以清室勋臣后裔从事革命”，“嗣经黄同志以领新兵众据秦州”，“黄同志革命事略”。黄钺如果不是同盟会的同志，居正是不会如此称呼的。其次，任文忽略了“同志”一词在当时特定历史背景下的含义。据1979年、1989年和1999年版《辞海》，“同志”一直有“政治理想相同的人；同一政党（的）成员相互间的称谓”这一义项。据《辞海》，古汉语中“同志”最早见于《国语·晋语四》：“同德则同心，同心则同志。”后有《后汉书·刘陶传》：“所与交友，必也同志。”这里，“同志”的基本意思是“志趣相同；志趣相同的人”，既不作称谓词，也无任何政治内涵。至辛亥革命前后，“同志”一词带有强烈的革命色彩和政治内涵，如林觉民《与妻书》中的“吾今死而无憾，国事成与不成自有同志者在”以及孙中山先生的遗言“革命尚未成功，同志仍需努力”①。也就是说，“同志”一词是身为同盟会会员的革命党人相互之间的特定称谓。若黄钺不是同盟会会员，其他同盟会会员是不会称呼黄钺为“同志”的，黄钺自然也不会称呼其他同盟会会员为“同志”。

第四，任文所提 1913 年《陇右光复记》序言和 1941 年版《宁乡县新志》中，周震鳞、周昆、洪汝冲、黄人羲等均“未讲黄钺是同盟会会员”，这是事实，但并不能作为黄钺不是同盟会会员的理由之一。周震鳞等人在为《陇右光复记》作序时，高度评价黄钺，称黄钺为“门阀中革命巨子”，“为豪杰”，“伟人也，鼓吹革命十有余年”，的确也未提及黄钺是同盟会会员。我们认为，周震鳞等人没有提及此事，应该有两个原因：一是正因为他们高度赞扬黄钺为革命奔走十数年，居功至伟，他们认为这样的赞扬已经足够，无需再用“同盟会会员”这一身份来增添黄钺的光环；二是周震鳞等人的确不知道黄钺加入同盟会这件事。应该说，黄钺到底是不是同盟会会员，若无黄钺自己的陈述或他人证言，就是一个解不开的谜底。黄兴去世早，已不能证明，也没有其他直接如同盟会会员名册、介绍人证明、其他同盟会会员的证词等证明材料，也就是说几乎没有人能说明黄钺究竟是否是同盟会会员。如果黄钺是秘密入会，他又没有对周震鳞等好友提及，那么，周震鳞、洪汝冲、周昆、邹鲁等自然也不知道，所以不能随口讲黄钺加入过同盟会。毕竟，周震鳞是民国元老，如果他自己都不知道的事，他是不会妄下结论的。退而言之，周震鳞等没有说黄钺是同盟会会员，也没有说黄钺不是同盟会会员。总之，不能因为黄钺的好友如周震鳞等在事后的回忆录中没有提及黄钺是否是同

① 方传余：《“同志”一词的社会语言学研究》，《语言教学与研究》2007 年第 1 期。

盟会会员，就武断地下结论说黄钺不是同盟会会员。

那么，黄钺究竟是不是同盟会会员？黄钺除了在其《反正以前运动革命事略》中有间接表述之外，难道就真的没有其他直接论述了吗？其实不然！仔细翻阅《陇右光复记》，不难发现，黄钺对于自己是不是同盟会会员的身份，在1913年1月2日给北京稽勋局的咨文中是有明确说明的："张桓，陕西人，流寓秦州，充甘肃临时军政府二等书记官，调充总务处总务员。方钺抵秦州时，寇献琛悉钺系同盟会中人，密以反正之说进，并汲引该员，以备任使。"[①] 至此，真相大白！黄钺明明白白、清清楚楚地说了自己"系同盟会中人"。这不是道听途说，也不是传闻和他人的回忆，是黄钺在民国肇造之始给官方的、加盖了"宁乡县印信"的正式咨文。所以，我们可以明确得出"黄钺曾加入中国同盟会，是同盟会会员"的结论。

既然"黄钺是同盟会会员"已经确切无疑，那么，黄钺是何时何地由谁介绍加入同盟会的呢？我们首先看看黄兴1906年的活动轨迹："春，与胡毅生在桂林洽商革命计划。主盟吸收赵声、郭人漳、林虎等八人加入同盟会。5月11日，抵达越南河内。6月，由越南安南返香港。旋往新加坡。9月上旬，由南洋北返，经香港抵上海。与童俊、马君武、吴超徵、张蓉川创立广艺书店于四马路，以为交通机关。然后东渡。"[②] "1906年9月11日（农历七月二十三日），黄兴到新加坡与先生会商后返抵东京。"[③] 由此可知，黄兴1906年9月初曾在上海短暂停留。其次，看看黄钺同时期的活动轨迹：自立军起事后，"其后数年常往来沪上"，密与党员吴超徵、童俊、张通汉等，"先后组织寰球中国学生招待所、广艺书局"。1906年夏，"钺因事赴沪"，参与保护因"苏报案"陷狱期满的章太炎顺利离开上海。

① 黄钺：《咨北京稽勋局》（1913年1月2日），《陇右光复记》，第159页。

② 毛注青：《黄兴年谱》，湖南人民出版社，1980年，第57—60页。

③ 刘揆一：《黄兴传记》，《辛亥革命》（第四册），上海人民出版社，1957年，第283页。

依据上述黄兴、黄钺1906年的活动轨迹来看，两人碰面的时间、地点只有一种可能：1906年9月上旬在上海。而中国同盟会1905年在日本成立，“后十九天，孙中山派人回国成立分会”，“到了一九〇六年，同盟会在国内的地方组织大批建立起来”，“除了江苏分会外，又有上海分会”①。我们由此推断，黄钺是1906年9月上旬在上海由黄兴介绍加入同盟会的。也正因为黄钺系同盟会会员，1912年黄钺在领导秦州举义、功成身退返回湖南故里时，同盟会湘支部致函黄钺，称黄钺此举“厥功甚伟”，并专门为黄钺召开欢迎大会，此系后话。

加入同盟会后，黄钺得以在同盟会的领导之下，更加卓有成效地秘密从事反清革命活动。1910年夏天，黄钺在长沙主持客栈——定忠栈，将其作为革命党人联络的秘密机关。据黄钺自述：“宣统庚戌夏，钺来长沙，袁世铎、袁天锡、杨世杰、洪本枬等原主该栈，结秘密社，与杨任、成邦杰、吴超徵等相往来（栈主熊桂棠，深沉有智谋，后焦达峰、阎鸿翥、曾杰、涂鹤龄、刘承烈等，至省运动革命，与袁等合，仍以该栈为秘密机关，先后年余，其党数十，如刘光荣、安定超、丁炳尧、徐鸿斌、李金山、彭友胜、杨玉生、王鑫涛、陈林戟、刘清安、刘俊、刘大禧、刘文锦、刘安邦、赖楚、谈治非、杨雨农等。时清吏侦探密布，党人如阎鸿飞、吴作霖、杨守贞、谢淦青，名颇著，竟无恙，卒成大功，多熊暗中抵御消化之力。其代供党人旅费至数百金，犹其余事也）。”②

是年11月23日，黄钺“偕同志黎瑞芬，发长沙”，奔赴西北，去甘肃撒播革命火种，开拓新的革命阵地。

黄钺主动要求去西北边陲从事新的革命工作，原因有三：其一，黄钺欲未雨绸缪，在西北思想闭塞之地点燃革命火种。辛亥

① 金冲及、胡绳武：《辛亥革命史稿》（第二卷），上海人民出版社，1985年，第92—94页。

② 黄钺：《反正以前运动革命事略》，《辛亥革命在甘肃》，第19页。

武昌起义之前，东南各省民主革命斗争形势高涨，民主共和思想广为传播，革命潜流已成百川归海之势，而陕、甘等西北地区，由于山川阻塞，民气消沉，封建顽固势力嚣张。这正如黄钺当时考虑的那样："东南进化甚速，民族主义，稍有知识者，悉皆知之。"[①]"独西陲风气固塞，若无人将革命潮流预为灌输，一旦民军骤兴，独留此梗化之民，为西鄙患，非计之得也，遂决定从事于西，为将来大局进行计。"[②] 其二，黄钺因为早年曾随父亲游历过西北，对西北地区的风土人情较为熟悉，了解"该地民气消沉，思想闭塞，封建势力极端顽固，革命新潮薄弱"[③]。其三，"时陕甘总督长庚，与钺有旧，拟即往投"[④]。

远离自己的家乡，离开熟悉的革命党人和环境，勇于去偏僻的西北地区开展革命活动，这体现了黄钺的远见卓识和大局意识。辛亥武昌起义尚在酝酿，全国反清革命形势尚未明朗，但黄钺却敏锐地察觉到西北地区的顽固派将会成为革命的绊脚石，西北将会是实现共和的障碍，因此他主动请缨去攻坚克难；体现了黄钺心忧天下、敢为人先的大无畏革命精神。哪里的革命环境最困难去哪里，哪里需要去哪里，敢于去啃硬骨头；体现了黄钺希望早日夺得反清革命胜利的迫切心情和旺盛的革命斗志。只要能早日推翻清政府，再偏远艰苦的地方，也要披荆斩棘，迎难而上。

---

① 邹鲁：《中国国民党史稿》，中华书局，1960 年，第 995—997 页。

② 黄钺：《反正以前运动革命事略》，《辛亥革命在甘肃》，第 19—20 页。

③ 汤匊中、黄祖同：《黄钺与秦州风暴》，《湖南文史资料选辑》1982 年第 15 辑。

④ 《黄钺小史》，《长沙日报》1913 年 7 月 7 日第 12 版。

第三章　振臂一呼　光复陇右

20世纪初的甘肃真可谓“山雨欲来风满楼”。一方面，由于地处西北边陲，交通不便，地瘠民穷，官僚顽固守旧，地方风气未开，人民明智未启。封建势力根深蒂固，新的生产方式、新的阶级力量暂未形成，革命形势的发展远远落后于内地各省；另一方面，帝国主义经济侵略加深，封建剥削苛重，甘肃政治统治表面稳固，但经济濒临崩溃，人民群众抗捐抗税斗争和武装起义此伏彼起，统治者疲于应付，封建政权根基日渐动摇。封建顽固势力并不甘心就此退出历史舞台，竭力镇压人民的反抗，甘肃处于黎明前的最黑暗时期。要轰开这种万马齐喑的沉闷局面，除了需要本地仁人志士的不懈努力，还需要外省革命党人来到甘肃，团结一切可以团结的力量，更高效地开展革命活动。

黄钺1910年11月23日从长沙启程，一路风尘仆仆，千里迢迢，“冲寒前进，腊初抵甘省”①，即1911年1月初抵达兰州，前后历时40余天。在兰州的革命党人周昆、卢士璜、黎兆枚等人“闻钺至，喜甚”。草草安顿之后，摆在黄钺面前的任务是尽快摸清甘肃各派政治力量的动向以及当地的经济、民族等状况，站稳脚跟，制订反清武装起义计划，多方运动联络可资利用的力量，相机发动起义，光复甘肃。从黄钺初抵甘肃兰州到赴秦州领导武

① 黄钺：《反正以前运动革命事略》，《辛亥革命在甘肃》，第20页。

装起义取得成功的时间跨度上看，这一年多时间，可分为两个阶段：第一阶段，1911 年 1 月初至 12 月 21 日，在兰州秘密谋划甘肃武装起义事宜；第二阶段，1911 年 12 月 22 日至 1912 年 3 月 11 日，转战秦州，领导甘肃武装起义，宣布甘肃独立。

一　山雨欲来风满楼

“事不孤起，必有其邻”，同一时代之事，必有其“一贯而不可分离者”。[①] 1912 年 3 月黄钺领导的秦州起义离不开 20 世纪之初甘肃特定的环境和现状，其中包括政治、经济、地理、文化、民俗、民族、人口结构等等。以下择其要者论述之。

第一，甘肃行政区划及其战略地位。甘肃的行政区域，奠定于两汉，确立于元代，完善于清朝。清朝时期甘肃辖区除包括今新疆、青海、宁夏一部分外，大体上和今甘肃的境域相同。1664 年，清朝设陕西左、右布政使司，右布政使司驻巩昌（今陇西）。1667 年改陕西右布政使司为巩昌布政使司。次年，又改巩昌布政使司为甘肃布政使司，同时将治所从巩昌移至兰州。1764 年裁甘肃巡抚，迁陕甘总督署至兰州。1884 年从甘肃分出新疆单独建省。分置以后的甘肃省辖八府、六直隶州、一直隶厅[②]、六十一县。

---

① 罗志田：《数字与历史》，《战略与管理》1997 年第 3 期。

② 八府是：兰州府、平凉府、巩昌府、庆阳府、宁夏府、西宁府、凉州府、甘州府。六直隶州（与府同级）是：泾州、固原州、阶州、秦州、肃州、安西州。一直隶厅（与府同级，在少数民族聚居地区设置，不领县），即化平川直隶厅（平凉、华亭、固原、隆德四州县地）。除了直隶厅，全省还设八个属厅（散厅，隶属于府，不领县）：洮州厅（属巩昌府，今临潭县）、庄浪厅（属凉州府，今永登县南）、抚彝厅（属甘州府，今临泽县）、宁灵厅（宁夏府，今宁夏回族自治区吴忠市）、贵德厅（属西宁府，今青海省贵德县）、循化厅（属西宁府，今青海省循化撒拉族自治县）、丹噶尔厅（属西宁府，今青海省湟源县）、巴燕戎格厅（属西宁府，今青海省化隆回族自治县）。

从甘肃在全国的地理位置而言，甘肃尽管地处西北边陲，却具有极其重要的战略地位，“陇右之为天下重也由来久矣，据黄河之天险，北负蒙古，西连回族，有俯瞰中原高屋建瓴之势”[①]。甘肃封建势力顽固派彭英甲也认识到：“陕甘接壤，陕为甘门户，无陕则无甘，无甘则伊、新孤悬塞外，均不可保。”[②] 辛亥陕西起义爆发后，彭英甲就担心会在甘肃引起连锁反应，力主甘肃出兵，镇压陕西起义。这也是黄钺领导秦州起义的动因之一。

第二，20 世纪初期甘肃“新政”的推行与官僚士绅顽固守旧的态度。1903 年至 1911 年，为了加强和巩固封建统治，甘肃省政当局推行“新政”，主要是设立咨议局、筹办地方自治和变更、增设部分新政机构；整顿编练军队，督办全省警务；创办各类新式学堂，办报纸；兴办各项“实业”，客观上对甘肃历史的发展起了一定的积极作用，但甘肃封建势力顽固嚣张之状，一仍其旧。“甘肃咨议局不但未能像别省咨议局那样，在打破专制局面、制造民主气氛和训练人民运用民主武器等方面发挥一定的启蒙和促进作用，反而完全成为甘肃反动当局的驯服工具。”[③] 前后两任陕甘总督升允和长庚，与另一个封建官僚铁良，号称清末反动统治的“三大支柱”。因此，“这里无形中成了帝国主义走狗清政府的一块顽固阵地”[④]。藩司俞恪士[⑤]也感叹：甘肃“绅士顽固，不足与言”，“此间当道官班，除赵芝珊外，皆于世界事一毫不懂，绅士亦然，可为浩叹”，“长帅、升帅皆满人之最顽固者，疑汉人甚深，反信任回队，更不能进言”。[⑥] 经过与甘肃士绅的一番接触，黄钺也对此深有体会：“即号称学士大夫者，亦强半无新知识，其有放

---

① 《申报》1912 年 3 月 9 日。

② 《辛亥革命时长庚、升允、彭英甲等致清内阁军机处文电》，《辛亥革命在甘肃》，第 471 页。

③ 丁焕章：《甘肃近现代史》，兰州大学出版社，1989 年，第 178—179 页。

④ 张直枕：《辛亥革命的影响》，甘肃省档案馆馆藏档案，116－002－0379。

⑤ 俞恪士即俞明震，字恪士，祖籍浙江山阴，生于湖南。1910 年任甘肃提学使，1911 年代理甘肃布政使。

⑥ 《甘藩司俞恪士来函》（1912 年 3 月 5 日），《辛亥革命在甘肃》，第 236 页。

若大眼光远窥全局者，千百中殆止一二人。”[①]

第三，20 世纪初期甘肃经济枯竭。甘肃地处边陲，土壤贫瘠，历来属于穷省。至20 世纪初，甘肃的贫穷状态进一步加深，人民生活困苦不堪，当局财政出现危机，陷入困境：一是帝国主义的掠夺和清朝政府的搜刮，使甘肃各族人民生活极端困苦。社会上到处呈现“粮价踊贵，比户枵空，敖匕单一，民无所得食，饿殍满道，鸿雁哀鸣”的悲惨景象。二是战争赔款。义和团运动失败后，清政府将对帝国主义的巨额赔款强加在人民群众身上，甘肃每年所摊派的数额多达 30 万两白银。而且，甘肃地方财政从清初开始，由陕、川、豫等省“协饷”[②] 维持，但这时由于各省都要分担赔款，所以各省支持甘肃的协饷显著减少。三是“军需浩繁”。“甘肃为著名瘠省，丁粮厘税，统计每年收入银不过百余万两，向赖各省协饷百余万以济之。兵事起，协饷不至，厘税亦因之停顿，库储告竭，饷无所出，停办新政，提运附近各县仓粮济饷。”[③] 如 1911 年 10 月 13 日，长庚等致内阁度支部电，称“宁夏失陷，土匪四起。藩库存饷仅支一月，有支无收，危急万状”。甘省自 9 月初间，“无如饷项极窘，甘藩库空如洗”。“无米之炊，实难言状，此饷项不足之实在情形也。”[④] 甘肃地方当局为补充财政亏空，一方面，举借外债。“甘肃近日兵祸甚亟，清甘督长庚以甘省兵分力单，不足抵抗民军，日前特电清内阁，请以甘肃各项收入抵押，向比国银行借洋三百五十万元，专为练兵之用，闻清内阁已有复电，命与外国银行妥为磋商。”[⑤] 另一方面，在“办新政，练新军”的名义下，加征加税大肆搜刮。农民除负担无数的差徭，所

① 黄钺：《解决后委派刘文厚就兰州省议会之赠言》，《辛亥革命在甘肃》，第 52 页。

② 在京饷之外，清政府用以调度天下财政的还有“协饷”，即从有余省份的钱粮中指拨一部分解运于不足省份，此谓之酌盈济虚。

③ 《甘乱杂志》，《辛亥革命在甘肃》，第 404 页。

④ 《辛亥革命时长庚、升允、彭英甲等致清内阁军机处文电》，《辛亥革命在甘肃》，第 464、472 页。

⑤ 《清甘督借债》，《申报》1912 年 2 月 8 日。

负赋税也因而加重。

简言之，20 世纪初甘肃经济枯竭，其造成的后果，一是致使人民生活进一步陷入绝境，纷起反抗。二是导致甘肃当局运转失灵。其扩充军队镇压人民反抗，军费开支猛涨，进一步加剧财政赤字，“成了反动企图的致命伤”[①]。但对黄钺在甘肃率领革命志士乘机发动反清武装起义而言，这些倒是有利因素。

第四，20 世纪初甘肃军队开始整编、回族军阀势力呈上升趋势。清末时，甘肃地方军队统称之为常备军。[②] 1904 年，甘肃地方当局从原防练马步 60 营旗中编练成常备、续备和巡警等军，还保留旧制 43 营旗。1905 年升允整编“督标军”和“建威军”。1909 年成立马步四标，马队标统为马安良，步兵第一、第二、第三标标统分别为张定邦、马福祥、周务学。同年 10 月，长庚增设炮队一营，附于第一标。[③] 辛亥革命陕西军民起义后，陕甘总督长庚将常备军改为巡防队，以张行志部为壮凯军，吴炳鑫部为建威军，陆洪涛部为振武军，周务学部为忠武军，以上四支部队均为汉军；马安良部为精锐军，马福祥部为昭武军，崔正午部为骁锐军，以上三部为回军。

对黄钺而言，甘肃常备军与其父亲黄万鹏有较深的渊源：“其父昔立功于甘肃、新疆等处，故该地宿将多其旧部。”[④] 这为黄钺运动甘肃常备军发动反清起义提供了某种可能。

---

① 马培清：《长庚、升允进攻陕西民军始末》，《辛亥革命在甘肃》，第 576 页。

② 清末采取军、镇、协、标、营、队、排、棚八级编制，以军为最高一级编制，每军辖两镇。但军这一级编制并未成立，因此，镇实际是新军的最高单位。每镇辖步兵 2 协，每协 2 标，每标 3 营，每营 4 队；骑兵 1 标，每标 3 营，每营 4 队；炮兵 1 标，每标 3 营，每营 3 队；工程兵 1 营，每营 4 队；轴重兵 1 营，每营 4 队。步、炮、工三个兵种，每队 3 排，每排 3 棚；骑兵每队 2 排，每排 2 棚；轴重兵每队 2 排，每排 3 棚。各兵种每棚 14 人。全镇官长 745 名，兵丁 10436 名，夫役 1328 名，共计 12509 名。步兵，棚 14 人，排 42 人，队 126 人，营 504 人，标 1512 人。参见徐平《民国时期陆军编制沿革》，《军事历史》1993 年第 4 期。

③ 丁焕章：《甘肃近现代史》，第 179 页。

④ 《秦州两都督之历史》，《申报》1912 年 5 月 8 日第 6 版。

辛亥革命前十年间，回族军阀势力迅速增强。甘肃河州回族上层投身军界者颇不乏人，其中一些门宦首领的家族成员因特殊的身份地位，在军队中很快获得了较高的职务，如马璘、马国仁、马国礼、马福寿等。这是一批兼宗教领袖和军事将领于一体的两栖人物。他们与马安良、马福祥互相借重、互相结合，使“马家军”更深地扎根于回族社会。因此，马安良、马福祥等已不再是军中偏裨，而逐渐成为甘肃政治的支柱。不管是清政府的新政还是“立宪”，在甘肃都不能离开他们的支持和参与；几任陕甘总督如升允、长庚，他们在甘肃立足，都要极力拉拢诸马。[①] 辛亥革命爆发时，清政府命令甘军镇压陕西起义，甘军归前任陕甘总督升允调配节制。而升允、长庚倚重回军，将马安良原有的五大哨扩编为十六营，会同振武军、壮凯军的部分军队，由东路正面进攻陕西，壮凯军、骁锐军则从陇南方面向东进攻，忠武军、昭武军护卫省城。正面攻陕的军队由升允亲自指挥。通过这次入陕作战，马安良的军事力量大大加强，成为当时甘肃省的实力派。[②]

回族将领受到汉族官员倚重，得以扩充实力，被作为镇压革命的工具；汉族官员也得以升迁。这意味着黄钺若要取得反清武装革命的胜利并捍卫共和成果，除了要取得甘军汉族将领的支持外，还必须处理好与甘肃回族将领的关系。

第五，20 世纪初期甘肃人口、民族、习俗风气各具特点。

人口方面，20 世纪初，甘肃有“九百万甘民”[③]。“甘新一带多湘人”[④]，“旅甘湘人不下数万”[⑤]。甘肃新疆一带多湖南人[⑥]，黄

---

① 王小英：《民国时期甘肃的回汉民族关系——以政治和文化为中心》，兰州大学硕士学位论文，2006 年。

② 孔繁凡：《民国初期甘肃军政派系研究》，西北民族大学硕士学位论文，2008 年。

③ 《谭其茳致李司令官书》（1912 年 5 月 22 日），《辛亥革命在甘肃》，第 324 页。

④ 《秦州两都督之历史》，《申报》1912 年 5 月 8 日第 6 版。

⑤ 黄钺：《致湘都督谭电》（1912 年 5 月 7 日），《辛亥革命在甘肃》，第 60 页。

⑥ 这种现象与 19 世纪晚期左宗棠、黄万鹏率领大批湖湘子弟远赴西北戍边有很大关系，有诗云：“大将筹边尚未还，湖湘子弟满天山。新栽杨柳三千里，引得春风度玉关。”

钺也是湖南人，这一点对于黄钺在边远异乡领导革命取得成功，是一个非常有利的条件。是时，国人的家乡观念极重，地域之见特别明显，排外情绪浓厚。本村人排斥外村人，本乡人排斥外乡人，本县人排斥外县人，本省人排斥外省人。所以，要想在封闭的西北边陲，在人生地不熟的外省，取得反清武装革命的成功，很重要的一点，就是得到老乡的鼎力支持。

民族方面，最大的特点是回、汉杂居。20世纪初，甘肃回族主要聚居在今临夏回族自治州、张家川回族自治县、西海固地区、平凉市回族乡，其余散居在全省各地，兰州、临潭、陇南、定西和秦州较多。各个民族共同生活，杂居在一起。一方面，双方能够和谐地居住在一起，彼此包容；另一方面，双方信仰、习俗各异，混居在一起，难免有隔阂和冲突。加上政府歧视回族等少数民族的政策，回族等族人民在一定程度上对汉族持有敌视态度。对此，无论是回族将领马福祥，还是黄钺等革命党人都十分清楚。马福祥认为："吾甘族类庞杂，易于生变。"① 黄钺认为："甘肃汉回杂处，积怨尤深，汉民畏回甚于水火。"② 谭其茳也指出："甘肃回汉杂居，办理不善，内乱丛生，无穷之忧，何堪言状！"③ "甘省民族繁多，最易骚动，覆车堪虞。"④ 这种状况正如洪汝冲所言："交通阻绝之地，拥回汉疑贰之众，主客不相习，时事不相闻，龁之者万端。"⑤ 如此民族杂居的格局对于黄钺而言，意味着领导甘肃反清武装起义，需克服重重障碍，尤其是回、汉矛盾；必须处理好与回族的民族关系。

风气闭塞，人民尚未完全开化。"甘人守旧性深"，"守旧固甘

① 《甘肃昭武军统领马福祥来函》（1912年3月29日），《辛亥革命在甘肃》，第266页。

② 黄钺：《移川军司令官李》（1912年3月27日），《辛亥革命在甘肃》，第134页。

③ 《谭其茳上袁大总统书》（1912年4月20日），《辛亥革命在甘肃》，第309页。

④ 《湘都督来电》（1912年6月2日），《辛亥革命在甘肃》，第86页。

⑤ 洪汝冲：《陇右光复记序》，《辛亥革命在甘肃》，第4页。

人素性”[①]。“甘省绅民顽固者，实居多数。”[②] 黄钺也“深念甘民一般之倾向，注重目前”[③]。不过，1907 年起，在革命党人和进步知识分子的运动下，民主革命思想在甘肃得到一定传播，但仅局限于学生和中下层知识分子，并未得到广泛传播，更谈不上深入民众[④]。思想领域这种沉闷状况，直接影响着甘肃辛亥革命的进展。

第六，1900 年以来，甘肃各地人民反抗斗争频繁。尤其是辛亥革命前夕，甘肃爆发多起反清起义，主要有宁夏起义、西宁反清暴动和陇东、陇南、河西的三陇起义。

宁夏起义。1911 年 10 月 22 日陕西辛亥革命成功后，以鸡毛传帖促宁夏哥老会首领刘华堂响应。刘华堂召集各山庄（帮会）首领及会友高士秀、马跃川等聚义，并秘密联络宁夏镇标军官刘复泰、袁宗刚和续备左旗号官黄建升等，约期起义。因帮会行动不慎，被宁夏县知县陈元骧发觉，于 11 月 9 日将会党李麻花、吴说书、罗大辫子等十余人逮捕下狱。11 月 16 日，邹遇极率众暴动，被标营千总李敬忠镇压。11 月 17 日，灵武帮会首领高士秀、高登云在灵州（今灵武县）起义。率众千余人，先攻灵州守备衙门，夺取枪械，继而围攻州署。知州余重基、守备潘某，均逃匿。民军打开监狱，释放犯人，灵州光复。灵州起义影响到宁夏府城。11 月 18 日晚，刘华堂、刘照藜等在宁夏起义，占领镇署，宁夏道台孙庭寿、知府庆隆逃匿。11 月 21 日在宁夏道尹公署成立宁夏军政府，公推宁夏道台孙庭寿为革命大元帅，刘华堂为总指挥，刘复泰为镇台。

西宁反清暴动。西宁在清朝是甘肃所辖的一个府治，丹噶尔（今湟源县）是西宁道所属的一个厅。1910 年秋，由于不堪承受清

---

① 《甘肃裴建绩等呈复参议院文》，《辛亥革命在甘肃》，第 363 页。

② 黄钺：《复陕西军政府军政司司长党仲昭》，《辛亥革命在甘肃》，第 202 页。

③ 黄钺：《解决后委派刘文厚就兰州省议会之赠言》，《辛亥革命在甘肃》，第 52 页。

④ 牛海祯：《辛亥革命与甘肃社会》，《天水师专学报》（哲学社会科学版）1997 年第 1 期。

朝官吏、地主和洋商的剥削压榨，西宁就曾爆发抢盐局风潮。做过盐贩、参加过抢盐局的湟源人李旺创立黄会，联络村民200多人，散发《讨满檄文》等传单。1911年6月，李旺将一个十三四岁的小孩李占云供为皇上，约定农历七月十五日起事。丹噶尔厅同知康敷熔得悉，率部进行镇压。李旺、裴道人等或被处死或判徒刑。其后，黄会在西宁做联络工作的乔寿山，继承李旺"兵马大元帅"名义，哥老会大爷任得意继承"兵马副元帅"名义，提出"响应民军起义，推翻满清，杀尽洋人"的口号，并且联络董福祥部的兵士孙大旗（麻子）等人，聚众1000余人，在西川石灰沟、元山尔起义。

三陇起义。三陇泛指甘肃各地。在陇东，1911年11月，灵台县佃农蔡普明（哥老会党）在西安光复后的第七日，发动陕甘边境会党及五矩沟农民近百人，在胡家店揭竿起义。他们攻进陕西麟游县天堂镇北寺的盐局，捣毁了仓库屋舍，打死了局长，击散了缉私队。11月初，甘肃宁州帮会首领彭四海、汪兆黎等聚众数百人在早胜镇起义。宁州知府周风勋派人送制钱300串助饷，并请彭、汪等入城主持州府军政事宜。彭等依托宁州，率众攻破合水，进攻庆阳，被驻军击溃，退往长武途中，又被马国仁、陈正魁等部围击，义军败散，彭四海因力竭被擒，遭到杀害。在陇南，11月文县北乡人民集合数千人，在马连乡贡生王洪巽领导下，围城3日，捣毁厘金局和税局。是月，碧口、宕昌等处的厘税局均被民团胁迫停闭。1912年1月26日，阶州农民何成海乘周围各县攻打厘税局之机，与姚永福、周天柱、何大旗集合群众数千人，围攻州城，要求撤销厘税，实行自治。知州谭焯与游击何宗普指挥城中兵勇，乘夜出城袭击，杀死群众数百人，姚永福、周天柱当场被杀。在河西，酒泉北乡闻家圈农民听说武昌起义成功，在革命党人祁得隆鼓动下，聚众四五百人，编5个营，预定腊月三十日举义。不幸消息走漏，被官兵镇压。张掖、武威亦因农民抗花税

（种鸦片税）聚众数千人起事[①]。

总之，辛亥革命前后，反清火焰燃遍西北各地，甘肃地方当局四面楚歌，朝不保夕。“现在甘境各匪蜂起，秦州、两当等处相继告急，合水、正宁失守，庆阳被围，甘凉肃一带亦纷纷请兵，其余俱报毁局打卡者不一而足”，“处处皆须派兵弹压防剿”[②]。“甘省自九月初间，人心惶恐异常，匪党潜踪变端呼吸，几有不可终日之势。”“无如饷项极窘，甘藩库空如洗。”“无米之炊，实难言状，此饷项不足之实在情形也。”“甘省宁夏、灵州等处先后失守，四郊多垒，风鹤时惊。”[③]

二 兰州谋划搁浅

1911 年 1 月（农历 1910 年腊月）初，黄钺抵达甘肃兰州。他以故人之子和候补道员的双重身份晋谒时任陕甘总督的长庚。关于晋谒时的场景，时任长庚亲近随从、时年 20 岁的朱幼华回忆说，“长庚以故人之子，又因该道员谈锋流利，晓畅军事，非常器重”[④]，“久且倚为心腹”[⑤]。

---

① 参见孟国芳：《甘肃地区辛亥革命综述》，《王烜诗文集》，甘肃人民出版社，第 445—448 页；石殿峰：《辛亥甘肃各地人民武装斗争》，《甘肃文史资料选辑》第 11 辑，甘肃人民出版社，1981 年；韩定山：《辛亥革命在甘肃》，《甘肃文史资料选辑》第 11 辑；青海省参事室：《辛亥革命时期甘肃各地反正及清军活动情况概述》，《甘肃文史资料选辑》第 11 辑；丁焕章：《甘肃近现代史》，兰州大学出版社，1989 年，第 193—198 页。

② 《辛亥革命》（六），《中国近代史资料丛刊》，上海人民出版社，2000 年，第 104 页。

③ 《辛亥革命时长庚、升允、彭英甲等致清内阁军机处文电》，《辛亥革命在甘肃》，第 472—473 页。

④ 朱幼华：《辛亥革命时期在陕甘总督公署的见闻》，《甘肃文史资料选辑》第 11 辑。

⑤ 慕寿祺：《甘宁青史略》，《辛亥革命在甘肃》，第 421 页。

取得长庚初步信任之后，黄钺拟订初步革命计划，即联络同志，运动新军，在兰州相机发动起义。为此，他主要从事以下活动：

"鼓吹新学说"，传播民主革命思想。自1907年后，随着江南革命志士的陆续来甘和革命书刊的相继输入，资产阶级民主革命思想的火花已经在甘肃点燃，部分有识之士和青年学生开始觉醒。如兰州优级师范学堂的学生，因受民主革命思想的影响，经常在一起抨击时政，议论清廷祸国殃民的罪行，学生辛国麟还作联语："二百年气运将衰，擅权三世；七十岁淫心不改，遗臭万年"，激进地痛斥那拉氏的罪行，指出清朝即将灭亡①。黄钺到达兰州后，敏锐地察觉到了甘肃思想界的新变化，乃与革命志士谭其茳"朝夕过从，以谋鼓吹新学说，开通一般人民之智识"②。后又与革命同志周昆、黎兆枚、卢士瓒等秘密联络兰州当地有志青年，暗中宣传排满思想，进一步推动了反清民主革命思想的深入传播。

建立秘密组织大同会，以联络同志。顺㚇为四川籍革命党人，当时在兰州秘密从事反清革命活动，与兰州会党及革命同志有广泛联系。黄钺抵达兰州后，两人一见如故，结为莫逆之交③。"适蜀人顺㚇秘商组织大同会"，黄钺极表赞成，乃通知在兰州其他革命志士如谭其茳、黎兆枚等，"亦共同发起，借资运动"④。

试图策动军队，控制武装力量。黄钺原拟策动兰州官绅一并举义，但"兰州官绅大半顽固，又因长庚的压力，都噤若寒蝉，一片阴暗之气笼罩着全城"。经过一番暗暗地试探，黄钺发现"兰

---

① 丁焕章：《甘肃近现代史》，第192页。

② 黄钺：《咨北京稽勋局》（1913年1月2日），《辛亥革命在甘肃》，第158页。谭其茳，字芗陶，四川荣县人，后任甘肃临时军政府交通司副司长，黄钺评价其"热心任事"。

③ 黄钺领导秦州起义后，顺㚇数次致函黄钺，提出中肯建议，并云："弟受公之命，当与公谋。知而不言，是弟负公；言而不从，弟不任咎。"多为肺腑之言，由此可见两人关系之密切。见《顺㚇来函》（1912年4月16日），《辛亥革命在甘肃》，第279页。

④ 黄钺：《咨北京稽勋局》（1913年1月2日），《辛亥革命在甘肃》，第158页。

州的官绅，顽固保守，无可与为”①。这样，黄钺将目标转向甘肃新军。黄钺利用自己在军队中的合法身份，秘密策划和运动驻甘新军起义响应。但是，几方面的原因导致运动成效不显著。一是甘肃新军统领多为封建地方军阀，各级军官也多由旧绿营或回军出身的武弁充任，新军士兵长期受统治者的政治蒙骗和“族长”式的专制军阀约束，“程度幼稚”，缺乏革命觉悟②。二是黄钺“充军事参议，综理兵备甫两月，威信尚未全孚”③。三是“同志惟周昆、陈贞瑞、刘佐寅、郑江、贺家梁、赵发藻、卢士礦、彭名崇等数十人，又不在军界，不好做事”。所以，虽经黄钺、黎兆枚、罗瑞麒极力运动，“至今尚无成效”④。如此一来，黄钺在兰州举义的计划只能暂时搁浅，他只得另寻时机。

利用与长庚的良好关系，积极建言，阻止当局扩军以及向东部派驻重兵。“前在省时，即见及此。初次建议，谓甘饷既绌，当为持久之计，军队不可多招，回队尤不宜多，所派防剿之军，当视地方情形分别多寡，不宜偏重东路一隅，新军不宜更变名目。”⑤这里需注意黄钺的三点建议：不扩招军队，尤其不扩招回族军队；防剿军队不宜偏重东路；新军不宜变更名目。由此可见黄钺的深谋远略：以军饷缺乏为名，阻止甘肃当局扩军，目的在于防止甘肃向陕西方向大量派军而成为日后的后患；回族士兵战斗力凶悍，难以对付，陕西起义军方面难以抵挡；保留新军名目，目的在于免于被顽固派控制。

武昌首义后黄钺又及时劝阻长庚出兵攻击陕西。1911 年 10 月 10 日，武昌起义爆发，武昌枪响惊醒了中华大地。闻知武昌起义，远在兰州的黄钺抑制不住内心的激动，致书谭延闿，字里行间流

① 张澄子：《在辛亥革命中的天水》，甘肃省档案馆馆藏档案，117 - 003 - 0053。

② 兰州青年革命运动史编辑委员会：《兰州青年革命运动史》（上册），中共兰州市委党史资料征集研究委员会办公室，1990 年，第 15 页。

③ 黄钺：《反正颠末》，《辛亥革命在甘肃》，第 10 页。

④ 黄钺：《致谭祖庵都督书》，《辛亥革命在甘肃》，第 160 页。

⑤ 黄钺：《致甘藩司俞恪士》（1912 年 1 月 3 日），《辛亥革命在甘肃》，第 163 页。

露出对武昌起义的欣喜之情："武汉建义，湘陕首先应之。天意亡秦，不谋而合，推倒满清，在此一举。武昌据长江上游，战争必先之地点，然非吾湘早为声援，恐难自立，是公等之响应，其功甚伟，所关甚大。南望衡湘，不禁额首称庆。"① 10月22日，陕西民军在革命党人张凤翙的领导下，响应武昌起义，驱逐陕西巡抚钱能训，在西安宣布独立，建立陕西军政府。这一行动无异于晴天霹雳，轰开了西北地区万马齐喑的沉闷格局，使宗社党"企图保住潼关以西作小朝廷"，宣统王朝偏安西北的迷梦彻底破灭。这一壮举致使陕甘清朝官僚集团闻风丧胆，惊恐万状。时任署甘法司彭英甲之流急谋出兵剿伐，妄图扑灭陕西革命烈火。这时，黄钺充任军事参议才两月，他既为陕西义举所鼓舞，又为甘军的蠢蠢欲动而焦急。他认为："虽全陇因之震动，而知大义者绝鲜。""若陕不保，则西北可危，西北一危，则东南孤立，共和之局，终难大定。"于是，他凭世交之情，在重阳节这天夜晚秘密向长庚进言："方今天下起兵应武汉，秦蜀杀机已大动。甘省僻远，仰人鼻息，若秦人塞我陇口，据长武以梗东道，由汉中出祁山以截南疆，再以偏师由延绥北扼宁夏，又取道凤翔南扰秦州，不及半年，孤城坐困。恐悍回因之，勾结内应，地方将糜烂不堪。以事势论，固当以守为战，保境息民，坐待大局之定。"长庚"颇以为然，按兵不动"②。

然而，黄钺之谋终究只能起到缓兵一时的作用，在彭英甲等人的怂恿和撺掇下，长庚很快改变了按兵不动的态度，转而积极调兵遣将，部署攻陕，并迅速拼凑一支由所谓"精锐西军""壮凯军""振武军"三部组成的甘肃东征军三万人，又电奏清廷任命前任陕甘总督升允为陕西巡抚，由升允总办军务，统率东征军分南、北两路出动。南路由张行志"壮凯军"领十营兵，从平凉、泾川向千阳、陇州、凤翔进发，以作牵制。北路以陆洪涛的"振武军"

---

① 黄钺：《致谭祖庵都督书》（11月15日），《辛亥革命在甘肃》，第160页。

② 黄钺：《反正颠末》，《辛亥革命在甘肃》，第10页。

为先锋，马安良“精锐西军”为后续，为攻陕主力。沿陕甘大道，通过隆德、六盘山、什字、蒿店，直驱长武、彬州、永寿，进攻乾州。反革命东征军气焰嚣张，凭借着兵力庞大、器械精良的优势，连陷陕西长武、邯州、醴泉诸城，直逼长安。陕西革命军势已难支，形势岌岌可危。①

需要说明的是，黄钺与长庚的关系，要作如下几点补充：

首先，长庚待黄钺可谓厚爱，体现在几个方面。对黄钺直接予以重用，并向朝廷建议委任要职。所委任的职务，不是一般职位，而是掌管兵权的军事主官；在甘肃顽固派打压、排挤黄钺时，予以保护，“好在长督待弟尚厚，群小残害暂无所施”②；对于黄钺的建议，基本上能采纳；对于黄钺用人方面的推荐，也予以答应，如黄钺推荐其父亲旧部崔正午时，长庚应黄钺之请，任命崔为骁锐军副统领，作为黄钺的副手。长庚对黄钺的器重，当时兰州满城文武官员无不知晓，连与长庚“绝无感情，时有冲突”的余明震也认为长庚“其人居官之廉为满员中所未有，居心之厚即汉员中亦不多见，特昧于大势，迂执不通而已，于足下为父执，且于群疑众谤之时，任足下而不疑”③。当然，长庚也并不是自始至终对黄钺予以重任，1911 年“九月初六日，长督将兵备处所辖之军械局及新军改隶营务处管理”的事例就说明，长庚在黄钺与甘肃地方顽固派之间有时也会偏向后者。

其次，黄钺被长庚重用，在时间上并不是刚一抵达甘肃就被委以重任，而是到达甘肃半年后，即 1911 年 6 月任“兵备处总办”。关于此点，曾有几种错误的说法，如朱幼华回忆说，黄钺甫一拜会长庚，即被长庚“马上委任了督练处总办的差使”④。魏绍武也持同样说法，黄钺“谒长庚，长以世交，深为器重，信任不

① 徐兴亚：《西海固史》，甘肃人民出版社，2002 年，第 422—423 页。

② 黄钺：《致谭祖庵都督书》，《辛亥革命在甘肃》，第 160 页。

③ 《俞恪士来函》（1912 年 4 月 8 号），《辛亥革命在甘肃》，第 239 页。

④ 朱幼华：《辛亥革命时期在陕甘总督公署的见闻》，《甘肃文史资料选辑》第 11 辑。

疑，即畀以兵备处总办”①。关于此点，黄钺有着明确的表述，即于1911年“六月间承乏兵备处总办，旋经长少老专奏，保充军事参议官”。其实，按照常理，作为镇守一方的封疆大吏，一个久居官场的老官僚，长庚不可能在未对黄钺进行一番考察而仅凭世交之谊就委以重任，而且委任的职务是“兵备处总办”之要职。此职位可谓举足轻重，赵惟熙、彭英甲之流，无不对此垂涎三尺。经过半年的考察后，长庚才正式任命黄钺为兵备处总办，从时间上看的确比较“久”，但既体现了长庚的慎重以及对黄钺的真正信任，也体现了黄钺的卓越才能，说明他能够经受住长庚的考验。

最后，黄钺对长庚是尊敬、感激的，但他能将这份感激之情与革命理性分开，并未因为私谊废公。这一点首先从不同时段黄钺对长庚的称谓上可以看出。1911年阴历九月二十日自兰州致谭延闿书时，称长庚为“长少老”；回复赵惟熙时，称“长老”；《和平解决条约签订后委派刘文厚在兰州省议会上所作之赠言》称“长公”；1913年作《反正颠末》时称“长督”，只有在给袁世凯的呈文中才直呼其名为“长庚”。其次，从1912年黄钺准备秦州起义的前一天，即3月10日，黄钺特别致长庚的信中也可以窥见。信函表达了对长庚眷顾关照自己的感恩之情：“前腊西来，获亲光霁，念先人兮交笃，不遗小子之菲材，畀我优差，命总兵备，月刚三易，遂以军事参议官咨保于朝。”“公不为浮言淆动，六师命总南出秦州，钺受命之时，不禁惶悚。”同时，也向长庚袒露了自己在秦州期间的心迹，“内顾我公私恩，外迫同仇大义，几至眠食彷徨，罔知所措”。自己如果不是为了避免甘肃生灵涂炭，而仅仅考虑自己的退路，是不难全身而退的：“使徒自为计，何难洁身南返，黄冠草履，钓游民国之溪山？”并正式告知长庚自己即将于第二天在秦州发动武装起义的消息：“徇各省民军之请，顺甘肃百姓之心，宣布独立。”“家国两益，人己皆利，千秋大业，在此一

① 魏绍武：《黄钺在秦州反正回忆》，《甘肃文史资料选辑》第11辑。

举。”[1] 可见黄钺也是一位有情有义的铮铮铁汉，对于长庚的私恩，铭记于心；对于革命大义，为了避免生灵涂炭，毅然抛却个人私恩。最后，综观黄钺 1913 年所作的《反正颠末》，黄钺对于长庚的评价客观公正，措辞柔和。“长督颇以为然，按兵不动。事为英甲侦知，嫉甚。遂联合谷孙、惟熙，朝夕媒孽，且以危词恫吓长督，遂复得逞。”从某种意义上讲，撰述《反正颠末》时黄钺是在替长庚出兵镇压陕西革命辩解开脱，甚至认为长庚其实是被逼无奈，是被宵小裹挟而为。

历史的脚步有时并不总会朝着人们事先设想的方向行进。眼见黄钺受到长庚的器重，又道听途说黄钺是“革命党”，兰州顽固派官僚对黄钺采取各种排挤、打压措施。在言论上，限制黄钺对长庚的公开建言，聚众反对长庚采纳黄钺的建议。黄钺每每在长庚主持的重要会议上发言时，“发言未竟，彭丙更大为反对，刘式甫、赵芝珊置而不顾”，“为大局陈词，竟受同僚之拒”。[2] 在关键的军事职务上，争夺兵权，架空黄钺。彭英甲“倡言新军必变，勒缴器械，更编营制”。“署藩司刘毂孙、署法司彭英甲、署巡警道赵惟熙等，群垢新军，迫长督改督练公所为营务处，冀揽兵权，排弟不遗余力。”[3] 因此，9 月“初六，长督将兵备处所辖之军械局及新军，改隶营务处管理，彭气焰益炽”。要知道，黄钺 6 月才任兵备处总办，如果一直任职，且兵备处所辖范围不变的话，黄钺完全可以利用这个身份运动新军。但是任职仅仅两个多月，兵备处所辖的军械局、新军就被划走，改属营务处管理，如此一来，黄钺尽管还是兵备处总办，但基本上被架空。此外，彭英甲等人挑拨离间崔正午与黄钺的关系，嗾使崔正午脱离黄钺统领的骁锐军阵营。崔正午系回族将领，以前曾是黄钺父亲黄万鹏的旧部。按照常理，崔正午应该是认同黄钺的，毕竟黄钺是自己老上司的

---

① 黄钺：《致甘总督长》（1912 年 3 月 10 日），《辛亥革命在甘肃》，第 169—170 页。
② 黄钺：《致甘藩司俞恪士》（1912 年 1 月 3 日），《辛亥革命在甘肃》，第 163 页。
③ 黄钺：《致谭祖庵都督书》，《辛亥革命在甘肃》，第 160 页。

儿子。再者，黄钺“前因该副将貌似朴讷，且系先君旧部，便中陈乞督帅奖擢”[①]。也就是因为黄钺在长庚的面前力荐，崔正午才得以提拔为骁锐军副统领，因此，崔正午理应要感激黄钺的举荐之情。但是，在彭英甲等人的嗾使下，加之崔正午自身自负为老行伍，他在黄钺面前阳奉阴违，并不愿意受黄钺的节制。如此种种，致使黄钺在兰州进行反清武装起义的谋划难以实施。

起义计划暂时受阻，屡屡遭受兰州顽固派官僚排挤的同时，时时听闻甘肃东征军“今日争城，明日争地，逞野蛮之手段，杀同胞之性命”的消息，黄钺“目击心伤”，焦虑无比。[②] 不过，事情终于出现了转机——黄钺得到驻防秦州的机会。

1911 年 9 月 19 日，长庚“以秦州为甘南门户，南入川，东通陕，必得人而守之，令钺募一旅出防”[③]。长庚此举，一表示对黄钺的信任依旧，二带平衡、安抚之意，三具保护黄钺之意图。以当时兰州的情形分析，新军难以发动，而且兰州兵力颇多，“河州等处镇南回队，已全调来省，并原有之巡防营，省城内外驻扎，共二十余营”。而黄钺自己暂时手无一兵，短期内在省城自然难有作为。再者，黄钺在省城受到顽固派排挤，“亦为所齮龁，不能安居省会矣”。既然在兰州发动反清起义的障碍一时间难以清除，黄钺能够名正言顺地募集六营兵力，独立驻防地理位置极其重要的秦州，就如蛟龙入海脱离藩篱，这无疑是一个绝好的机会。所以，黄钺第二天兴奋地写信给谭延闿，告知这一最新动态，“弟昨已奉委新募六营，出防清水马鹿坡、固关一带，坐营系步队，决于日内在省招募，其余马步五营须至张家川、恭门镇等处挑选”[④]。

事不宜迟！尽管自己手上暂时无一兵，但长庚已经授权给黄钺骁锐军 6 个营的编制，所以，黄钺当机立断，决定用最短的时间募集新兵，尽快奔赴秦州，相机起事，其他事宜则“拟俟抵秦州

---

① 黄钺：《致甘藩司俞恪士》（1912 年 1 月 16 日），《辛亥革命在甘肃》，第 165 页。

② 黄钺：《解决后赠言》，《辛亥革命在甘肃》，第 48 页。

③ 黄钺：《反正颠末》，《辛亥革命在甘肃》，第 11 页。

④ 黄钺：《致谭祖庵都督书》，《辛亥革命在甘肃》，第 160 页。

时再行组织”。同时，黄钺初步拟订了秦州起义的计划，“如罗平安所统驻秦诸营可以联合，则就秦州反正，北捣兰州，以救陕西，作釜底抽薪之计。否则，率师归楚，勉效驰驱”。考虑到时下四处战乱，交通不便，传递信息艰难等情况，黄钺将上述两套方案均告知谭延闿，并希望在自己发动秦州武装起义之时得到谭延闿的支持，“现在交通已断，不惟东南大势不可捉摸，继此消息实难传递。但后来计画，总不出此二者，专望公等遴派劲旅西来，以资策应”①。

一波刚平一波又起！在黄钺募集新兵、领取军饷时，赵惟熙、彭英甲之流又使出新的阴谋诡计，他们“虽以钺远适为得计，又虑拥兵为患，阳隶以回将崔正午所部五营旗，而阴嗾其反噬。请饷领械，又多方掣肘”，黄钺“出以强迫，方始成行”②。也就是说，尽管长庚批给黄钺6个营的编制，即3000人左右，若果真能募集满编，这将是一支实力颇壮的队伍，长庚而且明确规定是“新募六营”，但赵、彭等调拨崔正午所隶的5个营充数，这样一来，黄钺自己就只能募集一个营的兵力了。总之，经过赵、彭的一番手脚，黄钺统领的“骁锐军”实力大打折扣。

面对兰州顽固派的阴谋，黄钺选择了忍辱负重。经过紧张筹备，黄钺迅速募集了一营兵（500人），由自己亲率，另兼统领心怀贰心、名义上隶属自己节制的崔正午的五营兵③开赴秦州。

黄钺由兰州带兵前往秦州之时，发布告示，严明军纪，“照得养兵，原系保公。行军贵严纪律，本统领奉督宪札饬，以陕省凤陇戒严，率所部驻扎秦州清水一带，以资防剿。现兼带骁锐营步队，业已招募成军，开拔前进，合行出示晓谕。为此，示仰沿途各州县商贾人等，一体知悉，凡大兵经过该处，如有兵丁恃强压

---

① 黄钺：《致谭祖庵都督书》，《辛亥革命在甘肃》，第160页。

② 黄钺：《反正颠末》，《辛亥革命在甘肃》，第11页。

③ 由于崔正午并不愿意受黄钺统领，从兰州出发后，崔干脆率领自己所领五营兵脱离黄钺的统辖，提前开赴秦州一带，积极镇压陕西辛亥革命起义的军民。

买及借端滋扰情事，准其来营喊禀，以凭严究惩办”①。

三 秦州反正酝酿

秦州地处甘肃省东南部，位于陕、甘、川三省交界处，系“甘南门户。南入川，东通陕”，历史上为陇右第一重镇，自古以来就有“管钥梁雍，挟陕控蜀”的重要军事战略地位，历来为兵家必争之地，爆发了许多重要的战事。特别是在古代，秦州周边居住着西羌等少数民族，各民族勇武好斗，尚武之风十分浓厚。三国时期，秦州处于蜀魏交锋的前沿，诸葛亮六出祁山、痛失街亭、智收姜维、计杀张郃等重大战事，都发生在此。历史上，秦州名称及治所几经变更，地位日趋重要：秦州始建于西汉元鼎三年（前114），“汉分陇西立天水郡，是为天水名郡之始”，治所在平襄县（今甘肃通渭县西）。三国魏文帝黄初元年（220），一度设秦州。因秦邑而得名，从此有“秦州”的名称。西晋泰始五年（269）改称秦州，治所在冀县（今甘肃甘谷县东）。唐天宝元年（742）改为天水郡。乾元元年（758）复改称秦州。北宋初移至今天水市。秦州在北宋熙宁年间（1068—1077）以前，一直是宋朝在西北的国防前沿阵地，其土地肥沃，生齿繁多，“最为关陇之盛”。宋元时期，人们将丝绸东路出大震关过陇山，经秦州即古渭寨而入青唐城的商贸道路，称之为“秦州路”。作为秦州治所的秦州城，其战略地位就显得十分重要。尤其是宋仁宗庆历元年（1041），秦州城得到扩建，外城周长12市里，为西北之冠，成为古代西北除长安之外的政治、军事、经济和文化的中心重镇，也

① 《黄钺率队前往秦州驻防临行前发布的告示》，《西北辛亥革命史料三种》，第265页。

是北宋检验外国使团信物和番商货物出入国门的关卡重地。[①] 清世宗雍正七年（1729），升为直隶州。州治秦，辖秦安、清水、两当、徽县、礼县、成县6县。[②] 1913年废除。

秦州是回汉杂居之所。州城有回民700多户，3000多人，其中大部分是哲赫林耶派的教徒。以大分散、小集中的形式居住在中城台子、西关东北堡、南湖石碧、北关穆家坑等地，从事制革和农业生产。秦州回汉人民在政治上要求相同，经济上互相援助，文化上互相交流，感情融洽，“秦州汉回素称相得”，因此各地回民中有“天水回回汉人心”的说法，是一支可以团结的力量。秦州东北张家川清水、东南徽县两当等地，都是回民聚居的地方。[③] 所以处理好民族关系问题，不仅对秦州起义的成败至关重要，而且对起义成功之后局势的稳定、人心的安定意义重大。

相对于甘肃其他州县而言，秦州风气较为开化。“天水地居甘肃东南，是一省的门户，凡是新思潮的涌进和新事物的演变，在陇上来说天水总是开风气之先。”黄钺抵达秦州，也感受到了此点，“天水为陇南名郡，文明盛于他州县，富庶优于他州县，人才之众，风气之开，尤非他州县所可及”[④]。这对于黄钺发动秦州当地志士举义无疑是有利的因素。不仅如此，秦州志士在陈养源的启蒙下，逐渐萌发出革命意识。

陈养源，1865年生，字镜泉，后改竞全，甘肃秦州人，以进士即用知县，历任或署理夏津、新泰、巨野等县知县。1903年秋，辞官到上海，开设镜今书局。其在上海期间时常向家乡寄送革命书籍，并在上海接待过一些家乡有志青年。[⑤] “时秦州青年董戒、

---

① 任树民：《宋代秦州城的规模及其战略地位》，《陇右文化论丛》第一辑，甘肃人民出版社，2004年，第109页。

② 州治即今甘肃省天水市秦州区，秦安、清水、两当、徽县、礼县、成县分别为今甘肃省秦安县、清水县、两当县、徽县、礼县、成县。

③ 任书贵：《黄钺与秦州起义》，《甘肃社会科学》1983年第5期。

④ 黄钺：《解决后之赠言》，《辛亥革命在甘肃》，第49页。

⑤ 郑峰：《陈养源先生生平事迹考》，《天水师范学院学报》2001年第3期。

萧润生、张衍孙、张锦堂、马鼎五、汪剑萍、朱仲穆等，在参加戊戌变法运动的先辈陈养源启迪之下，从陈所办的竞全书局中读到一些革命刊物，对革命深抱同情。”①

此外，1907 年至 1908 年，由于革命党人的积极活动，民主革命思想开始影响到甘肃的一些青年学生和会党领袖。如甘肃天水陇南中学的许多学生接受了革命思想，并在亲友间进行传播。② 这为黄钺领导秦州起义奠定了一定的群众基础。

1911 年 12 月 21 日（农历十一月初二日），黄钺领兵一营抵达秦州，驻兵城北泰山庙。黄钺住在不远的北关两湖会馆。甫一安顿，黄钺得知陕军派守固关的曹树勋部，已在 12 月 18 日被先期抵秦的崔正午部袭击，固关沦陷。同时，“陕提张行志所部壮凯军中三营驻州城北，崔扼城南”，陇县危急。“十一月初四（12 月 23 日）夜，两军夹攻，陇城遂陷，屠戮劫掠，惨无人道。”为了阻止崔正午的滥杀，黄钺在 27 日紧急派遣“随员周秉钧前往调查，且谆谆嘱为陕军遗俘开一生路。周抵陇时，崔正搜杀，因周为钺派，惧以实纠，杀掠稍止。陕军官陈同、吴栋、赵皖江皆当时被困陇城侥幸脱难者也。钺以崔之残横，屡牍斥戒，崔反以忌功揭禀，因得改所部隶张提部下”③。黄钺尽管暂时制止了崔正午的屠杀行径，但无法阻止其他攻陕军队的暴行，心中如五内煎熬，悲天悯人，不能释然，在致甘藩司俞恪士的信中写道：“叔世人心，尤无道德，官军不戢，涂炭生灵，捷报频仍，以良抵匪，比比皆是。汉口惨劫，亦因官军志在劫财，故敢焚掠，可为浩叹！近据各处称报，均称攻陕各军无不劫杀，焰逾剧寇，几有赤地千里之势。闻宁夏亦然，言之堪为发指！当兹国脉垂绝之时，尚容若辈纵肆以离散人心，是速亡也。”④

---

① 韩定山：《辛亥革命在甘肃》，《辛亥革命回忆录》（五），文史资料出版社，1963 年，第 494 页。

② 丁焕章：《甘肃近现代史》，兰州大学出版社，1989 年，第 192 页。

③ 黄钺：《反正颠末》，《辛亥革命在甘肃》，第 11 页。

④ 黄钺：《致甘藩司俞恪士》（1912 年 1 月 23 日），《辛亥革命在甘肃》，第 166 页。

甘军的血腥杀戮使黄钺认识到，“陕甘之兵一日不解，即共和之局一日不定。盖东南和战，视西北为进止。是时宗社党有欲保潼关以西，冀幸作小朝廷，偷活旦夕者。甘绅刘尔炘、张林焱等，因谬倡迎銮之说以附和之，群奸汹汹，官绅皆敌”[①]。因此，自己必须抓紧部署，尽早在秦州发动反清武装起义，才能给甘肃东征军致命一击，促进陕甘停战以及甘肃早日实现共和。于是，黄钺即“日聚同志，深谋熟计”，商议并确定起义计划，周密部署，多方联络，为秦州起义作充分准备。

第一，确定立足秦州、就地反正的方案。关于武装起义的计划，在秦州的革命志士提出了两套方案：一是率部“先取汉中以救咸阳”，其理由是“汉中为秦蜀关键，可资联络，况汉中总兵江朝宗，尤为清守，而李光辉拥兵驻汉，意存首鼠，将终为陕患，尤宜图之”[②]。二是率部“取道陈仓竟袭长安而代之”，其理由是“关中为西北枢纽，南接荆襄。今潼关既被毅军所攻，张钫势不能敌。凤翔、乾、醴又有甘军牵制，危险已极，势难久存。百二雄图，与其沦于民贼，据为偏安，曷若联合驻徽县罗平安一军，乘间取而代之，以维大局”[③]。

对于这两种方案，黄钺均不赞成。他认为“江、李皆自守之雀，无志出巢。取汉中固无益于陕，直奔长安，益增陕军西顾之忧，是速其亡也”。考虑到罗平安是四川人氏，所率领三营士兵也大多是四川人，“兵精器利”，“咸抱反正目的”；罗平安的幕友刘果，与罗系同乡，“倡言革命，与黎兆枚、李宗纲、鲁秉周、黎瑞芬等，双方组织军队，已成一气”，因此，黄钺提出第三套反正方案，即在秦州就地反正：“不若仍暂驻秦，抚绥回族，联络罗军，俾弗东渐。虽谓保境息民，不啻为陕守也。若陕西万不能支，则义旗一举，先图平凉，以截甘军后路，马、陆势必反顾，则陕危不救自解，共和可望告成。”这个计划得到周昆、黎兆枚、李宗

①③ 黄钺：《反正颠末》，《辛亥革命在甘肃》，第12页。

② 江朝宗为著名政客，时任陕西省汉中镇总兵。李光辉为汉中府新军一营管带。

纲、黄嗣、鲁秉周、黎瑞芬、丁广照等革命同志的一致同意，“反正之议遂定”①。

第二，打破交通封锁，获取情报，与外界支持力量保持密切联系。由于崔正午所部占据了陇县，张行志所部也占据了秦州周边地区，秦州通往陕西、四川的道路大多被封死，对外联络不便，信息闭塞，“盖陇坻之大关山、咸驿关、固关等处为秦州赴陕必经之道，时往来行人，迹涉嫌疑者，均被崔军搜杀殆尽。陕派来甘运动之罗佩珩等，被崔囚之清水县，寻杀之”。“一切要闻，无由与知。”②“交通既梗，以故东南事实，秦城一无所闻。”如果不能及时打破封锁，获取情报，将不利于革命党人对全国革命形势的了解，不利于秦州武装起义的发动。为此，突破甘肃顽固派势力的封锁，打通秦州对外交通线，取得与外界的联络，获取各种情报成为黄钺要解决的重要任务。

一是取道崎岖山路，或绕道多行数百里，避开甘军，打通对外联络通道。如黄钺所派往陕西的革命志士，从秦州城秘密出发后，“取道圆觜头，通同谷、香泉、县头、宝鸡，以达凤翔，道路崎岖，中有仅能单人行走不容一骑者。若取道三岔厅、利桥、黄牛铺，以出岐山，虽通驼马，然多绕三百余里。且此两道常有陕溃军拦劫”。如此不避危险，不辞辛苦，终于突破封锁。

二是立足秦州周边县域，或派员四出打探，或询问战区商贩，收集电报、信函、报纸，获取全国及陕甘时局，各地反正进展，甘军进攻川、陕等方面的情报，研判形势。如11月14日，“于某绅处借抄四川重庆刊发之《皇汉大事记》，可代表全国人民意见”③。“顷据探称（二十三日自虢县回），湖北民军已派来敢死军援陕”，“又，访东来商贩佥称，潼关于十月二十八被民军夺去”。“探员又谓，二十一日官军攻凤翔，壮凯军十一营击其东门，未大

① 黄钺：《反正颠末》，《辛亥革命在甘肃》，第12页。

② 黄钺：《反正颠末》，《辛亥革命在甘肃》，第11页。

③ 黄钺：《致甘藩司俞恪士》（1912年1月3日），《辛亥革命在甘肃》，第163页。

得手。”“有谓汉中已破，江镇军自尽，民军分部北犯，现抵略阳者，此尚不足据，俟数日后探员来信。”① “兹由某商家借阅四川重庆十一月初三等日所出《国民报》（即《皇汉大事记》改名）内之沪上来稿，详述武汉战事及海军失效之原因，汉镇商民惨遭大劫，可为寒心。” “该报取材简要，可资参考，但不容易来耳。”② “昨日上午，派赴凤翔侦探谭少林回营（该员于十一月二十九由凤翔起程），据称上月二十三以后，官革两军无日不战，互有伤亡。二十八日，凤翔东门外官军被革军用开花炮及机关炮轰击，两次抵抗，开而复合，合而复开，终以不支败北，被革军追击十余里，杀伤无算。是日，其西北门外官军亦被革军回队击败。” “上月二十九，刘文绣营勇与清水王教官冲突，致打毁清水县署。”“又闻，四川于十月十八防军被赵尔丰运动变乱，藩库被劫，通计官民损失数合千万，纷乱一二日，经尹昌衡抚定。现在成都正都督即举尹昌衡，赵尔丰于十一月初三被杀，川之四方已分派安抚使矣。前日派赴汉中侦探员回称，革命军招讨使张仲仁已至西乡，汉中兵少，十分危险。”③

为了更迅捷地获取探知秦州周边情报，黄钺还向俞恪士“请添小马队一起”，以“侦探而论，凤翔、汉、陇均须不时派探，昼夜奔驰，非马不可。所蓄私马十匹已分布四出，探员又须优给薪水，现在敝营另开差官一棚，计十四名，以备侦探之用”。④

由上可见，在“交通已断”的情况下，通过种种努力，黄钺不仅对当时天下大局了然于胸，对江苏、广东、浙江等地独立及军政府建立情况以及孙中山的演讲等清清楚楚，而且对陕西、四川战况也是一清二楚，对秦州周边县的情况也有所了解。无疑这有助于他研判形势，充分利用各派之间的矛盾，斡旋其间，判断发动秦州起义的最佳时机。

---

① 黄钺：《致甘藩司俞恪士》（1912 年 1 月 16 日），《辛亥革命在甘肃》，第 165 页。

②③ 黄钺：《致甘藩司俞恪士》（1912 年 1 月 23 日），《辛亥革命在甘肃》，第 166—167 页。

④ 黄钺：《致甘藩司俞恪士》（1912 年 1 月 23 日），《辛亥革命在甘肃》，第 167 页。

第三，联络秦州当地革命志士作为武装起义的骨干力量。在对秦州反清志士进行摸底的基础上，黄钺与之一一秘密接触，另还委派周昆、黎兆枚等扩大联络范围，如“黄的营长张晚荪，湖南湘阴人，倾心革命，访知秦州人士董戒、汪剑平、马鼎五、朱仲穆等人，抱有先进思想，遂与之接头，互相联系”。“马鼎五是个小商人，开设小杂货铺，汪剑平、董戒常在马的铺内会聚，也就以此为联络点。”① 在黄钺的感召下，各方志士相继来到秦州，辅助黄钺反正。“其时，幕友李君蔚轩、鲁君洛康、黄君厚修、黎君叔琴、湘兰丁君锡光、周君月舲、卢君叔衡、流寓蔡君镇西、王君文伯、赵君和庭、秦绅张君育生、董君儆三、杜君杰、董君干碧皆同志也。而周君芷生、陈君墨西、刘君亶同、谭君苑陶、受君荣亭亦先后毕至，匡予不逮。”② “伏羌任丹山、杨复之、张庭燎、陈淑”等也相约一同至秦州。

刘文厚、魏绍武等人亦慕名前往投奔。据魏绍武回忆，当时各方志士竞相往投，革命力量日渐壮大：“及我腊月初抵家，任丹山、杨复之等言，天水汪剑平等函邀急速来秦，随即欣然同往。及抵天水，故友刘文厚亦在该地。相见之下，谓黄钺系革命巨子，来秦久欲起义，以解陕军之危，以时机未熟，稽延至今。刻下再不能耐，已商妥定期起义，诸君来得正好。随即介绍见黄，接见之顷，蔼然可亲，深以各方志士来归相助为幸。刘文厚，字厚同，籍隶山西解州。系山西武备学堂毕业。来甘后，曾充陆军第三标管带。为人沉毅机智，娴熟军略，且富于革命思想。在省与鄂人刘佐寅、粤人方芷亨联合运动军队，图谋反正，业将炮队管带梁国璋运动成熟，约好先由炮队发难，各营响应。以事机泄露，被陆洪涛部出而弹压，未得成功。即于第三标改编忠武军时离职来秦。黄虽热心革命事业，然究非专门军事人才，得刘辅佐，不啻

① 张澄子：《在辛亥革命中的天水》，甘肃省档案馆馆藏档案，117－003－0053。
② 《秦州反正颠末纪（续）》，《申报》1912年5月22日。

如鱼得水。"[1]

第四，运动秦州地方长官，即署巩秦阶道向燊，取得其支持，使其默许了革命党人在秦州的活动。黄钺认为，要顺利取得秦州起义的胜利，策动秦州地方最高军政长官参与是极其关键的一个环节。敌方阵营首脑人物若能与革命派合作，就会带动敌方阵营的诸多势力转向革命阵营，从而最大限度地为起义清除障碍、提供便利。

向燊，湖南衡东人，1904 年曾赴日本留学，就读东京弘文学院。在日本期间，他结识了孙中山、黄兴、秋瑾等民主革命的先行者，受过民主革命思想的熏陶。1906 年，学成回国，"归为衡州府中学堂监督、南路实业学堂监督"。1909 年，湖南成立咨议局，被举为议员。他与谭延闿一道，试图通过咨议局兴利除弊[2]。1910 年，创办白莲尚德小学，后"以资为道员，候补甘肃"[3]。从其留学、办学的经历看，向燊思想较为开明，具备融入革命阵营的可能性。但是，时移世易，此时身为秦州地方最高长官的向燊，其政治态度如何，犹未可知。

尽管同为湖南老乡，但黄钺自兰州抵达秦州之前与向燊并不相识，而且二人"性情各异，向沉潜而黄坦白。黄领行军居城外，向领防兵居城内"。经过一段时间的接触和了解，黄钺认为向燊倾向进步，乃"密以宗旨探向，向阳若不解者，黄以为向不同意"[4]。

① 魏绍武：《黄钺在秦州反正回忆》，《甘肃文史资料选辑》，第 11 辑。

② 赵宏健：《金觉峰流韵》，湖南人民出版社，2010 年，第 45—46 页。

③ 谭延闿：《衡山向乐谷墓志铭》，《辛亥人物碑传集》，团结出版社，1991 年，第 520 页。

④ 胡锦澜：《纪陈贞瑞事略》，《辛亥革命在甘肃》，第 348 页。

关于向燊对于秦州武装起义的含糊态度，陈墨西[①]的解释是："甘候补道衡山向燊者，亦予旧交。""向本日本留学生，亦非无革命思想，然颇慎密不露。黄因与之无素，莫测端倪，两方部属又无能传达意旨，遂以为不能同心相应也。"但是，黄钺并未放弃对向燊的争取。当陈墨西由兰州抵达秦州后，黄钺立刻委派他出面，由其做二人的沟通工作，争取向燊对秦州起事的支持。陈墨西"遂沟通双方，向亦坦然乐从"[②]。而且，受黄钺革命热情的影响，向燊甚至向黄钺表态，如果革命党人在秦州发动武装起义，作为秦州地方最高长官，自己会"不抵抗"[③]。这无疑为黄钺率领革命党人更加频繁地秘密从事革命宣传及筹备武装起义提供了极大的便利。

此外，黄钺还运动秦州地方进步官绅、防军作为内应。如积极运动回族绅士哈铸、喜寿峰、赵迪等人，得到他们的支持和密切配合。后来起义发动时，各路军中都有回民参加。同时，在黎兆枚、周昆的努力下，革命党人将"城内防军及伏羌军学各界不下二千余人""运动成熟"，秦州起义的筹备工作取得巨大的进展。黄钺还采纳蔡镇西、汪青的建议，游说张行志及部下，派遣与张行志儿子关系深厚的"毕文硕赴凤翔游说张行志，张不纳。毕回

---

① 陈墨西，名贞瑞，号潜斋，湖南衡阳人。早年留学日本，结识孙中山，加入同盟会。武昌起义后，陈墨西随孙中山回国，孙中山对他寄予厚望，派他奔赴甘肃策动反清起义。临分手时，孙语重心长地说："西北地区是薄弱之地，我们效仿左宗棠，向西北发展。你先到甘肃兰州，那里是西北地区的政治经济中心。你阅历不浅，文化又高，此去要担当重任，不要辜负我对你的期望啊！"陈墨西在起义前5天抵达秦州，黄钺"谋益定"。鉴于陈墨西对于秦州起义胜利的功绩，谭延闿呈文中央政府，恳请予以表彰："陈贞瑞才犹练达，学问优长。前留学日本，奔走国事有年，嗣在江南三江师范高等学校担任教员，成绩尤茂。前年光复，从事秦陇，克复劳勋。现以秦州军政分府取消回籍。"参见《陆军上将衔湖南都督谭延闿呈》，《政府公报》1913年第311期。

② 《陈墨西先生癸酉述怀——述辛亥壬子在甘肃反正事》，《陈墨西先生文集》，1999年编印。

③ 胡锦澜：《纪陈贞瑞事略》，《辛亥革命在甘肃》，第348页。

秦，过陇州，又运动骁锐管带崔鸿镜、崔崧等背张向秦”①。这次运动甘肃东征军主力的努力尽管没有成效，但却是一次大胆而可贵的尝试。

第五，争取与甘肃临近的川、陕方面的支持者作为外援。黄钺认为，在当时陕甘激战正酣、甘肃东征军主力在秦州近旁、自己统领兵力不多且士兵多为新募集的背景下，一旦发动秦州武装起义，得到川、陕方面的军事援助和道义上的声援无疑是十分必要的。黄钺还清楚地认识到，川、陕方面的革命同志必定会支持自己在秦州举义，这是当时陕军面临的形势使然。其时，陕军正受到甘军猛烈进攻，损失惨重，面临巨大的压力。“时张率壮凯全军十六营旗，合以崔部，声势颇盛，专攻凤翔。陕军之守凤者为万炳南及敢死军统领曹树勋。是时，陆洪涛、马安良两军先后攻陷长武、邠州、永寿，直逼乾州，陕守将张云山力遏之。陆又攻醴泉，为陕都督张凤翙所却。”“而冉店桥一战，陕军伤亡数千，军锋屡挫。”② 而且，在乾州，张云山部尽管目前暂时尚能“且战且守”，但他时刻焦虑“凤陇一带，张行志、崔正午二贼连营逼攻，万一失陷，则贼必乘胜直捣长安，不独我军受夹攻之患，而西北之枢纽既坏，将东南全局亦岌岌可危矣”③。因此，黄钺若在秦州起义，从内部给甘肃攻陕军队反戈一击，无疑可以牵制甘军，从而大大缓解陕军的压力，对陕西方面无异于雪中送炭。所以，黄钺派出得力同志去联络陕军，并主动致函给陕西方面，说明自己将要在秦州举义，宣布共和，以给甘肃顽固派致命一击，这对于正焦头烂额的陕西方面而言，是求之不得的大好事。陕西方面自然连连表示赞同，对黄钺的反正之举拍手叫好。他们见到黄钺派出的专使述及黄钺拟在秦州反正的消息时，无不欣喜莫名，“并悉爱国热诚，轸念大局，谋为陕应，钦感莫名”④。“我公热心复

---

① 黄钺：《反正颠末》，《辛亥革命在甘肃》，第12—13页。

② 黄钺：《反正颠末》，《辛亥革命在甘肃》，第11页。

③④ 《乾州张云山来函》（1912年2月2日），《辛亥革命在甘肃》，第232页。

汉，欲联合敝军由南进兵以图甘肃，为迅雷不及掩耳之举，卓识伟谋，良深钦佩。”① 可见，黄钺的判断是完全准确的，体现了其深邃睿智和高超谋略。

陕西方面，黄钺先后七次派出得力干将赴陕西方面联络。先是陆续派遣陆军学生李仁斌、李志南、安国柱、周望英及革命党人寇献琛、黄达等“赴醴泉、乾州以反正事商之张都督凤翙、张统领云山”②。但前面六次，“或以去不能回，或以中道阻滞，终不得其要领”。1912年2月10日，黄钺“第七次派去之胡文炌自乾州回营，始得张云山复书，荷允赞助反正，约年内派队来秦，定期夹击，以为声援，粘附旗式，盖秦陕密信至是始一通”。后因“乾州战事甚恶”，见“陕军专使不至”，黄钺又“遣胡文炌偕魏国英赴陕以觇之”③，“再四磋商，果能联络一气”④。这里可见黄钺“屡败屡战”的韧性和不达目的誓不罢休的革命精神。

四川方面，黄钺“时闻川军援陕，北伐司令李树勋⑤已抵广元，爰遣张雯华前往达意，并函达蜀军政府，恳请就近拨军援助”⑥。1912年2月22日，“省报陆洪涛一军已于除夕陷醴泉，转攻咸阳，长安危甚，人心惶惶。是日，复遣寇献琛、张桓赴汉中、略阳与川军联络。初七（24日），又添派彭庆堂南下助寇等”⑦。最终，“晤李司令官煜森及刘、杨各标统，商办一切”⑧，“会订草约，联络以成”⑨。

---

① 《凤翔万统领炳南来函》（1912年2月27日），《辛亥革命在甘肃》，第233页。

② 《秦州反正颠末纪》，《申报》1912年5月22日。

③⑥ 黄钺：《反正颠末》，《辛亥革命在甘肃》，第12页。

④ 黄钺：《咨北京稽勋局》（1913年1月2日），第159页。南京临时政府时期，“呈”为下级公署行用于上级公署、民众行用于公署之公文，“咨”为平级公署互相行用之公文，“令”为上级公署行用于下级公署之公文，“批”为上级公署受有呈词而裁决判断之公文。

⑤ 李树勋，字煜森，原系陆军学堂毕业，是援助秦州起义的四川保路同志军将领。

⑦ 黄钺：《反正颠末》，《辛亥革命在甘肃》，第13页。

⑧ 黄钺：《致四川都督尹》（1912年4月2日），《辛亥革命在甘肃》，第193页。

⑨ 《秦州反正颠末纪（续）》，《申报》1912年5月22日。

黄钺还多次致信给湖南军政府都督谭延闿，争取湖南方面的支援。

同时，黄钺还致信吴礼泉，要其转陈长庚，阻止马云亭率部南下，以减轻秦州起义的潜在压力。在信中，黄钺列举了四点理由："盖自甘省各路回队经几次劫掠之后，名誉扫地，云亭所部未必从同，然居民存一成见，恐一旦南来，转相惊扰，致生枝节"，"非二一营所能收效"，"统领太多，各不相下，事权不一，尤犯兵家之忌。回汉错互，嫌隙易生，既无益于战争，复预防其枘凿，害多利少，徒滋纷乱"，"一旦增兵，示敌以进攻之具，彼汉中、凤翔势必分兵来犯，是速攻也。夫以甘省精锐受困凤、乾，而欲以一旅偏师，功收夹击，庸有济乎?"因此，请吴礼泉"敬乞转陈帅座，迅止云亭之行，俾免地方惊扰"[①]。

功夫不负苦心人！经过艰苦努力和积极联络，黄钺得到各方支持与响应，革命阵营内部的党人同志、来秦州投效黄钺的志士，包括清军内部人士，旅甘两湖同乡，川、陕军政府，秦州当地革命志士、知识分子等，表示全力支持黄钺秦州反正。

首先，1912 年 2 月 15 日，在甘肃兰州的两湖同乡致函给黄钺，恳切希望黄钺及早作"房谋杜断"，一举起义。信函从时机、事势、地利、人心、个人安危五个方面分析了发动武装起义的必要性、紧迫性。就时机而言，"共和之局已成"，"和局既定，则战事宜停"，但是，长庚、升允之辈仍然倒行逆施，"以我之同胞供彼之牺牲，民军之威不畏，朝廷之命不行，实为民贼，即属公敌。倘明公率所部以删此民贼，灭此公敌，则甘民必将馨香以祷之，壶箪以迎之，尚何有抗之拒之者?是明公近可以救甘肃之祸乱，远可以对各省之同胞"。就事势而言，作为"军队之命脉"的饷械，甘肃已经是"枪械之窳败，子弹之缺乏"，"库空如洗"，"械既不利，饷亦难济，是军队之命脉已绝也，即或不绝，若辈不过以我民之膏血供彼族之挥霍耳"。就地利而言，"秦州为甘省膏腴

① 黄钺：《致吴礼泉观察》（1912 年 2 月 24 日），《辛亥革命在甘肃》，第 168 页。

之地，实南路保障之区，与秦、蜀息息相通。若一举旗，则南通蜀，东联陕，饷糈既不虞断绝，军械则犹可资接济”。甘省光复，“则光复之功当以我公为巨擘”。就人心而言，“乃或谓公之部下不过数百，兵力太单，若一行动则不免有铤而走险之势，不知公如举义，则陇州、两当之兵必群焉响应也，汉中、凤翔之师必欣然乐从也，彼一崔正午何虑？况各州县人民早已跃跃乎，且以各省历史考之，武昌以一营人而驱瑞征，陕西以五六十志士而克满城，山西以七八十学生而光全省，可见事之成败，只视志气之坚否，不必以兵少为虑也。况甘民之望陕师者，大有‘徯我后，后来其苏’之慨，此以人心言之，而尤不能不望于我公者”。这是考虑到黄钺只有一营兵、兵力单薄的事实，为了消除黄钺的顾虑，以其他各省光复时兵力也不够的例子鼓动黄钺举义。就黄钺个人安危而言，黄钺被兰州顽固派官僚所忌恨“疑谤”，如果不趁势而举义，恐有性命之忧，“若不早自裁决，恐公再不能再出秦州一步也！”①

其次，湖南都督谭延闿及其他革命志士来函，表示鼎力支持。1912 年 2 月 3 日，黄钺收到谭延闿来函。信函暗示黄钺抓住时机，有所建树，“别久思深，未能通讯，远闻雄略，欣慰不胜。湘中近尚安谧，所望天下大同。陇上旧游，尤所眷眷。公夙怀同志，必有建树，以张吾军，同人皆引企好音。窃以为时不可失也。其所未详，具道腴、春岩书不一，唯深鉴不宣”②。2 月 9 日，谭延闿鉴于“甘肃与陕西形势毗连，唇齿相依，苟非从速联合，则使陕西两面受敌，殊属有碍民国大局”，“现甘军汉回各营，均归黄统领钺节制，誓师反正，有若反掌。非遴委熟悉甘军内情，并与黄统领素相契识者，迅往接洽，不足以奏敷功”，特别颁发委任状，委派与黄钺关系密切的同志为专使，由湖南赴甘肃助黄钺一臂之力。“查有黄统领旧识江楚楠、黄锡斌、罗韬、胡定武、廖汉勋、洪名

---

① 《旅甘两湖同乡来函》（1912 年 2 月 15 日），《辛亥革命在甘肃》，第 224—225 页。

② 《谭都督来书》（1912 年 2 月 3 日），《辛亥革命在甘肃》，第 229 页。

魁、廖凯南及僧大智（汤振安），夙抱驱逐胡虏、建立民国热心，堪胜此任，合亟密加委任。委到该员即便遵照迅速出发，以期早日告成，切切！此委。”① 实实在在地秘密委任一批与黄钺有交情的革命党人，迅速奔赴甘肃协助黄钺，谭延闿对黄钺的大力支持如此可见一斑。

2 月 3 日，黄钺收到湖南革命党人、自己的好友洪本枂以及族孙黄泽民等来函。洪本枂等将湖南辛亥革命后的局势详加叙述，并言将组织人员奔赴甘肃支援，鼓励黄钺相机举义，“西北各省僻处边陲，风气闭塞，非得热心革命、实力提倡者，不能促进共和。我公毅力实心，夙所钦佩，况兵权在握，正不难乘此机会提倡改革，一洗从前专制之风。昨已与周道翁及令侄寿苍兄等组织人员赴甘，以通消息，不日即当首途，事关大局，惟公极力图之。西望陇云，不胜翘企”②。2 月 5 日，革命志士赵熙谟给黄钺来函表示，“知大人定当响应西陲”，准备“治装赴陇，趋随铃阁，以备驱驰”，即拟追随左右，后因种种原因未能成行，但盼望黄钺“惟冀迅举义旗，以成犄角”③。同一时间，时任湖南都督府筹饷局总办的周震鳞、司法司司长洪荣圻等致函黄钺，希望黄钺有所动作，“顷有自甘肃来者，谈我公手握重兵，指挥如意，同志之士莫不欣相告，曰：‘我公平生爱国热心，轶出俦类，此番光复祖国，千载一时。’”“谅表同情者，乃引领方殷，而捷书迟滞，噫！何故耶？夫时不可失，寇不可长，长寇不祥，失时不知，惟君图之。”“贮望我公登高一呼，俾甘肃军民即时反正，则全国之幸福也，岂吾辈一二人之关系哉！临颖匆匆，无任驰系，相时而动，无累后人，唯公毅力实行。”④

---

① 《湖南谭都督派员来甘助秦反正委状》，《辛亥革命在甘肃》，第 345 页。

② 《彭立群、洪本枂、黄泽民来函》（1912 年 2 月 3 日），《辛亥革命在甘肃》，第 230 页。

③ 《赵熙谟来函》（1912 年 2 月 5 日），《辛亥革命在甘肃》，第 231 页。

④ 《洪荣圻等来书》（1912 年 3 月 23 日），第 228 页。由于通讯的闭塞，周震鳞等人没有及时得到黄钺秦州起义的消息。起义十余天后，周震鳞等故而再度致函黄钺。

最后，川、陕方面复函黄钺，赞同黄钺所拟反正计划，并表示将派军队直接来秦州支援。1912 年 2 月 10 日，张云山[①]致函黄钺，希望黄钺早日在秦州起义，以缓解陕西压力，并主张黄钺在反正后就任都督，承诺及时响应和接济饷械，“公推执事为陇军分政府都督，尚望示期。就秦举义，弟即会师夹击雀军，以解陕危而褫贼胆。至饷械缺乏，敝省自当源源接济，不足虑也。附呈旗式一柱，乞即察收照办。秦云陇树，伫盼捷音”[②]。2 月 27 日，凤翔统领万炳南致函黄钺，表示自己尽管是“孤兵深入”，“不能不布置周妥”，但“一俟布置就绪，即以本月二十七八两日派混成一协兼程前来，慰我公伫望之殷，苍苍在上，实式凭之。尤望一切秘密，为国自重，是所切祷!”[③]

3 月 4 日，凤翔军事统领曹勋也表示响应和支持，并令所部傅永清全营由岐调回，再派王寅卿一营，均归程筱轩节制，协同赵皖江“为偷渡阴平之计，赴秦援黄，赞襄反正”。曹勋还建议程筱轩“于心腹中选择精干者二三人，扮作商民，间道赴秦，如时势可为，偕黄君树帜反正，量力而行；势可守则守以待之，不可守即率师东来，以抵陇上，截贼之归路，使贼之在凤者首尾莫顾，则贼必自溃矣，亦良策也”。他希望黄钺直接在秦州反正，然后一东一西，成犄角之势，夹击甘军；认为黄钺“诚有特识，即以部下之兵猝然反正，彼（长庚攻陕军队）在凤之兵回顾陇西，而我以锐师袭其后，必大捷矣”[④]。

3 月 7 日，万炳南再次致函黄钺，表示将派兵到秦州，与黄钺会合，对起义成功充满信心：“麾下义气热肠，同胞钦佩，自当推诚布公，共襄义举。敝军月内计可到秦助战，希麾下即将一切对

① 陕西光复后，张云山任陕西军政府兵马大都督、西路征讨右翼大都督，行营设在乾州（今陕西省乾县）。

② 《乾州张云山来函》（1912 年 2 月 10 日），《辛亥革命在甘肃》，第 232 页。

③ 《凤翔万统领炳南来函》（1912 年 2 月 27 日），《辛亥革命在甘肃》，第 233 页。

④ 《凤翔曹统领勋致程筱轩君书》（1912 年 3 月 4 日），《辛亥革命在甘肃》，第 313 页。

敌事务严密布置，一俟敝军会合，仰仗虎威，定可一战成功也。”[①] 9日，“魏国英又偕陕军之二十七标标统程传霖持万函来秦，约期举义”[②]。11日，川军司令官李煜勋来函，告诉黄钺四川军队北伐情况，而且甘肃罗平安部也准备临阵倒戈，“敝省北伐军原分五路进攻，于正月十四日已将汉南光复，左纵队约于十八九日克复阶州，中兴梯队即于二十三日到北水江，不日即抵微城。驻凤罗军已有抱义归川之说”。他建议黄钺“不如于秦州首先反正，释外来各军之疑团”，“如兵力不足，弟愿以士气百倍、枪炮如林之健儿数万为足下援，弟亦愿效驰驱共扶足下，以收甘省人心。再者，甘省回民过半，足下可否与马安良通消息、定大局，以安抚回民”[③]。

外界的支持对黄钺影响甚深。黄钺自己也认为，老乡、朋友、革命党人的信函的支持，对自己触动很大，在某种程度上促成了他起义举动的早日实施，“各省寓书，切责益力，词锋砭骨，耻不若人”[④]。

此外，清帝退位在甘肃引发的震荡与黄钺秦州反正存在某种程度上的关联，值得一提。1912年2月12日，清帝退位，曾经统治了中国200多年的清王朝最终寿终正寝。3月10日，袁世凯在北京就任民国临时大总统，辛亥革命的胜利果实最终为袁世凯所窃取。消息传来，甘肃上下无比震惊。3月5日，藩司俞恪士致函黄钺，将此惊人消息告知，并建议黄钺尽快通电全国，承认共和，“昨日，此间接到前内阁承宣厅长电一纸，特飞寄钧览。袁项城已举总统，各处均换国旗，事势如此。长帅请开缺之电，昨已出发”。“我兄接弟此信后，务速通信西安，申明承认共和（万无可疑，见京电自明，芝珊等惟候老帅行后即认），各保治安，不妨即以弟此信寄去。此次共和成立如此之速，为各国所无，可为中国

① 《凤翔万统领炳南来函》（1912年3月7日），《辛亥革命在甘肃》，第234页。

② 《秦州反正颠末纪》，《申报》1912年5月22日。

③ 《川军司令官李煜勋来函》（1912年3月11日），《辛亥革命在甘肃》，第243页。

④ 黄钺：《致固原提督张云亭》（1912年3月11日），《辛亥革命在甘肃》，第173页。

前途幸！”

3月10日，向燊、张庭武召集秦州吏目、儒学训导、游击、城守营、六城城防局总办及大城、中城、西关、东关、北关、伏羲城等六城总理、亦渭学堂教员等各界人士58人，出示省议会转来的甘肃同乡会给甘肃各界的通电：“吾省反抗共和，不胜骇异。此次民军起义，清帝辞位，与从前亡国易代不同，原系探良美之政体，救瓜分之惨祸。南人倡之于前，北人和之于后。帝后皇族，亦知非此不足立国，故以天下公之。人民上下同心，组织民国，外人叹为古今未有。”① “甘处边远，未悉情形，别持理由，积非成是，不知皇帝下诏赞成，吾独反对，是谓不忠；全国力求和平，吾独破坏，是谓不义。甘军全恃协饷，现南北接济已断，无论如何罗掘，以甘省财力论之，至多不过支撑两月，终有饥军哗溃之虞。即使士马腾饱，而南北统一，新疆、东三省已均赞同，以区区甘肃欲与二十一行省抗，又无精枪利械，不待智者而知其不敌矣。以一二人偏激之意，致令全省九百万人生命财产陷于危险地位，稍有人心，岂宜出此?” “吾甘自宜从舆论之公，杜分裂之渐。诸公关怀大局，独不思内乱延长，渔人之利。强邻虎视，甘尤区处，阋墙御侮，当有权衡。应请互相劝导，长制军亦请详细解释，务即迅速定议，通电大总统、各省督抚都督，改用中华民国年号，即日罢兵息战，以免生灵涂炭。所有甘军协饷并请大总统由其北京拨领。甘肃赞成电至，即罢将西路各军阻止勿进，共保和平。立盼电复。旅沪甘肃同乡会。”② 此则电文，明白无误地传达了这样几个重要信息：清帝退位，且下诏赞成共和；各省均赞成共和，人民也上下同心赞成，共和成为大势所趋；甘肃经济、军事上无法与各省抗衡，因此不能顽梗不化，应认清形势，顺应潮流；甘肃若及时承认共和，还能得到诸多好处。

秦州官绅闻知，“官绅阅毕，默无一语，面面相看”，“唯张庭

① 《甘肃承认共和之原动力》，《申报》1912年3月18日第6版。

② 《壬子日记》，《西北辛亥革命史料三种》，第242页。

武声言暂缓，俟省中文报再作办法”[①]。因此，从某种意义上讲，甘肃旅沪同乡会电文实际上为次日黄钺秦州反正作了思想上的准备。毕竟秦州文武官员至少从这封电报中初步知晓了全国共和的大趋势，明白仅仅凭甘肃一省不可能抗拒共和潮流。秦州官绅心理上受到巨大冲击，开始有所触动，开始犹豫。在此情形下，就缺振臂一呼的领头羊！总之，有了这封电报作为催化剂和铺垫，黄钺次日举义时，秦州官绅大多响应，少有阻碍。

3 月 10 日，即起义前夜，在为次日反正作最后准备的同时，黄钺草拟了两封信，一是致兰州司道赵芝山、潘锡九、张祥林，告知起义目的，即为了避免甘肃生灵涂炭，“想明达如诸公，必不致别生阻力，而孕恨同胞也。钺勉尽天职，无有容心，既见许于各省民军，责无旁贷，维希亮察，共拯时艰，义旗指日西来，樽酒重联旧雨，专缄布告，乞早裁酌”[②]。意即起义是为了甘肃人民，也得到各省人民的支持，欢迎兰州方面“共拯时艰”！二是致甘肃昭武马步全军统领马云亭，同样是告知自己起义之事，希望马云亭响应，“执事以纬武之才，具经文之略，同仇之义当切于怀，救世之心谅有同慨，幸勿受满虏之羁绊，操同室之干戈，致令名不得于一时，而羞贻千古也。何则复仇之义，如日经天，无时无地，罔或易之。况甘肃为将军父母之邦，倘能乘鄙人起义之日，即率所部健儿毅然南下，他日陇中光复，非执事之功，其谁属欤？”并嘱其执行民族政策，注意处理好回汉民族关系，“贵教中或有不明此义者，尚望明白晓谕。盖民军主旨，除兹丑虏，凡我汉、回、蒙、番仍一视同仁”[③]。

种种迹象表明，起义时机基本成熟，可谓万事俱备，只欠东风！

---

① 《壬子日记》，《西北辛亥革命史料三种》，第 242 页。

② 黄钺：《致兰州司道赵芝山、潘锡九、张祥林》（1912 年 3 月 10 日），《辛亥革命在甘肃》，第 171 页。

③ 黄钺：《致甘肃昭武马步全军统领马云亭》（1912 年 3 月 10 日），《辛亥革命在甘肃》，第 174 页。

四 宣布举义

为了达到出其不意的效果，一举成功，黄钺决定采用突然袭击的策略。起义前夕，为掩官方耳目，1912 年 2 月 29 日（正月十二日）起，黄钺组织社火秧歌队，每日早晨率领军队由泰山庙开往东校场。3 月 3 日后改由中和门进城，经过街市仍去校场。每天如此往返，“如是者十余日”[①]，将“仪仗迎春”常态化，使百姓逐渐习以为常。

3 月 10 日，即正月“二十二夜三鼓”，在设在秦州泰山庙的起义指挥部，黄钺召集各部队官长，“传谕各哨官长分布地点：前哨谢汉秋、汤砺山率八十人至筹防局；帮带瞿炳樊率六十人至州署，黄际丰、胡芳亭副之；右哨杨展鹏率四十人至义仓，守军械火药；前副哨张祖联率三十人守西门西关；右副哨戴芳泰率三十人守东门东关，兼护天主堂；左副哨刘德馨率二十人守南门；左哨严少春、后哨王章金共率八十人守泰山庙营盘，并护北门福音堂；后哨谭祝萱及巡查秦志芳率六十人至游击署；钺自领亲兵四十人及差弁余振东、成起凤、严镇寰、张佐胜等径赴道署，黎瑞芬、潘炳炎、甘沛霖从之”[②]。

部署完毕，已到3 月 11 日（正月二十三日）。辰刻时分，黄钺宣布起义，起义部队迅速入城，抢占各战略要点。由于事前已将守城城防军“运动成熟”，部队几乎没有遇到抵抗，“惟游击玉润不听劝谕，发枪抵抗，被我军还击毙命”[③]。不到两个小时，几乎兵不血刃，起义取得了成功。

---

① 张澄子：《黄钺在天水反正概述》，《甘肃文史资料选辑》第 11 辑，甘肃人民出版社，1981 年。

② 黄钺：《反正颠末》，《辛亥革命在甘肃》，第 13 页。

③ 黄钺：《反正颠末》，《辛亥革命在甘肃》，第 14 页。

与此同时，黄钺抵达道署，“周昆、鲁秉周、李宗纲、黄嗣等已早齐集，黎兆枚、丁广照偕董皞民继之”，于是“入道署，约道台向燊起义，向允赞助”。[①]“向燊以次各文武僚属如知州张庭武、守备梁国栋、千总韩孝忠、州吏目杜元模、城防军队长杜杰等亦相踵毕集，绅商至者百余人。”[②]

黄钺首先向在场的革命志士、秦州官绅阐述了此次反正的宗旨，“其反正宗旨，大致有二，一就广义言之，微闻清帝有退位之诏，东南各省已多数承认共和，今陕甘相持，日久不下，外人见之，必谓我国大局未定，政府不能完全成立，实不免借口干涉，酿成瓜分之祸。鄙人反正，则大局不致牵动，而统一可告成功也。一就狭义言之，甘陕毗连，关系密切，操戈同室，识者所非。然愚民无知，谁非指使，倘甘肃当道传檄罢兵，安致演此残杀同胞之惨剧而靡所底止？鄙人反正，则若辈之愧悔必生，而共和之进行可望也”[③]。黄钺还强调，之所以反正，乃是“存甘肃联邦之资格，出陕黎于水火，非有自私自利之念介乎其间”。同时，黄钺还表示，自己“才德浅薄，暂肩兹任，一俟全甘大定，组织完备，即行取消”。“鄙人此举非为个人权利起见，倘组织完善，当即退避。”黄钺的慷慨陈词以及表露心迹得到众人的一致认可，于是，“公推钺为正都督，向为副都督”[④]，正式成立甘肃临时军政府。

武装起义的成功、甘肃临时军政府的建立标志着辛亥革命在甘肃的胜利。

能仅仅凭借一营兵力，在闭塞落后的西部边陲成功领导反清武装起义，对于黄钺个人而言，这是他多年奔波、矢志反清的结果，是他对全国人民彪炳史册的重大贡献，体现了黄钺的雄才大略和敢为人先、愈挫愈勇的优秀品质。

需要指出的是，在筹备秦州起义的过程中，黄钺在秦州碰到

---

① 《王烜诗文集》，《辛亥革命在甘肃》，第452页。

②④　黄钺：《反正颠末》，《辛亥革命在甘肃》，第13页。

③　黄钺：《解决后委派刘文厚就兰州省议会之赠言》，《辛亥革命在甘肃》，第50—51页。

许多常人难以想象的困难，面临诸多不利因素：人地生疏，难于立足；对外联络不便，秦州没有电报局；兵力单薄，实力不强。黄钺当时实际所控制的兵力只有一个营，仅五百余人，后虽争取到秦州城防军和地方进步人士的支持，其总兵力亦仅千余人。而秦州四周有马安良等军队虎视眈眈。马安良部于1911年11月5日抵达兰州时，长庚将左宗棠所遗留的来福枪2000支、从德国新购的毛瑟枪5000支一并拨交马安良"援陕"。马安良的精锐军和经过改编的陆洪涛部振武军、孙恭部恭字三营，装备精良，组成攻陕东路军；继续受到兰州官僚顽固分子、法司司长彭英甲和警备道赵惟熙的猜疑排挤，甚至很可能为顽固派谋害，"阶州被困之时，明公以兵单未便前进，省中诸大老群疑公有异志，有议即撤公之兵权者，有议先行调公署甘凉道再为处分者，有议贿公部下刺公于秦者。最后，始决定责成张庭武分兵二哨以援阶，并非与张为难，其实分公之兵力，制公之死命，使公孤立于绝地以自瘐耳。处此疑谤之中，鄙人等不为公之军队惜，特为公之生命忧"①。凤翔统领曹勋也对此听闻，"以黄君之热诚革命，招人疑忌，固意料中事也。特恨陇上黑暗，士民庸庸昏昏，甘陷于水深火热之中，而不思自振拔，致令黄君孤掌难鸣，几至流血，言之诚堪痛恨！"②1912年3月10日，寇猷琛在徽县一带侦探情报时也听闻，"此间有公数次被调不动之谣"③。

面临种种困难，素具湖南人"驴子精神"的黄钺毫不动摇，以"若道中华国果亡，除是湖南人尽死"的坚强决心，履践湖湘文化的坚毅果敢作风，不信邪，不怕死，身体力行，硬拼到底，想方设法创造条件，最终成功领导了秦州起义。这正如洪汝冲为《陇右光复记》所作的序所言，黄钺"于光复陇右则尤艰苦卓绝，以百数十日间，当交通阻绝之地，拥回汉疑贰之众，主客不相习，

① 《旅甘两湖同乡来函》(1912年2月15日)，《辛亥革命在甘肃》，第224—225页。

② 《凤翔曹统领勋致程筱轩君书》(1912年3月4日)，《辛亥革命在甘肃》，第313页。

③ 《寇猷琛来函》，《辛亥革命在甘肃》，第272页。

时事不相闻，龀之者万端，毁之者交至，盖其难哉！”①

另要补充的是，黄钺领导秦州起义过程中向燊的态度和游击玉润之死问题。

关于署巩秦阶道向燊在秦州起义中的态度问题，各种说法不一。一种是站在封建统治者角度，赋予向燊“卫道士”的形象，认为向燊是被迫参与秦州反正的。如民国《天水县志》记载的黄钺“于正月二十三日借出操为名入大城据分巡道署，劫向道、俘虏张牧庭武”②。其《向燊传》中记载：“民国元年正月二十三，有骁锐军统领黄钺在秦竖帜独立，杀秦州营游击玉润，胁公为副，自称甘肃临时军政府都督，公虽受其胁，然意终不以黄之此举为然。”③《壬子日记》亦有类似记载，黄钺派“兵强占道署”，“向燊闻炮响，即起穿衣履，逃出门，黄钺、周昆已至面前。迎面钺就用手执炮吓，周昆挡止。‘老兄认可不认可？’向随云：‘认可。’兵士并无搜抢情事。”④ 一句话，向燊是受黄钺胁迫而参加起义，是临时的权宜之计。

另一种说法是站在革命的立场，视向燊为“革命者”，认为向燊积极主动地参与了秦州反正。关于向燊在秦州起义中的表现，黄钺在起义后不久致《申报》的文章中明确指出，向燊对黄钺发动秦州武装起义，持欢迎态度，“钺径入道，署巩秦阶道向君燊乐谷以礼欢迎”⑤。在第二年，即1913年所撰《反正颠末》中也持同样观点，认为向燊等官员是“相踵毕集”。谭延闿在向燊去世后为其所作《墓志铭》中甚至认为，向燊主动策划了秦州起义，“秦州以一隅响应东南，奠安秦陇，皆君谋画”⑥，等等，不乏褒扬之词。

---

① 洪汝冲：《陇右光复记序》，《辛亥革命在甘肃》，第3页。

② 《黄军反正纪》，《天水县志》卷七《军政志》，兰州国民印刷局，1939年排印。

③ 《向燊传》，《天水县志》卷九《职官志》，兰州国民印刷局，1939年排印。

④ 《壬子日记》，《西北辛亥革命史料三种》，第243页。

⑤ 《秦州反正颠末纪（续）》，《申报》1912年5月22日。

⑥ 谭延闿：《衡山向乐谷墓志铭》，《辛亥人物碑传集》，团结出版社，1991年，第520页。

张澄子也认为："黄本人入道署，约道尹向燊共同起义，向表示同意。"①

我们认为，秦州起义中向燊的态度是持欢迎态度的，对于黄钺领导秦州起义，向燊是乐见其成的。其一，黄钺作为秦州起义的主要领导者、陈墨西作为参与者，二人的说法是可信的，也就是说，如前所言，经过与向燊关系较好的陈墨西的沟通，向燊在秦州起义之前既已倾向革命，对于黄钺领导秦州起义是持欢迎态度的。其二，甘肃临时军政府时期，向燊本人与黄钺关系良好，积极协助黄钺维护秦州武装起义成果。在秦州起义后，黄钺面临各种谣言的污蔑，远在省城的俞恪士也不清楚情况，但向燊致函俞恪士，客观公正地报告了起义的实情，俞"接乐谷、墨西各函，并询悉贵军举动文明，知谣言之不足据，欣慰无量！"②可见，向燊与黄钺的合作并非是被迫的。若是被迫，心生厌恶，怎么可能为黄钺辩解辟谣？甚至在甘肃临时军政府解散约半年之后，即1912年12月4日，黄钺已在宁乡故里，仍接到向燊的来信。向燊汇报了黄钺离开秦州后甘肃的局势，认为以前秦州"军府旧政亦多推行"，甘肃各项改革措施正在缓慢推进，这一切得益于黄钺的"先河之导"，"何莫非先生所造也！我湘及天下大势潮流若何，尚乞不遗在远，惠我数行，以破寂寥，不胜伫望之至"③。

关于反正过程中秦州游击玉润之死的问题，主要有两种说法，一说是枪杀。如黄钺曾提及此事，"惟游击玉润不听劝谕，发枪抵抗，被我军还击毙命。虽经以礼殡殓，并保护其眷属财产，然不无遗恨云"④。魏绍武说："惟游击玉润不听劝告，竟发枪抵抗，被派去军队还击毙命。"⑤ 王汝翼说："惟游击满人玉润，以反抗遭枪

① 张澄子：《黄钺在天水反正概述》，《甘肃文史资料选辑》第11辑。
② 《甘藩司俞恪士来函》（1912年4月1日），《辛亥革命在甘肃》，第237页。
③ 《向乐谷来函》（1912年12月4日），《辛亥革命在甘肃》，第296页。
④ 黄钺：《反正颠末》，《辛亥革命在甘肃》，第14页。
⑤ 魏绍武：《黄钺在秦州反正回忆》，《甘肃文史资料选辑》第11辑。

杀。”[①] 张澄子说：“一队入游击衙门，游击玉润在民家黄某院中聚赌，枪杀之。”[②] 在一些别有用心的描述中，玉润甚至是以以身殉职的烈士形象出现，如《清史稿》如此记载，黄钺以“兵围游击署，玉润列队出拒，身自督战，终以兵少不敌，玉润中枪，殒于阵”[③]。“玉润列队出拒，甫交锋，中弹殒于阵。”[④]

一说是砍杀，斫杀。如《壬子日记》记载：“彼时玉润等闻炮声大振，将停赌，令人探听。间闻巷内人声乱噪，将衣穿齐，出门见大门拥进来兵士十余人，喝拿游击玉润。玉润由东侧墙跳上房走避。兵士上房数人，手持钺斧向劈。玉润见势不好，将腰内七响洋炮回吓，已被黄兵斧砍大腿，倒在房上。乱砍两下，尚未殒命，由房滚坠院内。”“至巳时，死于道署马号。”[⑤] 秦州起义的见证人胡楚白也持类似观点，“黄军于壬子正月二十三日入城，遍寻玉润不得，或言常涉迹于黄姓赌窟，因之斫杀于其户外”[⑥]。

我们认为，玉润是被斫杀的。黄钺等没有亲见玉润被杀的场景，对此仅仅是一笔带过，并不详尽，而《壬子日记》作者描述详细，符合实际情况。胡楚白的描述也较为可信，“这是我本人根据自己亲身经历过和耳闻目睹的事实次第写出，留作日后参考，非一般向壁虚造者可比”。重要的一点是，玉润实际上颟顸昏庸，得过且过混日子，“素虐黎庶，聚赌闾阎”[⑦]。黄钺发动秦州起义之时，玉润并非是“列队出拒”，而是在赌场听闻革命党人起事消息后仓皇出逃，为兵士斫杀。玉润死后，黄钺出于人道主义考虑，“令礼葬，并保护其家财产，此外未伤一人”。

“此外未伤一人”，无疑具有重要意义。这一方面是黄钺周密

---

① 王汝翼：《我参加秦州光复的回忆》，《甘肃文史资料选辑》第 11 辑。

② 张澄子：《黄钺在天水反正概述》，《甘肃文史资料选辑》第 11 辑。

③ 《清史稿》卷 496《忠义传》。

④ 尚秉和：《辛壬春秋》，历史编辑社，1924 年刊行。

⑤ 《壬子日记》，《西北辛亥革命史料三种》，第 243 页。

⑥ 胡楚白：《秦州光复见闻杂咏》，《甘肃文史资料选辑》第 11 辑。

⑦ 《伏羌学生魏鸿发、陈淑、李毓华来函》（1912 年 3 月），《辛亥革命在甘肃》，第 249 页。

部署、准备充分的结果，也与黄钺悲天悯人的情怀，力求稳定，不主张杀戮，力争“和平起义”的指导思想有直接关系。“因而，在边地举行惊天动地之义举，能有如此极为文明之措施，为历来之所仅见。”[①] 另一方面，花最小的代价，流最少的血，用最短的时间取得起义成功，且不惊扰居民，对于稳定起义后的局势、稳定人心、与敌斗争具有重要意义。

五　秦州起义的影响

对于甘肃、陕西以及全国的革命形势而言，黄钺成功领导秦州起义，成立甘肃临时军政府具有无比重要的历史贡献。用黄钺自己的话说，秦州起义的意义在于，“甘之独立成，即陕之敌兵解，而民国之统一亦因之而定，一举三善，莫备于此”[②]。诚哉斯言！因为黄钺的举义，甘肃省城兰州赵惟熙等被迫突击宣布独立，实行共和；陕甘议和进度加快，秦州起义可以说是陕甘议和的加速剂、催化剂；甘肃共和，则全国实现统一。

首先，对于甘肃民主共和的进程而言，甘肃临时军政府成立后，随即通电全国，以秦州局部的共和促使了甘肃整体共和的快速实现，对甘肃新局面的开创，不无裨益。“天水黄钺反正是陇上响应辛亥革命的第一声。”[③] “弟回省时颇闻人说，若不是秦州独立，恐今日尚不肯宣布共和，伊辈用意令人甚难解决，此则秦州举动不为无力也。”[④] “幸赖我公不避危疑、不辞艰险、不畏强御、不惮劳瘁，凭一旅之众，慨然宣布独立，为七十万疆域争位置，

---

① 魏绍武：《黄钺在秦州反正回忆》，《甘肃文史资料选辑》第 11 辑。

② 《致湖北副总统黎》，《辛亥革命在甘肃》，第 176 页。

③ 中国国民党革命委员会天水市支部：《关于朱据之所写辛亥革命文史资料稿的来文》，甘肃省档案馆馆藏档案，1981 年，117 - 003 - 0053。

④ 《俞贻逊致陈君墨西书》（1912 年 4 月 1 日），《辛亥革命在甘肃》，第 315 页。

为九百万人民谋幸福，此固可以莅天地、质鬼神者也。”① “公一旅之师，撑柱于四面楚歌之中，坚持和平，不发一矢，而意气亦不少挫。经兰秦绅士出而调停，公始终所要求者，以促进甘省共和为目的，而个人宗旨不与焉。始甘省议会奄奄无生气，至是激于秦州之责备，稍为振拔。而各州县志士闻风兴起政治思想者，亦不乏人，使甘省无黄公此举，即此不伦不类之宣布，电光石火之生机，亦无从发见。霹雳一声，蛰虫蠕动，此其影响于甘省者也。”②

其次，对于临近的陕西而言，甘肃临时军政府的成立迫使甘肃东征军仓促撤兵，保护了陕西辛亥革命的胜利果实。陕西辛亥革命成功后，面临甘肃东征军的猛烈攻击，陕西民军压力大，前线吃紧。张凤翙、郭希仁、张衡玉等对此忧心忡忡，认为：“现在，全国只有湖北、陕西起义，清兵势必西来。根据甘肃情况，马上是不会反正的，那么我们就有腹背受敌的危险。”③ 但是黄钺领导的秦州反清起义及建立的甘肃临时军政府，替岌岌可危的陕西军政府解了围。“一闻秦州反正，于是陆、马则由乾州而返平凉，张军则由凤翔而退华亭，崔军则由陇州而归清水，罗军则由凤县而驻徽县，长庚则去兰州而走蒙古，董军则垂首而自行解散，安氏亦失意而潜还秦安，其关系之大如此。”④ “黄钺已据秦州宣布独立，升允惧断其归路，乃弃军走，醴泉围解，秦局因以大定。”⑤ 黄钺也自述：“二十七日，甘军正攻凤翔，闻我军反正，即行停战。二十八日，陕甘和议告成。”⑥ “时甘军正攻凤翔、乾州，克礼

---

① 《秦安县高等小学教习高秉衡来书》（1912 年 5 月 13 日），《辛亥革命在甘肃》，第 256 页。
② 《秦州四民纪功词》，《辛亥革命在甘肃》，第 341 页。
③ 中华文史资料文库《政治军事编》（第 1 卷），中国文史出版社，1996 年，第 322 页。
④ 胡锦澜：《纪陈贞瑞事略》，《辛亥革命在甘肃》，第 348 页。
⑤ 冯自由：《清季之西北革命运动》，《革命逸史》第二集，中华书局，1981 年，第 275 页。
⑥ 黄钺：《反正颠末》，《辛亥革命在甘肃》，第 14 页。

泉、咸阳、长安，势甚危机，闻公举义，大惧，即行停战，共和大业因以告成。”时任反正军的甘肃陆军步队第三标第三营第三队右队队官的张直枕认为，秦州起义“一方面是为了协助和巩固西安张凤翙、张云山的革命果实和稳定大局，增加力量，遥为声援；又一方面是为了使甘军攻陕的后防有所牵制，可以减少攻势，保障共和”①。

再次，对于顽固派而言，黄钺秦州起义击碎了其“迎接清帝偏安西北”的幻想。甘肃临时军政府的建立，使升允的攻陕军腹背受敌，势不得不西退。长庚、升允以人心离背，大势已去，便北遁蒙古。甘肃临时军政府与顽固派之间在军事上虽没有发生过大战役，可是把长庚、升允攻下西安之后，迎接清帝偏安西北的迷梦变为泡影。这对奠定西北革命局面的稳固基础，起的作用甚大。“假如没有这一举义，西安不保，偏安谬论猖炽，纵使后来终归失败，可是西北不知又是如何变乱，且不是革命大功的速成，又要受许多挫折呢？”总之，黄钺秦州起义是辛亥革命时期甘肃最具代表性的革命事件，对瓦解甘肃封建顽固势力起到了巨大的作用。“秦州起义是为促进和兰州奉行的假共和有所顾忌，改变方针，易龙旗为五色旗；变翎顶靴帽换成共和体制。如果无效，进一步再攻兰州。”②

最后，对于全国共和的进程而言，甘肃临时军政府的成立可谓“收共和一篑之功于全国”。这正如黄人羲在《陇右光复记》叙言中所言：“秦都百二河山，为西北之关键，建国立业，汉唐依之。当民军克复东南，居清廷者咸谓燕京失势，难与图存，非亟谋咸阳不可以联秦陇、合蒙新，作满清偏安之局也。君亦计及于此，故欲就秦州反正，先截甘军后路，既可丧独夫之胆，又可破顽虏之谋。卒之秦事告成，狡兔无窟，虽有汉奸不能献媚于清室，说者谓秦州收共和一篑之功于全国，此岂虚语哉！”③

---

①② 张直枕：《辛亥革命的影响》，甘肃省档案馆馆藏档案，116－002－0379。

③ 黄人羲：《陇右光复记叙言》，《辛亥革命在甘肃》，第7—8页。

时任临时军政府司法司正司长周昆对秦州起义的作用、意义的评价最为全面："独关以西，山川四固，回汉错居，风气锢塞，其于中原若判两国。此有事之秋，所至不便者，当夫武汉首义，江南响应，幽燕震惊，沪渎媾和，其事之顺，固由人心趋注。然苟非秦省有人，则清京之右臂不断；又，苟非秦州崛起，则秦晋之肩背亦虚，秦晋孤立，兰州负固，西与新疆相声援，东悉重师出三辅，则南京政府抱西顾之忧，北京政府怀观望之志，统一之能遽成与否，未可知也。是故黄君一兴于秦州，而陕西可以坐安，而兰州不能不惧，彼昏丧胆，随认共和，至是而全国之基定矣。夫地有至小，而举足可以为重轻；事有至微，而关系全国之大计，往往类此。"①

总之，甘肃临时军政府的成立以及黄钺被举为都督府正都督，标志着黄钺1910年腊月不辞辛苦赴西北运动革命一年多来取得了初步成果。黄钺壮志得酬，下一步就是如何稳固新生的革命政权、维护革命果实，进一步促成甘肃全省的共和。

① 周昆：《陇右光复记序》，《辛亥革命在甘肃》，第5页。

第四章　开府秦州　施行新政

黄钺领导下的甘肃临时军政府从1912年3月11日成立，到6月7日与兰州当局和解，尽管仅存在近三个月时间，但在政治、军事、财政经济、社会文教等方面施行了一系列积极有力的政策、措施。政治上，设立军政府各部门，招贤纳士，颁布《甘肃临时军政府行事章程》和《甘肃临时军政府法约》，明确共和宗旨和保障人权之责任，并切实执行。因此，甘肃临时军政府是甘肃第一个真正的共和政体。经济上，裁减冗员，节省开支；清查钱粮积弊，减免税费，减轻人民负担；发展民生，保证经济稳定。文化教育上，在财政困难、军事紧张的情况下，积极发展教育、开风气、启民智。这些新政取得一定成效，稳定了人心，巩固了秦州起义的革命成果，得到秦州人民的高度赞誉，发挥了一个进步的地方革命政权应有的作用。

一　成立甘肃临时军政府

1912年3月11日上午，在秦州巩秦阶道道署衙门，黄钺偕革命党人和原巩秦阶道文武官员、绅商代表共百余人，正式成立甘肃临时军政府。

消息传出，“闻者咸欢欣鼓舞”①。亦渭学堂学生由秦州著名士绅张世英带领，齐声高唱《亦渭学堂学生祝甘肃军政府成立词》：“我中华，大民国，四万万人齐努力。专制政，尽扫除，享平和福乐何如。甘肃省，僻西陲，民智迟开多游移。黄都督，图反正，振臂一呼大事定。拯我民，出水火，一视同仁无偏颇。立六司，选贤才，地方自治大会开。从今后，皆自由，中外一家迓天庥。祝曰：民国万岁！大总统万岁！都督万岁！四万万同胞万岁！”②

亦渭学堂的毕业生张标、张帜新、邓德模等发表的《祝甘肃军政府成立词》，为黄钺的反正之举感到无比钦佩，“唯我大都督睹时局之艰危，悯人民之涂炭，招抚豪杰，缔结川秦，爰举义旗，从容反正。改革之际，市廛安堵，鸡犬无惊，以视各省之喋血相争危然后济者倜乎远已，而今而后可与各省联络，同享共和之幸福者，非我大都督之力，其谁能与于斯?”同时，也为甘肃临时军政府的前途感到无比乐观，“此学界同人轩程鼓舞，不能不馨香祷祝于我甘肃临时军政府者也”。其词曰：“自满口之入关兮，二百余年肆专制之虐焰兮。海内骚然，售路矿于外人兮。失我利权，俾神灵之贵种兮。困于腥膻，恫控告之无所兮。以哀吁天，幸天心之悔祸兮。眷佑群贤，义旗云起于东南兮。光复幽燕，胡甘人之沉迷兮。畏缩不前，反牵制于满奴兮。妄动戈铤，呛秦陇之同胞兮。豆泣萁煎，惟我都督之仁爱兮。悯其颠连，运渊玄之智略兮。缔秦约川，手一旅而反正兮。为我甘先，建军府于崇朝兮。闾井宴眠，遵共和之政体兮。无党无偏，拯军民之危险兮。置诸安全，怀盛德以难忘兮。曷罄言诠，愿醵铜以肖像兮。终古流传，祝曰：中华万岁！甘肃万岁！军政府万岁！”③

秦州起义成功后建立的军政府为何称为“甘肃临时军政府”，而不是“甘肃军政府”或“秦州军政府”？对此“称谓”问题，

---

① 黄钺：《反正颠末》，《辛亥革命在甘肃》，第13页。

② 《亦渭学堂学生祝甘肃军政府成立词》，《辛亥革命在甘肃》，第336页。

③ 《毕业生张标、张帜新、邓德模、梁昆铸、王镇涛、蒲溶、董玉珍等祝甘肃军政府成立词》，《辛亥革命在甘肃》，第337—338页。

黄钺有着深刻、清醒的认识："钺之建设，不曰秦州军政府，而曰甘肃军政府，即条文所谓促甘肃共和之进行是也。惟甘肃军政府不必定建于此间，故钺之建设加以临时二字。又条文所谓俟兰州组织完全，即移设兰州是也。然则秦州之军政府，非对于甘省而独立，实代表甘肃，对于各省而独立耳。"① 这体现了黄钺非凡的政治智慧。当时，就即将成立的新政府的名称问题，革命党人的确有不同观点，一种曰"秦州军政府"，一种曰"甘肃军政府"，但前者会给人以口实，容易令外界误以为黄钺等意欲搞割据分裂；后者虽不会引起误解，但当时所建"军政府"驻地毕竟在秦州而非省城兰州，与省政府驻地在省城的惯例不符，因而暂时不适宜名曰"甘肃军政府"。暂时名为"甘肃临时军政府"则体现了一种弹性，反映了以黄钺为代表的革命党人"望甘肃有联邦之资格，不忍其为各省之附属"的初衷、"慨然以一旅一城为之表率"的勇气、将共和革命进行到底的决心和放眼全国革命形势的大局观，也说明黄钺秦州武装起义的目的只是一心想促进甘肃共和的早日实现，并无任何私心。

同日，临时军政府发布檄文，说明起义原因、宗旨、目的，强调各族平等。"为檄知事。照得停战之条，我民军早经恪守；共和之局，满政府已有宣言。乃顽虏升允、彭英甲等，藐信条于弗顾，匿诏令而不宣，恣其凶焰，以与我陕西民军相持不下，压迫我舆论，阻挠我民政，牺牲我膏血，惨戮我行旅。既自肆其虎狼之毒，犹复纵夫鹰犬之威，崔正午残杀于凤翔，马麒屠掠于宁夏，陈正魁到处骚扰，马国仁恣意贪残，闻者酸心。彼置不问，而徒卸罪我同胞，妄杀无辜，以涂天下之耳目，人神所同嫉，天地所不容。本都督悯人民之疾苦，痛大局之颠危，乃联络秦蜀，起义秦州，已于本日宣布独立，脱水火斯民之厄，竟共和一篑之功，义旗所指，秋毫无犯。凡我汉、回、蒙、满、士、农、工、商人

---

① 黄钺：《复赵芝珊、潘锡九、马云亭、刘晓南、张祥林、张小坞、周本斋》（1912年3月29日），《辛亥革命在甘肃》，第189—191页。

等，务各安本业，无相惊扰，并先行拟就约法五章，俾天下晓然，如见其心。自此宣布之后，其各懔遵。”①

3月12日，黄钺致电各省都督，呼吁各省对甘肃临时军政府予以物质上和道义上的支持，“上海、湘、鄂、苏、皖、闽、浙、滇、黔、赣、晋、两粤各都督并转大总统鉴：自公等起义、共和告成，无任钦佩。甘肃因长官背约恣战，军队大半极无人道，亟思起义，无奈以五百人孤立秦州，未敢轻发者已三月。然甘肃义旗不举，终不能收共和统一之功，兹于本月十一就秦州宣布独立，建立临时军政府。顾钺等才德庸下，陨越时虞；兼之兵力单薄，饷械两绌，非资协济，势难自存，务望公等义切同仇，不遗在远。甘肃幸甚。大局幸甚。此后一切进行乞随时赐教，以匡不逮。函电请暂由成都、长安转秦州为盼。甘肃临时军政府正都督黄钺、副都督向燊同叩”②。

同时，黄钺还致电甘肃兰州方面，“并移书省城清官吏及前敌将领，劝其反正”③。

3月21日，依照从已反正的省份带过来的中央政府国旗定式，临时军政府制作了中华民国国旗，在都督府府门前举行庄重的升旗仪式，祝词云：“张于府门，与我同胞更始，且以志中华民国之统一。”正都督黄钺和“副都督向燊，偕员绅军民额首共庆，礼仪肃然”，并作祝词，词曰：“于铄华夏，文明古邦。政学德礼，矜式夷荒。满清末造，堕厥纪纲。主权丧失，外族陆梁。人怀国耻，愁焉心伤。何以雪之？政体改良。旧政不仆，新政不昌。义旗云合，挞伐用张。清帝知命，还我土疆。民国遂建，欢腾万方。大旗一展，五色飞扬。庆云齐灿，旭日俪光。西尽欧美，东暨扶桑。霜露所坠，靡不瞻望。张我国势，远慑列强。一统五族，万世无疆！”④

① 《甘肃临时军政府檄文》，《辛亥革命在甘肃》，第9页。

② 黄钺：《致各省都督电》（1912年3月12日），《辛亥革命在甘肃》，第53页。

③ 黄钺：《反正颠末》，《辛亥革命在甘肃》，第13页。

④ 《甘肃军政府树立国旗祝词》，《辛亥革命在甘肃》，第335页。

局势初定，黄钺乃“就原有局署及考棚分设职司，以理庶政”。

第一，设立军政府各部门，招贤纳士。军政府设立都督府、总务处、军政司、财政司、民政司、教育司、司法司、交通司、总司令部、镇司令部等十大部门。都督府除正副都督之外，分设顾问官、一等秘书官和二等秘书官，总务处设正副总务长、参议官和总务员，军政司、财政司、民政司、教育司、司法司、交通司六司均统一设正副司长及厅长，总司令部设总司令官、总参谋官、正参谋官、一等参谋官、二等参谋官、护军官、安抚使、东路宣慰使、总执法官、总军需官、一等书记官和二等书记官，镇司令部设正副招讨使、一等参谋官、二等参谋官、三等参谋官、中军官、正军需官、正执法官和一等书记官。

据黄钺所撰《陇右光复记》中《军政府及各司职员名册一览表》[①]，临时军政府成员构成呈如下特征：年龄方面，老中青结合，多年富力强者。在黄钺注明“年岁”的 45 人中，20～30 岁的 8 人，占 17.8%；30～40 岁的 19 人，占 42.2%；40～50 岁的 12 人，占 26.7%；50～60 岁的 3 人，占 6.7%；60～70 岁的 3 人，占 6.7%。籍贯方面，以湖南籍革命党人为主体，充分吸收甘肃本地尤其是秦州当地进步士绅参与，兼顾他省革命同志。注明“籍贯”的 57 人中，甘肃籍 16 人（其中秦州人士 8 人），占 28.1%；湖南籍 29 人（其中宁乡人士 13 人），占 50.9%；四川、陕西、河南籍各 2 人；山西、安徽、江苏、浙江、山东、直隶各 1 人。出身成分方面，注意协调各方面利益，减少敌对力量，革命党人与其他人员比例各占一半。革命党人 15 人，赞成共和的旧官僚向燊、张庭武、梁国栋 3 人，进步士绅张世英[②]、哈铸、萧汝玉、董皞民、周希武等 8 人，参与革命的旧军官 4 人。在军政府所任职务方

---

① 《军政府及各司职员名册一览表》，《辛亥革命在甘肃》，第 42—44 页。

② 张世英，字育生，秦州人。光绪庚辰（1880）科进士，曾在陕西渭南等地任知县。因在陕西渭南实施自治新政，成绩卓著，总督长庚为推进甘肃因前任抵制而迟滞的地方自治运动，1910 年调张世英来甘，在其本籍秦州试办自治。

面，革命党人和支持武装起义的秦州士绅为军政府组成主体并掌握了实权，军政府都督兼总司令部总司令官、军政司正副司长及厅长、财政司司长、司法司司长、教育司司长、交通司司长等要职均由革命党人担任，总务处正副总务长、民政司正副司长及厅长为当地进步士绅担任（表1）。如镇司令部正招讨使刘文厚曾任新军管带，致力革命，“勤劳卓著，秦州反正之功，实与力多也”[①]，值得充分信赖。这样的人员安排，在组织上保证了临时军政府的革命性质，使革命宗旨得以贯彻始终。

表1　甘肃临时军政府主要成员一览表

类别	姓名	在军政府所任职务	类别	姓名	在军政府所任职务
革命党人	黄钺	正都督兼总司令部司令官	进步士绅	张世英	总务处正总务长
	李宗纲	军政司正司长		哈铸	总务处副总务长
	黄嗣	财政司正司长		花廷黻	总务处总务员
	陈墨西	教育司正司长		萧汝玉	财政司副司长
	周昆	司法司正司长		董皞民	民政司正司长
	寇献琛	交通司正司长		贾缵绪	民政司副司长
	黎兆枚	军政司副司长		周希武	教育司厅长
	受庆龙	军政司厅长		花湛露	总司令部东路宣慰使
旧官僚	向燊	副都督	旧军官	刘文厚	镇司令部正招讨使
	张庭武	总务处参议官		程传霖	镇司令部副招讨使
	梁国栋	总司令部二等参谋官		魏鸿发	镇司令部一等参谋官

注：据《陇右光复记》中《军政府及各司职员名册一览表》改编。

值得指出的是，对于袁世凯、赵惟熙等所谓“一处构乱，则可自立名字，私署官员，多则逾千百，少则有数十。昔之刁绅、劣监、蠹役、害胥，皆可厕名司科，重糜薪费。甚至下卒遽升将

① 黄钺：《咨北京稽勋局》（1913年1月2日），《辛亥革命在甘肃》，第157页。

佐，土棍亦长府州”的指责，黄钺给予了有力的驳斥，“秦州不自建政府，不足收甘肃共和之功”。“既建政府，自不能不广益集思，以兴百废。况甘省所筹备之宪政，去秋尽为彭英甲所摧废，其时凡有世界知识与专门学业者，皆一网打尽，束之高阁。赵执甘政，又惟知引用私人，不能延揽群材，相与缔造。于是旅甘济济之士，全省杰出之才，皆先后来秦相助，为理各部之设。正因兰州一事不办，不能不表示方针，以定民国行政之宗旨，故用人虽多，并无冗滥。”①

第二，颁布《甘肃临时军政府法约》，明确共和宗旨和保障人权之责任，并切实执行。因此，甘肃临时军政府是甘肃第一个真正的共和政体。法约分 6 个部分②：

《总纲》。再次重申军政府的宗旨是“维持共和，救济人民”；说明临时军政府只是“临时”的，“俟兰州克复即移驻兰州，重行建设”；将军政府所辖军队分为“战兵、守兵二种”，“战兵以曾经操练者充之，守兵以新入伍者充之”；强调了军政府的权力，“一切命令由本军都督颁布”。另外，考虑到军政府新成立，时间仓促，短时间内无法制定新的法令，故规定“除本军特别命令外，一切法制均照旧例施行”。

《执事员条约》。规定执事员“不得违背本军宗旨”“须严守秘密主义”。由于“起义之初款项支绌”，“执事人员均暂免支薪水，惟伙食费由都督酌发”。这样一方面可大幅减少公费支出，缓解财政困难，减轻人民负担；另一方面也可阻止少数投机者趁机混入以图升官发财，在很大程度上保证了临时军政府组织上的统一性、团结性、纯洁性。

《地方自治条约》。规定地方自治，各地设立自治局管理地方事务；自治局具有四大功能：监督“占领地所辖各州县文武各官

---

① 黄钺：《呈复大总统文》（1912 年 5 月 22 日），《辛亥革命在甘肃》，第 108 页。

② 原书缺第五章，据文意，《法约》第二十五条至第三十三条即应为第五章，内容系针对占领地人民所设条约。

长”，“编民团以资自卫”，征收“各地方应征租税”和发给“地方官所需行政经费及标营粮饷”；明确规定秦州自治局的职权，体现临时军政府切实推进地方自治、促进共和的决心。清末，作为“新政”的一部分，秦州曾试办地方自治，由张世英负责。但是由于政治腐败、社会动荡，自治流于形式。秦州起义成功后，黄钺等采纳张世英建议，把办理地方自治作为推动秦州实现共和的重要因素，继续由张世英主持秦州自治，在秦州城设立自治局、州议会。自治局有管理地方、人事任免、编练民团、征收地方租税、司法等权力。自治局在临时军政府支持下，积极推进自治，设立了区、社、村、甲制，层层分管，办理地方自治。

《军队条约》。主要内容是严明军纪，严禁扰民和侵害人民身体及财产，如规定“不得误伤良民”，“不得强制平民服劳役”，“不得侵害人民财产”，“人民逃难及行走者，须任保护之责”，“不得强买勒卖”，“克复城堡时，不得擅入民居”，“不得擅占民居”；优待俘虏，“不得残杀敌兵之降者、受伤者”，“凡敌军降服之军队，或重编，或遣散，或圈禁，悉由招讨使随宜处置，不得欺凌”；保护外国人及其财产，不多焚毁教堂，“外人生命财产须一律保护”。

《占领地人民条约》。规定了占领地人民的权利和义务。义务有：“服兵役”，“应征收”，“完纳租税”，“服从法律命令”，“军队过境征收柴草粮米夫役及军用现品时，不得违抗”，“凡敌兵将弁兵目，不得藏匿”；权利有：“住居迁移之自由权”，“非犯法律，不受押查、逮捕、监禁”，“言论及上书之自由权”，“诉讼于地方官之权利”，“各地方自治局员纳税租时，如有任意勒索浮收等弊者，准由被害人民控诉地方官吏，请本军政府罚办”。①

第三，颁布《甘肃临时军政府行事章程》。规定军政府“置正副都督各一人，总理全府事务”，“置正副总务长各一人，辅佐都督保持一切政务之统一”，“置总参谋官一员，参与机要事宜”，

① 《反正后之颁布法约》，《辛亥革命在甘肃》，第21—24页。

“置秘书官二员，掌管机密文报及函电”。规定所设立的六司，每司置正副司长各一人，军政司管理军事及军事教育、卫生、警察、司法兼编制军队事务，并监督所辖军人军佐；财政司管理会计、库帑、赋税、公债、银行官物事务，并监督所辖各官署与公共社会之财产；民政司管理警察、卫生、宗教、礼俗、户口、田土、水利工程、商业、慈善公益事务，并监督所辖各官署及地方自治团体；教育司管理学务上扩充改良一切事务，并监督所辖各府州县中、小各项学堂；司法司管理民刑诉讼及监狱事务，并监督所辖各州县审、检各厅；交通司管理邮、电、路政、谍报、外国联邦交涉及军政交通事宜，并监督所辖各地方邮电各局。同时，规定了各个司长的职责：“就于主管事务有重大者，具案提出军政府会议”，“就于主管事务，得发训令于地方官，并于必要时得停止地方官之命令处分，或取消之”，“统辖所属职员，掌管职务之勤慎”，“就于主管事务或于特别委任范围内得发布命令”，“就于主管事务各负责任”。此外，规定“各司设承政厅厅长一人，掌关涉本司之文件、函电、案卷、典守印信、调制表册、编纂文书一切事宜”，“各司得分设各科，各科设科长一人，一二三等科员、书记无定额，临时视事之繁简酌定”。①

二　新政措施

为保证军队建设、政权稳定，并体现维持共和、救济人民的起义宗旨，黄钺“本张世英轻弊恤民政策，集议诸绅，斟酌损益，实地履行，以秦城为模范，饬属仿行”②。即部分借鉴1910年张世

① 《反正后之行事章程》，《辛亥革命在甘肃》，第25—27页。

② 黄钺：《反正颠末》，《辛亥革命在甘肃》，第14页。

英秦州自治新政[①]方案，主要在军政、财政、民政、教育、司法五大方面颁布、实施了新的政策措施。

第一，军政类政策。

针对“秦州本城绿营额兵数逾三百，岁支饷项近万金，而为各级官虚冒肥私，实十之五六，其所存者又多老弱充数。上既目同赘疣，习而不察；下即视为成例，居之不疑。国帑之糜，军实之坏，已达极点”的积弊，一是裁撤游击、守备、千总、经制各员，“所有原设游击以下各员”“一律裁撤”。二是仿照军政府巡防队章程，“改编城防营，汰其老弱，募补精壮，改练操法”，将空浮名额除去，留 300 名编为城防军，“一兵已得一兵之实用，俟后巡警组织完善，此项军队或分防以保公安，或遣散以节糜费”。三是将原城防营“公署及岁入房地租资并各项陋规，业交秦州自治会经理，以济行政经费”[②]。

第二，财政类政策。

一是设立经征局。“秦州反正后即设经征局，民既称便，而向来中饱之款悉化私为公，所入数倍于昔日。”[③]“秦州正杂各课，改归自治会经征，一切盈余既化私为公。”4 月 9 日，黄钺和张世英请秦州内城六城绅士在陇南学堂开会，“杜树桢、毛桢、潘岁谦为经征局总办，速令雇工将儒学署为地址，择日兴工，于三月初一

① 张世英秦州自治新政方案主要包括：在基层社会的行政区划上实行区、社、村、甲四级单位，各立之长。百余户为甲，五百有余为村，三千五百有余为社，五千有余为区。在地方税收方面成立经征局，设有总副办各一，提调稽核员各二，均尽义务，轮流值日。职员有文牍、书记、庶务各一，均举妥绅充当，薄支薪金，常川驻局。局内分民、屯两科，每科派书差各十四人，以供缮写。经征办法举地方岁入正、杂各款，悉由该局征收。除正供赋税照旧如数征解外，至于盈余陋规与书差额外浮收之规费，均酌量减轻，化私为公。直接掌管地方税收，将税收征收、上解、存留等权由官府转移到地方士绅手中，可谓是对地方官员、书差和衙役的浮收冒滥、巧取豪夺的釜底抽薪，确实是带有革命性的改革措施。这种过激行为势必会引发大的社会矛盾，辛亥风起，自治被迫停止。具体参见陈尚敏《近代社会转型与甘肃士绅》，西北师范大学博士学位论文，2007 年。

② 《反正后之各种实行政策》，《辛亥革命在甘肃》，第 28 页。

③ 《署巩秦阶道向燊条议》（《国风日报》），《辛亥革命在甘肃》，第 366 页。

日（4月17日）成立”[①]。

二是征税方面，针对“钱粮积弊往往杂费过于正供，书差之需索，里老之摊费，为数尤巨，累民更深”的弊端，将征税方式改为“官督绅征”，由新设立的秦州自治会接收“地丁红册”后进行征收。在数额上，将原来的“地丁银一两折征钱二千四百文”改为“每两减征钱一百文”，“里老旧给书差规费”，“实行减半征纳”。同时，“照数登簿，并地丁正耗盈余，除照旧报解外，余均尽数化私为公，作为地方各项行政经费”。

为了清除积弊，减轻百姓负担，严格规定了征收人员的数量和待遇，“经征书役及办公人等，分屯、民两科，视事之繁简，酌定额数、应需薪工口食，即在于所收规费项下提给作正常开支，不准额外丝毫需索”。同时，颁布《征收地丁办事细则》十二条：

变更征收机构：“征收银粮向归官办，书差蒙弊勒索，浮费过甚，今遵札改归官督绅办，原以清厘积弊、勤恤民隐为宗旨。”

去除规费：“开征承认管粮之人，民曰老人（原名柜书）、里长，屯曰老人、小旗与书差，各给规费，为数甚多，今拟照案实行减半缴纳，照数登簿给书差口食之费。”

核定征收人员数量：“上下两忙征收各额十限，限各十日。旧规，民、屯各派卯簿有名，书差名曰带限，实非正身。今遵札分为屯、民两科，额派正身书差办事。暂拟屯科，派课长四人，课员十人；民科，派课长四人，课员十人。屯科派督役四人，办差十人；民科派督役四人，办差十人，一律酌给口食，庶免人浮于事，致滋弊端。”

确定征收地址：“征收地址旧在旅店，费出老人、里长，今学官去职，拟借学署以为经征局所，不惟省老人、里长出费，且士绅照料易周。”

规定征收期限：“征收地丁十日一限，每限止收两三日，毕即换账不收，以致花户拥挤里长守候，而且书差必需多人。今拟一

---

① 《壬子日记》，《西北辛亥革命史料三种》，第258页。

二三四限，每限征收五日，五限以后则逐日征收，均晚即封库，庶免从前各累。”

减轻花户负担：“征收旧规，老人管柜，办役数钱。今拟仍用办役数钱，既已酌给工银，不得再向花户需索分文。”

限制办役：“征收旧规，办役传集老人、里长，并提欠粮花户而已，渐至包当里老，鱼肉小民。今拟里老额，里甲户旗充当办役，概不得仍旧包当。”

规定地丁红册的存放地点：“地丁红册，若不照批准原案发交到局，则某里某甲已完若干未完若干，里老无从得知，局董亦无从清查。今拟册存经征局所，凡民屯未完银粮，老人甲旗未能确悉，即饰户书清开，庶已完未完一览而知，致免该书任意勒索。”

规定“即时给票”：“旧规折征民银上限，数钱之后，粮名登簿，至下限方能给票。今拟仿折征军粮办法，无论军民花户数钱之时，即报以正银若干，耗羡若干，照数登簿，给一总条，持条赴科，即时给票，庶无向日耽延之弊，其票一张照减半，原案给钱五文。”

规定“尽征尽解”：“征收地丁，旧例原分春秋两限，近来春限多征，勒责粮差，垫纳需紧，犹属无几，一届秋限，勒索垫息为数甚巨。今拟尽征尽解，则此项情弊可冀捐除。”

限制里长：“里长催科，遇有欠粮花户，亦多任意苛索。今拟如有未完花户，当即送局核办，里长人等不得私行苛罚，有背恤民宗旨。”

责任同负：“开征之日，局绅除文牍、庶务、会计常川住局外，其余各员应轮流管理，日必早临，公备饭食，换账之后方准散归，庶责任同负，免致贻误。”

三是征粮方面，针对“征粮有本色、折色之分，本色于正耗之外，有斛面、验粮、土粮及卖斗、扣筹种种积弊”，由官办改为“官督绅征”，并颁布《征收本折规则》九条：

除正常的“耗羡”之外，免除其他项目，即“正粮每仓斗一斗，加征仓斗四升耗羡在内，用概平量，此外验粮、土粮，均仍归花户收回，毋得侵没颗粒”。同时，“征粮过斗时，斗级必脱去宽长衫，以免包裹土粮之弊”。

减少征收过程中的中间环节，“提斗入廒，本完粮本人之事，或因粮多人少，不能不雇人帮提，雇值每斗不过五文。自卖斗风开，而提斗之人，则专用买斗之人，每斗索费已由五而十，而十余而数十矣，其完粮本人虽多，亦不准提斗，几成定例。拟嗣后提斗之费，每斗以五文为额，如完粮本人愿自提者听之”。即从具体的细节上减轻对农民的盘剥。

“完粮一石，入廒时以一筹为记，从前斗级给各花户一筹索费甚多，侵复加甚，现一律禁绝。”

“斗级向取于各花户陋规既经裁革，则斗级每年所给州署及书办之规费，应一律禁绝。”

“公家春季粜粮斗级，雇人提斗所需工资，均系纳息借款，拟嗣后由公家先行垫出，秋后斗级归还，以省斗级岁纳息钱八十余串之累。”

“开征之时，应一面开仓收粮，一面牌示折价，或纳本色，或纳折色，听民自便。”

“预议折价，所有每斗加征四升及各零费应一并算入，仍需与完纳本色之费相当，以昭平允。”

“应需书役及过限截票，并其余各项事宜，均遵照征收地丁细则办理。”

“征收本折各项盈余，除照旧提办外，余均化私为公，以作地方应需公费。”

四是酌减秦州各行陋规数目。对于当行，其每年承担的“衙署发商生息额外陋规钱”“节孝祠陋规钱”“牛痘局陋规钱”“公车陋规钱”“捕厅三节陋规钱”“架阁房陋规钱”“州署捕厅每年告示陋规钱”“奏销陋规钱”“州署委捕厅札文陋规钱”“迎春高台陋规钱”“州署捕厅送宪书陋规钱”“抽换领子陋规钱”“道州署零费陋规钱” “捕厅禁小钱陋规钱”等十五项，均“减半征收”；“领官报银”“领官报房费陋规钱”二项，“均减八成征收”。

对于烧锅行，其每年承担的“州署四季各项陋规银”，“减三成征收”。其他如“武营陋规银”“州署茶房陋规钱”“州署巡风房陋规钱”“州署四季各项陋规补平银”“州署礼房陋规钱”“州署宅门陋规钱”“州署架阁房陋规钱”“州署四班差役陋规银”“州署东房陋规钱”“州署四班小甲陋规钱”“捕厅二季各项陋规钱”“捕厅门丁陋规银”“武营将爷陋规钱”“兰省程课房陋规银”“捕厅茶房陋规银”“捕厅房班陋规钱”“兰省程课房补平陋规银”十七项，“均减半征收”。

对于杂货行，其每年承担的“州署迎春高台陋规钱”“道署州署添补借用彩绸陋规钱”“道署州署宪书陋规钱”三项，“均减半征收”。

对于面斗行，鉴于其每年承担“麦面二十二石八斗，每斗约赔钱三百文之谱，每年共赔钱六十余串之谱”。“嗣后按照市价发给，但面斗行向日斗运，以后亦酌减三成收取以昭平允。”其他如“州署壮班斗票陋规钱”“捕厅班差鞋脚陋规钱”“州署卫户房递时估陋规钱”，“以上三项均减半征收”。

对于成衣行，其“每年支州署舍衣一百件，每件本钱五六百之谱，州署每年只发钱三百文，满年共支舍衣陋规钱三十串之谱”。“嗣后按工料时价发足，毋得折发官费。”

对于羊皮行，“每年支捕厅皮衣数件，以上一项全行豁免”。

对于各个牙行，“每年有州署花费陋规”，“猪羊牙行每年支给各祭祀牺牲陋规”，“骡马牙行每年支换号马及各衙门驮水驴头”，“以上三项全行豁免”。而“各项牲畜牙行向于各畜价值每钱一串取牙运钱三十文”以及“各行换帖陋规”，均“减半征收”。

对于小菜行，其每年承担的“游署白菜一千朵”“把总白菜八百朵”“副爷白菜六百朵”“鲜菜送文武各衙共费钱八串之谱”四项，“一律豁免”。

此外，各衙门“雇用泥木工匠”和“饬骡柜雇用骡马”，“向发官费”，以后一律“按照民价发给”。

当然，对于上述陋规，减免或裁撤的同时，黄钺并不是简单地一刀切，而是按照实事求是的原则，实行统一管理，“化私为公”。“查各行陋规有公用私用之别，其公用者如当行岁出报费，烧锅行每年支州署规银九百两已提允初等小学堂之费。其私用者如省州衙门书役各费之类，前经秦州自治会酌核情形议复，暂行分别减免，其酌留者由该会经征，化私为公以济行政经费之不足，是于统筹全局之中，仍寓恤商惠民之意，已饬遵办。其有城乡未经查出之各项陋规，仍饬由自治会查明酌减，以昭平允。”

五是设立统捐局，统一管理征收厘金、捐税等事宜。一方面，对于统捐局作了种种规定：“统捐局员书役人等从优酌给薪资外，其向来总查写验票等人额外小费一概蠲免。”“天平称统捐局与各行一律定准，每月十五日在商会校验一次，以免畸轻畸重之弊。俟政治改良，全省一律定准后再行更正。”“统捐局库平与各行所用之市平较明轻重，其应加库平若干，照所市平若干加入。”“凡一切货物于入城门时，稽查人可照章查验，不得任意勒取。如有此项情弊，除更换外或拘留三五日，并报告全省统捐局及各分卡不得任用。”另一方面，规定了各项捐税征收的细则，如减免统捐，“统捐一宗原为助饷而设，行之日久流弊滋多，前据商务会呈请减免各条，业经本军府复核酌量准免，以示体恤”。“抽收统捐，凡土产各货，均查照原定章程减二成完纳。”“凡外来转运之货仍旧发给运票。”“杂货每担斤头定以三百斤为度，如或偶至过额，必商人于发票填明过额之数，以便照数完纳，若自家发票并未填明过额之数，一经查出仍须加倍议罚。”

考虑到烟商的实际困难和请求，允许减轻烟商税收，“狄道棉烟从前运入秦城，并无落地之征，嗣因抽收担头并增出入杂费之故，遂运至去城五里之天水郡小镇转发。该镇诸多不便，货物常有损失，今该商等情愿照旧入城，完纳担头，不纳落地，并不出一概杂费，如此办理，则商艰可抒，公费亦不无小补，应即照准”。

将普通农民与大户商人区别开来，免除农民土特产货物的捐税，“凡土产常品各货物，乡人肩挑背负，往往因厘税苛索亏折不堪，实属可怜，应一律免其完纳，以示体恤。其土产大宗货物应仍照章完纳”。

保护小商贩，繁荣市场，“生羊皮行及硬羊皮行向来除大宗照章完纳外，其每日皮集小贩持售零星皮张为数无多，历来由商在厘局包收坐估，满年两次交钱若干，一概豁免，以免冷落市集，侵渔小贩”。

六是规定了其他税收的细则，如契税典当税，“秦州田房契税为岁入一大宗，而报解每不及十分之一，隐匿不报其弊在民包揽不税，从中渔利，弊在书差卸任减价契尾数目用淡墨小写，弊则在官。嗣后议由自治会调查经经征，化私为公，力祛积弊，正税之外一切陋规应一律裁革，以抒民困”。减免秦属盐关镇加抽水课和各行帖税。秦州牲畜厘税，“除照旧提解外，所有盈余均化私为公，以作地方各项行政经费”。秦州担头税改由自治会征收。

七是将秦州武营不动公产，如游击、守备、千总衙署、兵房、校场地等，“交秦州自治会经征，以充地方公款”①。

第三，民政类政策。

一是针对秦州巡警腐败不堪的现状，“开办有年，腐败情形不堪言状”。“自清宣统三年陕军起义，州牧借奉当道停办新政之文告，遂并停巡警。改办城防，糜费如前，腐败加甚”，“先练简易之警才，然后实行警政”，即新设立巡警教练所，“招选本地粗通文字之子，每日按定钟点，赴所研究警章，暂时不支薪费。俟二三月后，简易警才当能造就，再行开办”。

二是在张世英所办秦州自治会的基础上，设立各乡镇自治分会，“妥选乡绅，按区分设，以便联络而资赞襄，将来甘省自治必以秦州为之标本也”②。

第四，教育类政策。

秦州起义之初，黄钺就明确表示：“学堂如陇南师范、亦渭小

---

① 《反正后之各种实行政策》，《辛亥革命在甘肃》，第28—37页。

② 《反正后之各种实行政策》，《辛亥革命在甘肃》，第37—38页。

学，加意振刷，不因军事倥偬，停而不办，可觇秦人向学及教育者之热心。”① 表现了黄钺在财政困难、军事紧张的情况下，不放松发展教育、开风气、启民智的远见卓识。

一是改秦州文社为秦州教育会，在经费、人员上作出规定：“其文社旧存款项除同善、恤厘等项应划归自治局经理外，余款概作教育经费，于旧绅外增举新绅若干，襄办学务，以期教育之普及。”

二是力主虔诚而恭敬地祭祀，“由经征局盈余项下岁拨银四百两，并岁领祭祀银两归教育会经理，临祭时由会员竭诚措办，请行政官省牲主祭，会员率同学界实行助祭，以昭恪恭，或有余积，储存生息，以为补葺文庙之资”。

三是培养师范人才、提高教师经济待遇。由教育会“先设教育研究会，每星期开常会，蒙学教员皆来观摩”，在此基础上，进而设立师范传习所。考虑到教师“薪金既苦太薄”，“拟设法筹款，以为扩充整理之资”。

四是注重办理小学。黄钺认为：“甘省学务废弛，皆小学办理不善之故。小学之不善则师范之无资也。故今日振兴学务首宜注重小学及师范学堂。”是时，秦州私立两等学堂“学生皆不及往日之数，一班或八九人，或十余人。而教员如旧额，十羊九牧，殊不宜于款项奇绌之时。因拟将两等并为一堂。一则款项可以节存，一则教员可以拣选，一则学生可以支配停匀，而无多寡相悬之差”。据当时在亦渭小学读书的吴鸿宾回忆，军政府还动员回族子弟上学，“学生除了读书外，还学唱革命歌曲，宣传革命道理，搞得轰轰烈烈。记得有一首歌是这样唱的：大家起来唱个歌儿听，战友们，自古至今□□□□□，轰轰轰，轰轰轰，兴灭无定准。我中华，四千余年文明古，自昔称强盛，而今异邦侮，轰轰轰，

① 《反正颠末》，《辛亥革命在甘肃》，第14页。

轰轰轰，雪耻救国齐奋武”①。

五是保障学堂的经费，改“官收官发”为“收发皆掌之经征局，宜仍旧照数担认；其学堂节存之款自治会不得截为他用，仍原数缴归学堂以作振理扩充之资；其军兴以后，因办城防所提之学费，依中央教育部令，宜照数垫清”。

六是实行社会教育，开启民智。由教育会筹款，“选派能言者四出演说，以为社会教育之张本”。“由教育会附设阅报所，以廉价购良报纵人披阅，以开风气，拟将来购有机器，刊发选报，以饷遗愚氓。”② 按区域设立夜校，对无力入学的儿童以及一些文盲，不分男女一概收入，进行扫盲教育，提高发展民众文化水平。

第五，司法类政策。

一是遵照大总统令，将“中华民国元年三月初十日以前之各罪犯”“分别除免”。

二是大幅度精简原州署衙门机构，裁除冗员，并革除各项陋规，提高办公效率。“于州署设立总科，以刑幕绅士主之，督办一切公牍。”“各书受总科之监督，每日公牍随到随办，不令经宿。”“州署各班总役、散役、白役为数至一千有奇，现经自治会议请，无论钱粮词讼缉捕，共留八十名作为一班，以供差遣。”

三是鉴于“民国初成，一切法制尚待中央政府之规定，始有遵循”的现实，规定在各级审判未设立以前，各州县民刑事，“自应暂就地方情形设法改良，以保公安而苏民困”。另颁布张世英所提的清厘词讼各条，以便地方酌情选择。③

综观上述五大新政，可以发现其革弊恤民、救济民生的特点：其一，裁减冗员，节省开支。临时军政府本着保证民生之目的，按照张世英轻弊恤民的议案，注重裁减冗员、节省开支。临时军政府成立后，合并旧衙署的六房，另设总务、司法各科，分别办

---

① 吴鸿宾：《忆黄钺秦州起义》，文伯、春雨《吴鸿宾传》，甘肃文化出版社，2006年，第229页。

② 《反正后之各种实行政策》，《辛亥革命在甘肃》，第38—40页。

③ 《反正后之各种实行政策》，《辛亥革命在甘肃》，第40—41页。

理所属事务，钱粮税费征收，设经征局，由自治会办理；裁撤旧有游击以下各员及其所属机构，并将游击、守备、千总衙署各一所交秦州自治会，充公使用；暂停办理巡警事务，设巡警教练所，招有一定文化的青年进行训练，但不予薪资；裁撤州衙的捕、快、皂几班共约一千余人；减少税费征收人员，明确员额，并明文规定不得征收陋规、不得贪污。临时军政府全部支出中大部分为军队饷银及最后遣散时发给官兵的补助等，“计自军政府于三月十一日（农历正月廿三日）成立至六月七日取消，所有全部公费除军队薪饷照发外，其余执事人员均酌发伙食费，未支薪水。计职司人员之膳费，马步炮八营队之饷银，与最后酌遣各部之恩饷，总共约支银不满七万两，或提之旧有之公费，或取之秦州丁粮，或征之附近各县应解旧款，此外从未向地方硬性摊派，武力勒索”。其二，减免税费，减少人民负担。军政府通过清查钱粮积弊、减免税费征收，极大地减轻了秦州商民的税费负担。其三，保证经济稳定，发展民生。在起义之时，黄钺就非常重视减少对地方经济和民生的冲击。起义军纪律严明，于百姓秋毫无犯，起义当天仅关闭城门两小时，市面安定，百姓生活未受冲击。甚至在当年干旱少雨之时，“秦州一带农商安业，无异曩时。前月内因雨泽不敷，高地麦苗形将枯槁，钺为民请命，设坛虔求，卒霈甘霖，以慰众望”[①]。其四，注重发展文化教育事业，如成立教育会，以旧文社为基础，协助官方发展教育。设立夜校，对无力入学的儿童以及一些文盲，不分男女，按区域成立夜校，扫除文盲。[②] 通过各种措施，秦州地区的教育事业在临时军政府治理下的三个月时间里，不仅没有遭到破坏，反而有较好的发展。在社会文化方面采取的一些措施虽然是张世英在前清时期办理地方自治的延续，指导思想上有一定的儒家传统文化的成分，但是在客观上具有促进

---

① 黄钺：《呈大总统文》（1912 年 6 月 16 日），《辛亥革命在甘肃》，第 117 页。

② 张澄子：《黄钺在天水反正概述》，《甘肃文史资料选辑》第 11 辑。

社会文化进步的积极作用。[①] 由此可见，黄钺领导秦州起义及随后建立的甘肃临时军政府，是真正以“维持共和，救济人民”为宗旨的，与清王朝腐朽的封建专制政权和有名无实的甘肃军政府有着本质区别。

值得特别指出的是，临时军政府还通过发行军票，促进了财政紧张难题的解决。

财政是一个政权存在的基础，而稳定、繁荣的经济则是财政收入的来源。起义成功后，临时军政府面临的最严重困难就是财政紧张。关于如何解决款项，在秦州反正后，伏羌学生魏鸿发等曾向黄钺提出建议：“夫军府初立，在在需款，此间虽云地面狭小，难以措办，若因其难而迁延，窃恐相持日久，势必至有坐受其困之虑。宜由财政司派善为辞令人员，赴巨绅富户力为劝导，行息挪借，大局定后再为筹还；亦可刷印纸币布发银行，俟各处款到，即行取销。”粮食方面，“现既与兰垣构隙，无论攻防，粮草总属要事，宜急札饬州牧，令城镇乡地方乡约、绅耆，按户口大小、贫富，向各民局输运粮料、柴草，广为囤积。如是，不但本军无乏粮之虞，即川、陕客军一到，亦可暂为供给，不至有兵众食寡之虑矣”[②]。副都督向燊认为，秦州民间有大量散财可资借用，“宜劝借民债，以救目前也。查甘肃未经破坏，在平时虽较他省为贫，在目前较之他省未为不足，且前数年土药价昂，甘省所入不下数千百万，地方既乏交通，此项金钱并未流出，不过散藏于民间耳。宜多撰白话报，散之乡间，详为开导，俾知时局艰难。协饷不可恃，万一军队哗溃，无非贻害于地方，是筹款散兵所以全地方治安，又得地方正绅主持之，未始不能行也。如秦州劝借已逾二万，是在于办理之得人而已”[③]。

黄钺采纳了这些建议，在颁布的《甘肃临时军政府法约》中

① 焦会琦：《甘肃临时军政府事略》，《天水师范学院学报》2011 年第 6 期。

② 《伏羌学生魏鸿发、陈淑、李毓华来函》，《辛亥革命在甘肃》，第 249—250 页。

③ 《署巩秦阶道向燊条议》，《辛亥革命在甘肃》，第 368 页。

规定："军队过境征收柴草粮米夫役及军用品时，不得反抗"，"凡应征各物品，除由本军发现价外，或有因财力不继者，即由本军给与执照，俟平定时折作钱粮"。同时，成立新的军需机构，即"甘肃军需钱号"，由该机构临时发行军票，负责筹措军饷和兑换钱币。据考证，军票为竖式票，浅黄单底色印刷。竖长14.2厘米，横宽6.7厘米。票正中居上为交叉的五色旗和铁血十八星旗，旗下横书"甘肃军需钱号"，中间竖印"凭票取铜圆壹串文"，左边直印"中华民国　　年　　月　　日"，右边直印"字第　　号"，下端横印"不挂失票"字样。票券上还印有两面交叉的革命旗帜。一面是铁血十八星旗，它是革命党人最先举起的旗帜，亦称九星旗。旗的主色为黑和红，黑色代表铁，红色代表血，意即誓以血和铁来推翻清王朝，建立中华共和国。全旗的底色为血红，旗的外面有九角，角端及两角之间都缀以黄星，共有十八颗，代表当时十八个行省，故名铁血十八星旗。另一面是五色旗，代表汉满蒙回藏五族共和。据此，甘肃军需钱号印发的票券，是带有辛亥革命货币标志的军用钞票①。

三　好评如潮

黄钺领导下的甘肃临时军政府施行的一系列新政，效果如何？有一种说法认为，临时军政府存在时间不长，且疲于应付兰州等各方势力，新政并未真正实行，系纸上谈兵。还有一种说法认为，新政得到逐渐实施，且效果良好，百姓亦感戴。史实真相究竟怎样？需从当时秦州士绅、百姓、革命党人对黄钺新政的评价以及黄钺本人的自我评估中寻找答案。

首先，看秦州士绅、百姓对黄钺新政的评价。

① 于廷明：《辛亥革命时期的甘肃军票》，《中国钱币》1991年第1期。

1912年4月26日，秦州绅、学、商、军界在致袁世凯的电文中称："盖黄自反正后，未伤一民，未出一卒，所行政策，一遵大总统命令。秦州粮税、讼狱、书差诸弊，悉为清厘，绅民感之。"①

《秦州四民纪功词》云："甘省政界积弊最甚，而秦州尤甚。自黄公反正后，举深根固蒂积久不拔之弊，一朝而顿除之。如钱粮之浮收，词讼之讹索，土产之统捐，行户之杂科，或减或免，化私为公。选举贤绅，分科办事，酌留书差，筹给工食，疲困之氓，始获苏息。而公费亦不穷于用，盖其所清厘者中饱，非损上以益下也。往年官斯土者，去辄满载而归，然不闻兴一利、除一弊，或益甚焉。今黄公不数月间，涤瑕荡垢，烦冤顿豁。然其归也，至无以办。严而不知者，猥以豪暴之徒。伺机求逞者，同类共诋，彼求逞者，子女玉帛，苟快一时，遑恤民艰。""影响于全国者，全国或不知。影响于甘省者，甘省不见。是惟秦人所目击而身受者，不能欺，不忍欺也。"②

6月5日，秦州绅民代表章玉等致参议院、国务院的请愿书称："秦州自治局前于去秋停闭，黄公于地方制度，首即注重于此，现已完全成立。凡地丁积弊、胥差刁横之风，铲除净尽。""衙署之陋规，厘金之苛索，各处皆然，而秦州尤甚。从前秦州之缺，有秦十万之称。黄公悉加清厘，各官但定公费。""万事根本，全在教育。黄公反正秦州，即饬中学以下各校一律开学，于陇南师范学校尤为注意，并组织教育分会。"③

6月15日，秦州绅、商、学界致电袁世凯，称："黄解决之时，士民陨涕，甘南投书乞留并纪绩者不乏其人，皆黄之洁己爱人，实行便民诸政有以感之。"④

---

① 《秦州绅、学、商、军界致北京大总统电》（1912年4月26日），《辛亥革命在甘肃》，第95页。

② 《秦州四民纪功词》，《辛亥革命在甘肃》，第341—342页。

③ 《秦州绅民代表章玉等请愿书》（1912年6月5日），《辛亥革命在甘肃》，第310—311页。

④ 《秦州绅、商、学界致北京大总统电》（1912年6月15日），《辛亥革命在甘肃》。

甚至对秦州起义抱有敌意的《壬子日记》的作者也承认，黄钺在秦州期间的的确确兴办了诸多实事，“举办自治会，剪辫易服，创设经征局，复新学堂”①。

其次，看革命党人对黄钺新政的评价。

黄兴与谭延闿联名致电北京政府，称“查在秦反正之日，地方安谧，所行便民政策，人民至今感戴”②。陈墨西指出，黄钺除了施行诸多新政之外，还亲力亲为，直接帮助秦州百姓。“时值天旱，他慷慨解囊，捐献衣物，救济灾民，深受当地人民爱戴。”③魏绍武评价说：“计自军政府于三月十一日（农历正月廿三日）成立至六月七日取消，所有全部公费除军队薪饷照发外，其余执事人员均酌发伙食费，未支薪水。计职司人员之膳费，马步炮八营队之饷银，与最后酌遣各部之恩饷，总共约支银不满七万两，或提之旧有之公费，或取之秦州丁粮，或征之附近各县应解旧款，此外从未向地方硬性摊派，武力勒索，比之以后孔繁锦之横征暴敛，鱼肉地方，马廷贤之残暴肆杀，任意搜刮，其情形何啻霄壤！”④ 黄人羲在《陇右光复记》“叙言”中说：“自君独立，以迄解决，其缔造之艰辛，建设之劳苦，政策之改革，文牍之批纷，殚精竭虑，固已书不胜书。”⑤

最后，看黄钺的自我评估。

1912 年 4 月至 6 月，黄钺在先后致黄兴、谭延闿、袁世凯、黎元洪、北京稽勋局的电文中指出：“秦州政治亦渐次改良。”⑥

---

① 《壬子日记》，《西北辛亥革命史料三种》，第 245 页。

② 《黄兴、谭延闿致中央电》，《辛亥革命在甘肃》，第 90 页。

③ 王璧、王延：《回忆外祖父陈墨西》，《湖湘文史丛谈》第 3 集，湖南大学出版社，2008 年，第 235 页。

④ 魏绍武：《黄钺在秦州反正回忆》，《甘肃文史资料选辑》第 11 辑。

⑤ 黄人羲：《陇右光复记叙言》，《辛亥革命在甘肃》，第 8 页。

⑥ 黄钺：《呈大总统文》（1912 年 4 月 2 日），《辛亥革命在甘肃》，第 104 页。

“钺反正后未遣一卒出境，未损一草一木，州中政治渐次改良。”[①]“钺实始终未发一卒，未伤一民，月来粗有建设，弊政渐改。”[②]“溯钺自督师驻秦以来，军民相安，感情甚厚，反正后尤注意民事。凡从前有不利于民之政，悉行改良，州中人士能言之。”[③]“故钺自反正以至今日，凡关于民生利病之故，莫不竭全力以为之兴革。前所呈报之便民政策，皆一一可稽者也。”在给秦州自治局的照会中指出：“照得本军府与兰州解决条约第八则内，有凡在秦已行种种便民政策，应通饬各州县仿照办理等语。现在本军府已实行解决，所有各项政策，自应缮册分发，以备采择。惟本都督南旋期促，缮写多份实难急就，除已册报大总统、副总统、国务院、黄留守、参议院，并兰州省议会外，合行照会。为此照会贵会，查照来册代缮多份，仍以前本军府名义，借用贵会钤记，分发全甘各州县可也。”[④]在解决后之赠言：“凡应兴应革之事，均未能切实举行，清夜扪心，能不抱愧！然鄙人办事决不肯有始无终，即解决以后无论如何为难，总以达到起义之目的，俾甘民脱离专制之苦，得享共和之福，此又鄙人所牢记于心，而不能因去甘之后不即为我甘民尽此一份义务耳。”[⑤]

因此，我们认为，在近三个月的时间里，在与甘肃顽固派势力作针锋相对的斗争之际，在戎马倥偬之时，黄钺领导的甘肃临时军政府雷厉风行地颁布、实施了一系列新政措施，以秋风扫落叶之势，将秦州地方陈腐的弊政涤荡一清。这些政策产生了明显的效果，使当地政治风气焕然一新，人民从中受益颇多。秦州百姓在黄钺解甲南归之后，仍然对他感念不已。“由此也可以看出，

---

① 黄钺：《致留守黄电》（1912年4月14日），《辛亥革命在甘肃》，第56页。
② 黄钺：《致湘都督谭》（1912年4月22日），《辛亥革命在甘肃》，第59页。
③ 黄钺：《致湖北副总统黎》（1912年5月22日），《辛亥革命在甘肃》，第207页。
④ 《照会秦州自治局文》（1912年6月7日），《辛亥革命在甘肃》，第144页。
⑤ 黄钺：《解决后之赠言》，《辛亥革命在甘肃》，第49页。

黄钺确实是一个忠于共和理想、真心为民众谋福祉的志士仁人。假设当时像很多人期望的那样由黄钺主政甘肃，也许就可以避免后来一二十年中甘肃军阀当权、兵连祸结、人民饱受蹂躏的灾难。”①

① 汪开云：《黄钺秦州起义与〈陇右光复记〉》，《西北辛亥革命史料三种》，第331页。

第五章　捍卫共和　功成身退

1912年3月11日，黄钺领导秦州起义以及建立甘肃临时军政府的举动，可谓一石激起千层浪，在闭塞的甘肃引发一场“十级地震”。各方对此反应不一，激烈反对者有之，骑墙观望者有之，积极支持者有之。以赵惟熙为首的甘肃封建顽固势力欲置临时军政府于死地而后快，迅速组织军队开赴秦州，意欲武力镇压。一时间，兵临城下，临时军政府面临的形势陡然紧张。赵惟熙之流也于3月19日通电，宣布承认共和。自此，甘肃省境内秦、兰两大军政府东西对峙，与其利益相关者纷纷登场，甘肃政治局势变得异常错综复杂。在这场新与旧、革命与立宪、激进与保守势力的较量中，黄钺以超乎寻常的政治气魄和过人胆识，有勇有谋地与顽固派势力展开了坚决斗争，捍卫了秦州武装起义的成果，体现了敢于担当、誓死捍卫共和、淡泊名利的高尚品质。

捍卫革命成果、与甘肃顽固派斗争的过程可以分为三个阶段。第一阶段，3月11日至4月22日，为秦、兰剑拔弩张阶段。兰州顽固派势力派军东进，秦、兰对峙局面出现。第二阶段，4月22日至5月23日，为多方博弈阶段。赵惟熙勾结甘肃顽固派欲置临时军政府于死地，袁世凯数次斥责，湖南、陕西、四川等地军政府声援，黄钺运筹帷幄，针锋相对展开反击。第三阶段，5月23日至6月7日，为达成和解协议阶段。黄钺功成身退，解甲南归。随着秦州、兰州对弈格局、博弈局势的变化，各方态度也逐渐发生微妙的转变，有变者也有未变者，支持者亦曾犹疑，甚至转向反对，反对者转而支持。

一 甘肃两个军政府对峙

革命党人在秦州起义的消息传到兰州后，长庚惊惶失措，惊呼："黄钺乃是革命党，何以无人告我，甚矣！人不易知而知人亦不易也。"乃议进兵事宜。马福祥荐其乡人马忠孝，谓可办大事。周武学荐其门人刘文绣，谓勤苦耐劳。遂以马忠孝为统带，刘文绣为管带，一汉一回，组成所谓"讨逆军"，各率兵向秦州进发。①

以赵惟熙为首的清朝官僚阴谋分子，视新成立的甘肃临时军政府为眼中钉、肉中刺，必欲除之而后快。赵惟熙原是江西南丰人，1909 年以翰林任宁夏知府，旋升任甘肃巡警道，代理甘肃布政使，是一个十足的封建顽固派。他一向仇视革命，积极主张甘军攻陕，亲自出面向兰州的四家山西票号借银四十万两作为进行反革命战争的军饷。② 闻知黄钺秦州起义及建立甘肃临时军政府的消息后，赵惟熙等寝食难安。政治上，害怕黄钺抢了都督宝座，"忌先生功，欲袭取之"③。后听闻黄钺"传檄省城官绅，有不日长驱兰垣，与诸君痛饮之语"④，更是胆寒。被袁世凯政府任命为都督后，仍然担心黄钺威胁其都督地位。经济上，不甘心失去秦州这块"肥肉"。秦州为甘肃相对富庶的州，"秦州是有名好缺，号称'秦十万'，多数是田粮赋，每年要纳四万石以上，正供之外，还有浮收"⑤。也就是说，秦州号称肥缺，人都说是"秦十

① 慕寿祺：《甘宁青史略》，《辛亥革命在甘肃》，第 430 页。

② 丁焕章：《甘肃近现代史》，第 205—206 页。

③ 《黄幼蟾先生小传》，《海上名人传》，第 64 页。

④ 《甘乱杂志》，《辛亥革命在甘肃》，第 406 页。

⑤ 《王烜诗文集》，《辛亥革命在甘肃》，第 451 页。

万”，就是做一任秦州知州，就可挣得十万银子。[①] 秦州独立，在很大程度上断绝了兰州政府的财源，“民国元年阴正月，道员黄钺独立于秦州，丁粮悉为所扣，省中益窘”[②]。因此，赵惟熙之辈采取了一系列阴谋手段，大张挞伐，极尽打压、威逼、恫吓之能事。

首先，政治上扼杀，竭力否定甘肃临时军政府的合法性。

赵惟熙通过投靠袁世凯，改头换面，投机革命，在政治上对甘肃临时军政府的合法性予以否定。“赵惟熙为人阴险狠毒，是争权夺利的官场典型人物。他做了护督，深恐天水军政府攻取兰州，夺取他的地位，想出了应付的方法：召集兰州官绅开会决定承认共和。”[③]因此，在秦州起义 8 天之后，即 3 月 19 日，赵惟熙利用兰州通电比秦州通电方便得多的便利条件，领衔致电袁世凯，承认共和，[④] 以一纸电文，换来了“共和”之名。紧接着，赵惟熙想方设法抢到甘肃都督这一宝座，如 1912 年 3 月 26 日《申报》所述：“三月十四号，袁总统与其幕僚商定以甘肃藩司赵惟熙接署甘肃都督。当事未发表之先，即有人与电长庚。三月十五号，长庚接电，即将印信送至赵惟熙衙中，而赵以未奉明文不受，故三月十六号，即致袁总统电，其文如下：‘袁大总统钧鉴，昨日甘肃总督长庚将印信送交惟熙，熙自揣才力绵薄，不足以胜巨任，且未奉明文，不敢妄践高位，请即电长庚，俾惟熙德安旧职，不胜待命之至。’袁大总统接电后，即于三月十六号致电赵藩司，劝其接署甘肃都督之任，无容固辞，故赵现已接篆视事矣。”[⑤] 由此可见

①③ 中国国民党革命委员会天水市支部：《关于朱据之所写辛亥革命文史资料稿的来文》，甘肃省档案馆馆藏档案，1981 年，117－003－0053。

② 《甘乱杂志》，《辛亥革命在甘肃》，第 404 页。

④ 当时秦州没有电报局，黄钺不可能第一时间通电全国。黄钺在 3 月 11 日领导秦州起义并建立甘肃临时军政府之后，即派人赴陕西发报。由于陕甘战事等原因，前两次均未能发报。直到农历二月二十七日，秦州才派人在西安发报成功。这时，赵惟熙也已于 1912 年 3 月 19 日在兰州领衔通电全国，宣布甘肃承认共和，并假称甘肃承认共和为 1912 年 3 月 6 日（正月十八日）。因此，兰州方面承认共和时间迟于秦州，电报到达北京时间却早于秦州。

⑤ 《甘肃都督职不允》，《申报》1912 年 3 月 26 日。

赵惟熙的虚伪与狡猾。如此一来，甘肃实际上形成了两个性质完全不同的、互相对峙的政治中心。

被任命为甘肃都督之后，赵惟熙于3月25日通过邮传部向各省致电称："惟熙本日接受护篆，改悬国旗，万民欢呼，同申庆祝，特此奉闻诸祈训示，并恳代转各省督抚都督同鉴，相期合力维持新政，共济时艰，不胜盼祷。"① 其真实意图就是向全国表明，设在兰州的甘肃军政府是中央承认的"合法"政府，赵惟熙是"名正言顺"的甘肃都督，言下之意，在秦州的甘肃临时军政府为"非法政府"，黄钺为"伪都督"，不具备合法地位。不得不说，赵惟熙此招毒辣"高明"，在政治地位上一举将甘肃临时军政府置于"名不正言不顺"的被动地位，令众多不明真相的革命人士和民众对黄钺及甘肃临时军政府产生误解。

其次，军事上封锁，断绝秦州对外的一切联络，企图困死甘肃临时军政府，并意欲随时发动武力进攻。

甘肃临时军政府成立的当天下午，顽固派势力就派"马忠孝率所部一营，由伏羌兼程南来，直逼城下"，黄钺"商请秦州士绅张世英、哈铸出城劝告，请其退驻距城五里之古天水郡，遂得相安无事"。②

赵惟熙等还调兵遣将，对秦州形成四面包围之势："现查甘南一带军队林立，自应分别调扎秦州附近，以资震慑而保和平。查罗统领所部驻扎凤县，宜即令星夜拔队，取道高桥、遂石子，移驻秦州之皂角铺、天水郡一带，以扼其南；李宗纲步队一旗，由凤县星夜取道董水沟、甘泉寺，移驻秦州之马路泉、二十里铺一带，以扼其东；刘文绣步队一旗，由陇州星夜取道清水之刿门镇，移驻秦州之南河川、山阳川一带，以扼其北；马忠孝之步队一营，现驻秦州之西王家磨、坚家河及西二十里铺一带，以扼其西；崔正午进清水，以资接应，并咨请张提帅率东征全队直捣中坚。"同

---

① 《甘肃都督职不允》，《申报》1912年4月5日。

② 魏绍武：《黄钺在秦州反正回忆》，《甘肃文史资料选辑》第11辑。

时，切断秦州对外的一切联络渠道，阻止外部支援力量，如人员、物资进入秦州。“距秦垣四围三四十里之要路，现均经兰州营务处骤然调集各军驻扎，往来行人搜索甚紧，深恐日后消息难通。”①兰州如留学保定军校的甘肃学生、在湖北的甘肃学生闻知秦州反正后准备投奔黄钺，但是“学生等即欲潜行来秦，共图进取。嗣以道途盘查甚严，只得濡西安”②。在当时形势并不明朗的背景下，敌对势力大军压境，造成秦州城内人心惶惶。以黄钺为首的革命党人面临严峻的考验，“惟兵力单薄，无以服人，深恐别生反动”。

在陕西、四川军政府相继派出援军支持黄钺时，赵惟熙之流以停战条约为由，致电袁世凯，要求袁以中央政府名义严加干涉，禁止川、陕援军向秦州进发。结果，在袁世凯的严令下，川、陕方面被迫暂停支援甘肃临时军政府。如黄钺 3 月 29 日接到寇献琛来函，称川军北伐军接到秦州方面求援信后，正准备“开拔前来”，但“赵芝珊且函止其军队之进行”，“谓兰州已独立，限十日选举都督，照公法川军则不能前进”。如此一来，川军疑虑不前，“倘徇我之请直往秦州，恐中央政府将来研究川军违背公法，其咎难当”③。“陕军刻因停战，自未使违约进援。”④“昨据赵芝珊函称，甘肃业已认可共和，长庚于二十六日出省，由新疆回蒙古。惟选举都督现未决定，然至多不过十日定能解决。罗平安现奉甘省认可共和及停战公文，并饬伊直与我军交涉，一切已许在徽县面商。”⑤

再次，舆论上造谣攻击中伤。

3 月 19 日，赵惟熙、潘龄皋⑥等在致巩秦阶道的移文中，污蔑

① 黄钺：《致刘文厚》（1912 年 3 月 23 日），《辛亥革命在甘肃》，第 187 页。

② 《留学保定、湖北甘肃学生来函》（1912 年 4 月 28 日），《辛亥革命在甘肃》，第 254 页。

③ 《寇献琛来函》（1912 年 3 月 29 日），《辛亥革命在甘肃》，第 273 页

④ 黄钺：《致刘文厚》（1912 年 3 月 23 日），《辛亥革命在甘肃》，第 186 页。

⑤ 《川军标长刘荫西、杨永清来函》（1912 年 3 月 29 日），第 246 页。

⑥ 潘龄皋，字锡九，号葛城居士。民国初，曾暂代任甘肃省提学使、布政使。

黄钺秦州武装反清起义的正义之举，“顷闻黄道独立以后，囚禁官吏，戕杀武员，实属违背共和，损害人道，殊堪诧异”。同日，兰州司道张炳华、吴炳鑫、何奏篪等移文巩秦阶道，也持类似论调。同时，四处“张贴告示”，将甘肃临时军政府“指为逆党”①，“至共和宣布，早经刊刻告示，晓谕周知，恐愚民未能解释，致生疑虑，应由各地方官剀切开导，派人四处演说，俾免受逆党之煽惑，致坏大局而害和平”②。

赵惟熙还要两面派手段，数次致电袁世凯，对黄钺时而恶人先告状，予以诋毁；时而拉拢。4 月 2 日，赵惟熙致电袁世凯，谓：“黄钺盘踞秦州，前奉电令饬其取销独立，至今未见实行，而要求多端，半经曲允，原为安靖地方起见。乃该道尚复四出勾结，冀为负隅之计。顷得有自称秦军西路司令赵者以四月十四日移文兰省谓将率大军两镇来秦救援，不日即抵等语。”“川军司令李树勋亦函称仍将由徽县北上，是非黄钺煽惑，何以忽有此种行动。现既政府统一，岂容他省无故称兵入境，震惊民庶，扰害地方?”“应恳电饬川、陕都督速将该两军撤退。”③ 在了解到黄钺将辞去甘肃临时军政府都督职务的消息时，又采用两面派的手法，假仁假义地变打击为拉拢。5 月 13 日，赵惟熙等致电袁世凯、参议院，要求袁世凯直接致电黄钺，在言语上宽慰、抚慰、稳住黄钺，“秦州黄道钺业认取销独立，所定解决条件尚属易从。至甘省前此致京各电及各属文告，惟时兰秦邮驿不通，不免有传闻失实之处。除由惟熙、镜清等分别更正外，务请直电该道温谕慰免，是所祷恳!”④

最后，软硬兼施，威逼利诱黄钺自动取消甘肃临时军政府，

---

① 黄钺:《致南京参议院电》(1912 年 4 月 1 日),《辛亥革命在甘肃》, 第 55 页。

② 《兰州司道张炳华、吴炳鑫、何奏篪移巩秦阶道文》(1912 年 3 月 19 日),《辛亥革命在甘肃》, 第 154 页。

③ 《赵惟熙向袁世凯报告黄钺反正事件电文》,《辛亥革命在甘肃》, 第 594 页。

④ 《赵惟熙、李镜清致中央政府电》(1912 年 5 月 13 日),《辛亥革命在甘肃》, 第 97 页。

主动放弃都督名号。

3月19日，在致巩秦阶道的移文中，赵惟熙等威胁黄钺："但今布共和，政崇宽大，彼若束身归命公家，决不加以重谴；倘或执迷不悟，则是自违公理，天下将共弃之，敝处亦不能执法以相徇也。""劝令黄统领速即销去独立名义，共保和平，免致涂炭生灵，致为天下公敌。"[①] 3月30日，赵惟熙、潘龄皋、张炳华致函黄钺，谓"弟等之意，以为彼此均立于共和国体之下，已属一家，愿公即日罢兵，共享和平之福，否则生灵荼毒，固不忍言，恐电语朗驰，姜、陆各军已夕进。弟等将以榼酒，奉迎道周，凭轼一观，弹雨烟云之戏也，惟公实图利之"[②]。4月7日，赵惟熙致函黄钺，希望黄钺"取消独立，撤去临时军政府，同归于好"。并表示如果黄钺"取消前项名目以后，愿留陇上，则一方共事，借重之日正长。若其遄返湘南，亦必厚赆川资，以表微忱"[③]。

除了通过正式公文形式对黄钺威逼利诱之外，赵惟熙还私下致信黄钺，以近乎乞求的口吻恳求黄钺"让"出都督名位："幼禅仁兄大人麾下：自违丰采，驰系实深。昨读大函，知麾下已在秦州独立，壮哉举矣！但刻下政布共和、力求一统之会，而弟又谬蒙袁大总统委任，令署甘肃都督，才轻德薄，陨越时虞，正赖二三贤豪共襄新治。麾下盛年硕才，建树正远，倘承不弃，共事之日方长，但愿即时取消独立字样，则官商绅学各界，均将信麾下此举为发于义而止于理之行为。语云：野有走鹿，共噪逐之，一人射获，则群觊自息。蕞尔甘肃之不容有两都督，理至明也。弟既滥竽，公可卸肩矣。以公才勇门第，将来不患无作都督之一日，正不必亟亟于目前也。瓜菜之生摘者，不适于口，不信然耶？否则不幸而竟如总统铣电，试问麾下兵力几何，军实几何，能当此东征撤还、余怒未谍之三十营劲旅否乎？且蒙此反对共和之名，

---

① 《兰州司道赵惟熙、张炳华、潘龄皋、吴炳鑫移巩秦阶道文》（1912年3月19日），《辛亥革命在甘肃》，第153页。

② 《兰州赵惟熙、潘龄皋、张炳华来函》，《辛亥革命在甘肃》，第260页。

③ 《兰州赵惟熙来函》（1912年4月7日），《辛亥革命在甘肃》，第262页。

将来何以对天下万世，而际此珍重人道主义时间，糜烂斯民，盈城盈野，又谁为戎首耶？麾下亦当知所返矣。为福为祸，决在须臾，惟公实图利之。弟与公相见以诚，但愿顺风收帆，一切往事概不置问。值民国更始之际，咸与维新，惟公慎择所从，毋遗后患，斯可耳。敬布腹心，诸希鉴察！不宣。"[①] 赵惟熙贪恋甘肃都督职位之丑态，如此可见一斑。这正如甘肃临时军政府交通司副司长谭其茳所言，赵惟熙"一闻秦州之事，知己之必不见容，而禄位之可恋也，遂出其专制之手段，一再恫喝，传檄各营，将以不能取胜于西安、凤翔之兵，强逼我军府取消独立"[②]。

面对兰州赵惟熙等顽固派势力的猖狂进攻，甘肃临时军政府面临错综复杂的形势，处境十分不利。在政治地位上为以袁世凯为首的中央政府所不容，得不到合法承认；在舆论上处于风口浪尖，所谓"众口铄金，积毁销骨""舌头底下压死人"，不明真相的社会各界人士纷纷指责黄钺秦州起义是"闹分裂"，致使黄钺感受到巨大的压力；对外联络通道被堵塞，"秦州与兰州相距七八百里之远，彼处四路通电，朝发夕至。敝军政府向无电路，必由西安、成都转电，而途次又多阻梗"[③]。"盖陇坻之大关山、咸驿关、固关等处，为秦州赴陕必经之道，时往来行人，迹涉嫌疑者，均被崔军搜杀殆尽。陕派来甘运动之罗佩珩等，被崔囚之清水县，寻杀之。其后由秦城赴陕密卒，必须取道圆觜头，通同谷、香泉、县头、宝鸡，以达凤翔，道路崎岖，中有仅能单人行走，不容一骑者。若取道三岔厅、利桥、黄牛铺以出岐山，虽通驼马，然多绕三百余里。且此两道，常有陕溃军拦劫，交通既梗，以故东南事实，秦城一无所闻。"[④] 因此，黄钺认为，"惟兰州司道现对于我

---

① 《赵惟熙致黄钺函》，《辛亥革命在甘肃》，第343—344页。

② 《谭其茳致兰州劝业道张炳华书》（1912年3月30日），《辛亥革命在甘肃》，第318页。

③ 《谭其茳致四川都督书》（1912年4月），第321页。《1911年甘肃省电报局所及线路图》，甘肃省档案馆馆藏档案，161-001-0471。

④ 黄钺：《反正颠末》，《辛亥革命在甘肃》，第11页。

政府欺压情形，殊属险恶，外援既绝，一旅孤立”，甘肃临时军政府的当务之急是，“不能不设一抵御之法，勉为支持，以待中央政府之解决”①。

二 各方反应

如上所述，从1912年3月19日至6月7日，甘肃一省之中存在两个都督府，形成秦、兰对峙态势。赵惟熙利用所谓的“正统地位”以及盘踞省城对外联系便利等有利条件，恶人先告状，造成不明真相的社会各界人士对黄钺及其领导的甘肃临时军政府的误解，一时间，指责声四起。以袁世凯为代表的中央政府、国务院频频来电兴师问罪，斥责威逼，气势汹汹；赵惟熙、李镜清、俞恪士、甘肃省议会、兰州士绅、秦州官绅、地方各界人士、老百姓等态度各异；不过，因为黄钺在秦州起义之前的部署与沟通，四川、陕西等省军政府总体上对甘肃临时军政府持支持态度。随着时间的推移，在黄钺为代表的秦州革命党人的积极斗争下，各方对甘肃临时军政府的态度发生悄然变化，耐人寻味，值得作一番细致解读。

首先，北京袁世凯方面。

自1912年3月10日就任临时大总统始，袁世凯采取系列手段，以维护北洋军阀政权，实施独裁统治。就职当天，袁世凯就以“本大总统”名义颁布“大赦令”和“豁免钱粮令”。同日，还连发数道命令，强调“破除私见，保持公安”，“服从中央命令，以期实行统一”。② 控制西北，自然是袁世凯的既定目标。对陕西，

① 黄钺：《致刘文厚》（1912年3月23日），《辛亥革命在甘肃》，第186页。

② 《临时政府公报》第41号（1912年3月17日）附录电报，中国科学院近代史研究所史料编译组《辛亥革命资料》，中华书局，1961年，第308页。

他主要靠威胁拉拢，利用革命党人削弱革命势力；对西北其他各省，则主要是扶植旧势力，打击革命党人，进而扩张北洋势力。他在甘肃采取的就是这后一种办法。所以，当甘肃顽固派势力代表赵惟熙主动向其献媚时，袁世凯选择了支持甘肃旧势力。当听闻黄钺在其就职临时大总统后的第二天发动秦州武装起义时，袁世凯恼羞成怒，认为黄钺之举是“拥兵抗令”“甘心破坏”，于是发出一连串电文、批文，严令斥责，对黄钺“以公敌待之”。这些电文、批文可分为三类。

一类是致赵惟熙、甘肃省议会的电文。

3 月 16 日，袁世凯致电给赵惟熙，命其对秦州先礼后兵：“秦州黄道钺文告，独立举兵西向，可即遣员前往，宣示优待条件，将共和系合五族一家、谋国利民福之种种利益，详细开导，和平解散。倘执迷前进，反对共和是即国民公敌，应即堵击，以免破坏大局。”① 4 月 5 日，致电甘肃省议会，要求省议会向黄钺施压，“已电川、陕都督各撤兵回省，并由赵都督转饬黄钺，克日撤销军政府，仍望议会曲意开导，勉求和平，乃为甘肃幸福，至万不得已，中央政府对于地方自有保持之责任，国法所在，亦不容其侵害也”②。6 日，致电赵惟熙，称黄钺“借口图揽高权，更请外兵进攻，益属无理取闹”③。5 月 2 日，致电给赵惟熙，称“黄钺盘踞秦州，四出勾结，实属不明大义。已分电川、陕两督，迅将援军撤退，并未接济，一面电责黄钺取销独立，毋得煽惑他军。该道孤立无援，再有省议会居中开导，当易解决，尚望相机因应早就范围，以副舒民休兵之意，如其称兵进攻，目为天下公敌，相应严加堵御”④。

一类是致四川、陕西、湖南等省都督的电文。

4 月 5 日，袁世凯致电陕西张凤翙都督、四川尹昌衡都督，命

---

① 《北京大总统来电》（1912 年 3 月 16 日），《辛亥革命在甘肃》，第 65 页。
② 《北京大总统来电》（1912 年 4 月 5 日），《辛亥革命在甘肃》，第 69 页。
③ 《北京大总统来电》（1912 年 4 月 5 日），《辛亥革命在甘肃》，第 68 页。
④ 《北京大总统来电》（1912 年 5 月 2 日），《辛亥革命在甘肃》，第 71 页。

令川、陕都督饬令其入秦州军队立即撤兵，“川、陕兵队派遣之初，岂料黄钺借以滋扰。今方力谋统一，如有破坏大局者便成全国公敌，且损川、陕名誉，望即电饬军队速行撤回，已饬黄钺取销军政府，其秦州善后事宜，由赵都督派员接收办理，并希各径电黄钺，责以大义，共求幸福”①。

获悉湖南都督谭延闿与黄钺关系非同一般，袁世凯还致电谭延闿，要求谭做说客，劝说黄钺取消独立，“悉黄道心迹实有可原，惟现当政府成立，亟谋统一之时，若秦州仍拥兵不下，于内地政治、外人观听均有妨碍，执事既与黄君知好，务希劝令释兵息事。如与赵督等不能相处，政府必当量才而用，另予位置，以期永息纷争，共维大局。甘省外接新疆，种落纷异，现伊犁已生意外波折，秦州之事尤宜早为解决，以免他虞。总之，保守全国治安为目前第一要义，执事明达，想邀亮察”②。

一类是经赵惟熙、陕西方面转给黄钺的电文、批文。

4月5日，袁世凯致电赵惟熙“转秦州黄道钺”，斥责黄钺“独秦州一隅，拥兵抗令，且有侵掠杀伤，似此行为，直是甘心破坏，即指为全国公敌，夫复何辞可辩？”“除分电川、陕都督撤退在秦兵队外，务即克日取消独立，撤去临时军政府，听候赵都督命令。”③ 11日，致电兰州方面，要求其将电报转送黄钺。该电文要求黄钺阻止川军赴秦州支援，“饬该道迅速就近传谕李树勋军队，严切禁阻，即日退扎，毋得肆行攻扰，尤宜辑和民回，以免冲突，是为至要”④！

5月2日，袁世凯致电赵惟熙“转秦州黄道钺”，“政府告成，海内望治，该道仍复甘心抗命，延不解兵，图便己私，为敌全国。本大总统应付托好恶从民，岂能曲容姑息，破坏大局？姑再重申电告，仰即懔遵前电，迅将独立取销，勿得煽惑他军，再扰陇境。

① 《北京大总统来电》（1912年4月5日），《辛亥革命在甘肃》，第67页。

② 《谭黄两都督之关系》，《申报》1912年5月24日。

③ 《北京大总统来电》（1912年4月5日），《辛亥革命在甘肃》，第66页。

④ 《北京大总统来电》（1912年4月11日），《辛亥革命在甘肃》，第70页。

该道当念时局艰危，民生病苦，勉图幸福，以赎前愆，至要！”①3日，袁世凯在批文中严厉指责黄钺，命令黄钺取消临时政府，“该道务即赶速解散所部，退出秦州，地方一切事宜，均懔遵前电，听赵都督命令办理，慎勿甘为公敌，自致重辟也”②。5日，北京国务院致电西安转黄钺，称“奉大总统令，效电悉。该道已将川军退出甘境，具见悔悟之诚，良申嘉慰。顷已电告赵督，勿再进兵，两方面应即和平解决，相守如初，切勿再有冲突”③。7日，袁世凯致电西安，“转秦州黄道钺”，“该道务应懔遵叠寄命令，即日取消独立，与赵都督妥商和平解决。倘再冲突，本大总统以保持全国治安为重，当以公敌待之”。“该道如称兵不已，一方生灵，必有涂炭之忧，万勿借口推延，别有煽动，致碍大局也。”④

其次，四川、陕西、湖南方面。

四川、陕西、湖南都督府对黄钺的支持主要体现在武装援助、军事震慑和舆论声援上。以4月5日袁世凯的“撤兵”命令为节点，可分为两个阶段。前一个阶段，川、陕方面以武装援助为主；后一个阶段，川、陕、湘方面以外围军事震慑和舆论声援为主。

3月27日川军司令官李树勋致函黄钺，为黄钺面临四面包围担忧，“斯时，敌深四面，足下不能不早为筹画，以解决之耳”⑤。29日，川军标长刘荫西、杨永清致函黄钺，承诺届时会鼎力支援，“以正式公文求援，我必星夜驰救。甘省都督无着或内乱，我必进占秦州一带，以兵胁之。马安良等果有反抗及不认共和，连和彼教抗拒时，我兵亦必入秦攻之”⑥。川军标长刘荫西“为人性直”，

① 《北京大总统来电》（1912年5月2日），《辛亥革命在甘肃》，第72页。

② 《大总统批黄钺建立甘肃临时政府及办理情形呈》，《政府公报》1912年5月4日第4号。

③ 《北京国务院来电》（1912年5月5日），《辛亥革命在甘肃》，第73页。

④ 《北京大总统来电》（1912年5月7日），《辛亥革命在甘肃》，第74页。

⑤ 《川军司令官李树勋来函》（1912年3月27日），《辛亥革命在甘肃》，第244页。

⑥ 《川军标长刘荫西、杨永清来函》（1912年3月29日），《辛亥革命在甘肃》，第246页。

甚至表示，一旦“闻我求援，立允开队”①。31 日，四川北伐军司令官李树勋分别移文张行志、刘文绣、马忠孝、崔正午，表示“本军固当暂守中立，其甘军亦宜确遵停战条约，岂应违约逞兵，逼近秦州，致使人民惊惶不已？为此移知贵军，希即于文到之日，将所部各哨弁兵调离秦州境界以外，否则本军有保护之权利，自当即刻开往，拔队援助。武装相向，生灵涂炭，岂甘民之福！愿详察焉”②。此举表明川军支援甘肃临时军政府的态度是何等的坚决！

4 月初，谭延闿及周震鳞、洪荣圻、钱维骥闻知黄钺秦州反正消息后，第一时间致电西安，通过张都督转送黄钺，表示热烈祝贺，“闻光复功成，具见勇力宏猷，有造民国。从此回复秩序，建设新业，必能与民咸享幸福，闿等无任欣企！”提出殷殷期望，面授机宜。“所望就近联合秦中，共图进行。”“又，破坏建设均当慎重用人，方足以镇压人心而除恶政，乞注意！”③

同时，谭延闿、周震鳞等致电黄兴，认为黄钺父亲以前在甘肃、新疆具有很高威信，黄钺劳苦功高，在甘肃最有声望，是甘肃都督的最合适人选。力劝黄兴向袁世凯举荐黄钺，任命黄钺为甘肃都督，“黄钺在秦州组织甘肃军政府，被举为都督，此系延闿等深信，其素志革命，同情湘中，反正后互通缄问，遂收结果。黄父万鹏抚回番，素具恩信，故能以新领之兵，成光复之业。该省治安要着，首在联络汉回，新疆情形亦复如此。汉民尤以湘人为多，此后镇抚疆圻，声望无有过于黄钺者。边陲重地，国防所在，稍有疏虞，即酿成祸端，务恳电达袁总统照加委任。无任盼祷！”④

4 月 1 日，川军标统刘荫西致函黄钺，表示始终支援甘肃临时

① 《寇猷琛来函》（1912 年 3 月 29 日），《辛亥革命在甘肃》，第 274 页。

② 《四川北伐军司令官李移张行志》（1912 年 3 月 31 日），《辛亥革命在甘肃》，第 149 页。

③ 《申报》1912 年 5 月 25 日。

④ 《谭延闿、周震鳞致黄兴电》，《辛亥革命在甘肃》，第 80 页。

军政府。“所云拔队前进一节，昨已缮有正式公文二角，一到兰州赵芝珊处，申明赶急独立情状理由，勿再兴师涂炭生灵，有违停战条约；一到秦州境内现驻各营统带处，宣明既认共和，何得带兵到此抗拒等情。务速将队调离秦境，以保公安，免民惊惶，并候兰州复独立正式公文到本军，以便调遣兵队回籍，如伊置之不耳，必将拔队干涉。”① 此函实际包含两层意思：其一，川军受赵惟熙的阻止，如赵惟熙不对秦州发动武装进攻，川军不需赴秦州支援；其二，一旦秦州面临危险，秦州出具正式公文求援的话，川军会毫不犹豫予以支援。这正如寇献琛所言：“秦州既独立，非至危险地位不能求援，在我则以卫民为词，在彼必谓我欲拥兵自卫。无论川军，恐违公法，不肯前进，即使允为赴援，我将何以酬谢？川军政府虽屡次请援，皆系私函，并无正式公文。昨初十晚已议决，倘有敌人攻我，我有正式公文求援，彼必不分星夜赴援。”“为今之计，兰州无论如何布置，决不敢与我开战。”②

4月4日，川军李树勋司令照会赵惟熙，“务望”赵惟熙“与秦州联合，速将都督举定，以免争端，而弭大患，不然则刻下虽为罗君所阻，终不能免问罪之师。为福为祸，宜速图之！”③

4月8日，川军因为受到袁世凯、赵惟熙的逼迫，按照所谓协议，暂时退出了甘肃境内。退出甘境时，提出“川军暂拟条约七则”，其中一条特别强调：“兰州未宣布独立以前，不得加兵于秦州，既宣布以后即将秦州军政府取销，亦必从厚优待。”④

4月15日，陕西秦军司令官移文赵惟熙和甘肃咨议局，替黄钺秦州起义辩护的同时质问兰州方面的出兵之举。“敝司令官受职西征，专在解决甘肃问题，现据秦州。临时军政府成立日期，足见秦陇讲和及共和宣布，皆黄都督为之，确在甘肃未承认共和之前。”“敝司令官职守所在，义不容缓，特率大军两镇来秦救援，

① 《川军标统刘荫西来函》，《辛亥革命在甘肃》，第247页。

② 《寇献琛来函》（1912年3月29日），《辛亥革命在甘肃》，第274页。

③ 《川军李司令照会兰州都督》（1912年4月4日），《辛亥革命在甘肃》，第150页。

④ 《罗统领移巩秦阶道文》（1912年4月9日），《辛亥革命在甘肃》，第156页。

不日即抵秦属，合行备文移知。”[1] 陕军此番表态，无疑对赵惟熙等拟出兵攻击甘肃临时军政府的企图形成一个极大的震慑，令赵惟熙之流不敢轻举妄动。同日，陕军照会甘军统领罗平安，“今敝军整师北上，协同援救，所过沿途秋毫无犯，第恐民间不知来意，致生疑惧，非先行开导，不足以安民心。为此照会贵军，代为宣布来军之意，实为公便”[2]。

4 月 17 日，四川北伐军司令官向黄钺发来咨文，就暂时撤兵一事做出解释：“现在本军暂退，系奉敝军政府命令，应请径向中央军政府暨敝军政府直接交涉，本军即惟命是听，相应咨复贵都督，烦为查照办理。”[3] 同样，川军李树勋司令在与兰州交涉的条款中也特别规定，“秦州与兰州务须和平解决”，“秦州与兰州如谁开兵衅，则本军不能不实行干涉”。[4]

4 月 18 日，秦军西路节度使移文黄钺，说明自己尽管“暂未调集军队前进”，但是黄钺“倘果实被攻危急，可再备文请援，本使断无不驰救而保同胞之理”。“大约兰州不敢即时妄动，望贵都督万勿灰心，有失陇上人民之望。”[5]

4 月 19 日，李树勋致函黄钺，再次表明极力支持黄钺的态度：“如果赵惟熙等阳奉阴违，必为联邦公敌。刻下敝军虽退，不过驻防于广元一带，专候秦兰解决。如不解决，然后进兵，乃可以告

---

① 《秦军司令官赵移兰州赵护院》（1912 年 4 月 15 日），《辛亥革命在甘肃》，第 151 页。

② 《陕军照会罗统领》（1912 年 4 月 15 日），《辛亥革命在甘肃》，第 152 页。

③ 《四川北伐军司令官李来咨》（1912 年 4 月 17 日），《辛亥革命在甘肃》，第 146 页。

④ 《谭其茳来函》（1912 年 4 月 19 日），《辛亥革命在甘肃》，第 281 页。

⑤ 《秦军西路节度使吴司令官赵来移》，《辛亥革命在甘肃》，第 147—148 页。陕西方面支援黄钺的背景是：“方赵之调兵攻秦也，陕军参谋陈同及湘人陈家璜、浙人周炳章、苏人汤心恒，先在长安密谋，曰：‘陕之不破，赖有黄军在秦州，以缀罗师。去腊黄牛铺之役，我师几不支，凤翔万分紧急，而罗不追袭，退回凤县，盖虑后路空虚也。今秦急，宜谋救。’乃拟以凤翔一带军队援我，遇有战事，则陇州之师出固关，宝鸡之师出清水，凤县黄牛铺之师出三岔厅，三路赴秦，战守兼备。万炳南又暗中主持，亟谋匡助。”参见《反正颠末》，第 15 页。

无罪于天下。贵都督深知大义，谋勇兼优，务望坚忍和平，以待中央裁决。”① 也就是说，尽管川军退出甘肃境内，但只是暂时的，且驻扎在两省边界处，随时关注秦州动态，倘若兰州进攻甘肃临时军政府，川军绝对不会坐视不管！

4月26日，四川都督尹昌衡、副都督张培爵向袁世凯、黎元洪、黄兴、各省都督、各报馆发出通电，为黄钺主持公道。其一，认为黄钺秦州武装反清起义，无论是内容上，还是形式上，反正均先于兰州，“功不可没”，事实清楚，无须再争论。“黄君久怀光复，徒以兵少力微，未敢轻发，几经组织，始于阴历正月二十三日在秦州宣布独立，宗旨纯正。其与要约八条，亦知大体。详释来文及所抄寄与他处往还函件，其热心毅力，赞助光复之功，诚有不可没者。当其宣布独立时，兰州尚为清官，不赞共和。后知大势所归，势难逆挽，始有如来文所述不伦不类之宣布。两两比较，秦先兰后，秦是兰非，不厌哓哓，谅邀鉴察。”其二，指出北京仅仅接到兰州一面之词，兰州“语多失实”，导致袁世凯误会黄钺。其实，黄钺一直主张和平解决，“黄君对于兰州并未发遣一兵与之冲突，其希望和平、力顾大局之心，彰著在人耳目，不可以言语饰也”。其三，认为各界须主持公道，因为“若令久沦冤抑，下情不宜，既非明时所宜，亦恐万密一疏，两军或生冲突，转益西顾之虑”。所以，“务望诸公主持公论，转电兰州力予维持，俾此事得以和平解决”②。

5月27日，河南河北镇总兵赵倜亦致函黄钺，表示要为黄钺代为致电中央申诉，“已由敝处综合麾下数函，历叙曲折苦衷，电达中央政府。虽成败利钝未卜何如，而天理人心公道自不泯灭！”③

再次，甘肃兰州方面。

甘肃兰州各方势力，按照对黄钺领导的甘肃临时军政府的态

---

① 《川军司令官李树勋来函》（1912年4月19日），《辛亥革命在甘肃》，第245页。

② 佚名：《公电》，《申报》1912年4月30日。

③ 《河南河北镇赵倜来函》（1912年5月27日），《辛亥革命在甘肃》，第271页。

度划分，可以分为两派。

一派是反对派，以赵惟熙为首，力主对甘肃临时军政府进行武力剿灭。具体情形，前已详细陈述，此处毋庸赘述。

一派是主和派，以李镜清①、俞恪士、慕寿祺、马福祥等为代表，主张通过和谈、调解解决。甘肃赵惟熙等顽固派表面上承认共和，但甘肃军政府依然保持封建的统治，这引起了很多开明人士和士绅的不满。他们认为既然甘肃已经承认共和，就应该成立议会，完全按照民主共和的体制和机构设置来办理。经过水梓、王之佐等具有西方民主共和思想的进步人士的推动，甘肃省临时议会在 1912 年 3 月 24 日成立。会议推选李镜清为议长，刘尔炘为副议长。临时省议会与省都督府在关于解决秦州独立的问题上，双方就采取和平或者武力的方式发生纠葛。

4 月 12 日，兰州省议会致函张育生等人，托其向黄钺作解释工作，务求和平解决，“务请各位先生代我九百万同胞先在黄公处乞情，勿任轻动”，同时，议会“一面再由本会同人向赵督要求和平解决之法，俾一切从速了结，不至再生意外之变，是所拜恳！”②

李镜清坚持由甘肃省议会与黄钺和谈，反对用兵，“黄钺独立于秦州，当事者皆主剿，惟镜清以为同种不可相残，若一用兵，则秦民先受其蹂躏，力主和平解决”③。

---

① 李镜清（1871—1912），字鉴亭，甘肃省临洮县人。清光绪二十三年拔贡，翌年朝考一等，先后任四川蒲江、建安等县知县，云南巡警道，奉天巡防右路统领等职。在与革命党人兰天蔚等交往过程中颇受新思想感染，主张实行宪政，召开国会。武昌首义成功后，李镜清返甘。然此陕甘总督长庚不承认共和，组调甘军，分三路攻打陕西义军。1912 年清帝退位后，李镜清被公举为甘肃临时省议会议长。黄钺对其高度评价：“嗣钺反正秦州，兰州大吏赵惟熙辈闻之，始勉认共和，传檄罢兵。然赵因强认共和之故，深恐丧失个人权利，复遣攻陕各军队移塞秦境，屡次宣言，贸然思战。君时适膺议长之选，大为反对，谓惟熙曰：‘君何不惜牺牲九百万甘民之生命财产耶？’故秦兰交涉卒得和平解决，君斡旋之力居多。”参见《兰州议长李镜清来函》，《辛亥革命在甘肃》，第 265 页。

② 《兰州省议会致张育生、董进三诸君函》（1912 年 4 月 12 日），《辛亥革命在甘肃》，第 303 页。

③ 《甘乱杂志》，《辛亥革命在甘肃》，第 408 页。

俞恪士以“和事佬”的姿态出现。4 月 4 日，俞恪士致函黄钺，认为赵惟熙“绝无用兵之意，马福祥昨来谈，亦颇有情理，足下务宜和平了结”[①]。8 日，俞恪士再次致函黄钺，对黄钺提出的“要约八条”逐一做出解释之后，认为赵惟熙“言足下起义之初，未免省城谣言纷起，公牍或有误会及措词失实之处，现均释然，望公勿以为意，一笑置之”。同时，劝黄钺取消临时军政府，“为足下计，似以取消独立为最高”。“惟独立不取消，则人人起疑虑，以致学堂各处学生不敢来省（学生不来，反于进行有碍）。凡一切应办之事皆不能办，恐另生本地人恶感，反有损无益。”“总之，取消后一切更易商量也。”[②] 10 日，俞恪士第三次致函黄钺，请黄钺原谅赵惟熙的种种举动，“赵芝珊始终抱平和主义，其营务处告示，在省者均两日内全行撕去，各县均由六百里排递，令勿张贴，此事足下可一笑置之”。继续请黄钺阻止川军来甘肃，主动取消军政府，“惟宜速止川兵勿进，免生恶感”，“惟以速了为事，免致另生枝节”。[③]

甘肃昭武军统领、回族将领马福祥通过与黄钺接触，委婉地劝说黄钺取消临时军政府。3 月 29 日马福祥致函黄钺，在肯定黄钺秦州反正举动的同时，认为黄钺独立会引起误会，“麾下之举动，较诸实行革命诸伟人同一用心，原未可厚非也。然独立于共和未成之前则可，独立于共和已成之后则不可。君之此举，其知者以为促进行，不知者以为图侥幸，犯不韪之名而为行险之事，窃为麾下不取焉”。对于黄钺联络川、陕军队支援之事，马福祥表示疑虑，“兹闻联合客军，锐意前进，在甘势必有迎抵之师，深恐衅端一启，祸结兵连，破坏治安，于心何忍？”因此，他建议黄钺取消独立，“依弟一得之愚，不如早自取销独立，似不必俟中央政府复电始行取决也。惟望仍统雄师，驻防甘境，保全公安，或出

---

① 《俞恪士来函》（1912 年 4 月 4 日），《辛亥革命在甘肃》，第 241 页。

② 《俞恪士来函》（1912 年 4 月 8 日），《辛亥革命在甘肃》，第 238—240 页。

③ 《俞恪士来函》（1912 年 4 月 10 日），《辛亥革命在甘肃》，第 242 页。

此才胆识力，赞助新政，将来化野蛮而进文明，君之设施与其勋猷，举世颂之，岂惟陇人士已哉”[①]。4 月 4 日马福祥再次致函黄钺，称：“现在胡越一家，南北一统，吾甘宁容有两政府耶？麾下能发能收，为识时务之俊杰，此固弟所素知，亦所深信，更何须哓哓多言也。”“建设之始，正存亡之秋，当合四方英杰，修好释嫌，共保治安。我兄热心国事，且以年华方富，魄力过人，当为全国前途谋幸福，其勋业灿烂，与美之华盛顿上下颉颃，非仅进吾甘于文明已也。”[②]

需要特别指出的是，主和派中的开明士绅慕寿祺对黄钺及甘肃临时军政府持论公允。1912 年 3 月，黄钺在秦州起义成功，兰州惊恐，被顽固派操纵的舆论工具大肆造谣攻击，民众彷徨。慕寿祺凭借个人的声望和影响，揭露反动舆论的蛊惑和诬蔑。他明确指出：“黄钺此举，为促进共和耳，与无故捣乱者不同。”[③] 并积极奔走联络革命党人和学生、同事在机关学校开展宣传活动，消除民众恐慌。[④]

此外，留学保定军校的甘肃学生、在湖北的甘肃学生，“旧历二月初，闻都督起义秦州，喜极”，纷纷通过各种途径向黄钺表示：“学生等厕身军界各五六年，虽不能胜帷幄之任，亦可效犬马之劳。”准备投奔黄钺，“学生等曾拟在秦省借兵数千，援助都督，扫除汉贼”。“昨闻在宁夏失败之高世秀，尚有步兵一标在三原驻扎，今日曾遣人前往三原会商，意欲带回秦州，以壮声威，借图整顿。”希望黄钺派兵保护，使他们早日到秦州效力，“但得设法保护，俾得早日到秦”[⑤]。

---

① 《甘肃昭武军统领马福祥来函》（1912 年 3 月 29 日），《辛亥革命在甘肃》，第 266—267 页。

② 《甘肃昭武军统领马福祥来函》（1912 年 4 月 4 日），《辛亥革命在甘肃》，第 268 页。

③ 《甘宁青史略》，《辛亥革命在甘肃》，第 428 页。

④ 慕思恭：《甘肃辛亥革命领袖慕寿祺》，《辛亥革命在甘肃》，2002 年。

⑤ 《留学保定、湖北甘肃学生来函》（1912 年 4 月 28 日），《辛亥革命在甘肃》，第 254 页。

最后，秦州内城及附属县[①]方面。

作为黄钺领导武装反清起义的爆发地，秦州所受冲击无疑最为巨大，当地民众无不用好奇的眼光打量着这个新生的革命政权。秦州革命志士、青年学生自然是欢欣鼓舞，积极投身其中；地方官绅，有热烈响应者，有惊慌逃跑者，有激烈反对、破坏者；普通百姓，始而疑惧恐慌，继而好奇观望，最终信服拥护。

秦州青年学子、仁人志士积极踊跃地投身于新生革命政权的怀抱。

时任陇南师范学校校长的王汝翼向往革命已久，于秦州起义当日即上街宣传，倡导自治。据王汝翼回忆当时情形："我时任职于陇南师范，闻枪声出现，知黄反正，乃约束诸生勿轻出校门。因我早已倾心革命，乃上街对群众宣传，并到城防局与倡导自治之地方绅士张世英相商，于四乡传出羽檄（鸡毛传贴）二份，告以各安生理，毋稍惊慌。""惟省军压境，城内外人心惶惶。我遂向当局进言，应速派人分路宣传，以安民心。第以东北乡接近回族聚居之张家川，众皆视为畏途。我即锐身自认。当日我回到石佛镇家中，约邻村青年一人相随，经云山集、远门镇、大白庙转至南河川及金家集一带，每过一地，集众宣传，人心大安。"[②]

伏羌革命党人和青年学生甚至计划在伏羌发动起义响应，"此间临时运动方针、自治条件，所拟颇觉周到"。"敝处同志甚多，起义不致掣肘。"[③]"学生等顷闻之下，不胜欢跃，即欲攀龙附凤，共襄义举。"他们还向黄钺提出"款项宜筹、费用宜节、战事宜备、用人宜审、粮台宜设"的建议。[④] 4月初，伏羌军学界再次致函黄钺，表示："敝邑军、学两界及同盟会义士，皆惟迎义举，愿都督早将甘肃一块土造成佛天福地、极乐世界也。""乞都督迅施

---

① 1912年3月黄钺发动秦州起义时，秦州附属县包括秦安县、清水县、两当县、徽县、礼县、成县6县。

② 王汝翼：《我参加秦州光复的回忆》，《甘肃文史资料选辑》第11辑。

③ 《伏羌会员朔健来函》，《辛亥革命在甘肃》，第248页。

④ 《伏羌学生魏鸿发、陈淑、李毓华来函》，《辛亥革命在甘肃》，第249—250页。

回天之手段，早定进取之方针，推倒腐朽议会，建立文明军府，俾兹土早沾实惠，免人民观望自误。”①

4 月 2 日，李柄、任凤翮为黄钺提出上、中、下三策。上策为“火速招集民兵进据安定，截甘军之归路，断电路之交通”，“各借精兵若干营，一面派员暗约各处军学等界，或暴动或响应，万弩齐发”。中策为“练兵修甲”，“要求种种事业（如改良内政、拔取人才、赔给兵费及善后等事），一切能达目的”。然后“洁身高蹈，将举义始末登载各处报馆处，使全国知都督之宽，中央政府之昏庸”。下策为“率现有精兵移住阶州之仇池，或南路险要之地”。此外，还提醒黄钺注意“文武各学堂毕业生现皆隐居家中，似宜速为罗置”②。

4 月 16 日，顺夋致函黄钺，指出川军等因川省军政府的命令已经撤兵，将不利于甘肃临时军政府，建议黄钺与兰州方面和平解决，“弟再四思维，秦州事务只宜和平了结，不必执意进行。夫首创义举，大名也；成功不居，盛德也。鄙意以为，此时宜要其宣布正副都督，并公文来往除去钦命顶戴名称，然后洁身而退，则大功昭然在人耳目，天下孰与公争能？”同时善意提醒黄钺不宜过多依赖外省援军，否则会适得其反，“若必借外援以成事，古今来以此失败者，指不胜屈”。“从未有客兵多于主兵，事平之后能保无事者。”③

地方官绅态度各异。

---

① 《伏羌军学界来函》，《辛亥革命在甘肃》，第 251 页。

② 《李柄、任凤翮来函》（1912 年 4 月 2 日），《辛亥革命在甘肃》，第 252—253 页。

③ 《顺夋来函》（1912 年 4 月 16 日），《辛亥革命在甘肃》，第 279 页。

3 月 11 日，秦安县著名顽固守旧派安维峻[①]听闻黄钺领导秦州革命独立，星夜兼程，赶回家乡，劝乡人固守，反对革命。安维峻回到家乡后，立即查看了地方团练，发现秦安并没有被起义军占领，便组织团练固守对抗革命。乡团的团长是安维峻的侄儿，安维峻认为这支民间武装“纪律严明，以忠孝节义激励众心，人人有杀敌致果之志，故黄钺逆党不得逞”[②]。后又作诗《回至平凉府闻秦州革命独立驰归劝乡人固守》：“天意尚难知，人心须不死。彼昏一何愚，妄敢隗嚣比。黄狐即跳梁，鸱张复坌起。一朝诛乱贼，斧钺宁宥尔。吾邑号邹鲁，自昔守正理。众志可成城，各自保乡里。谁敢竖白旗，一身集众矢。天理即王法，持以喻桑梓。凡事贵图终，慎毋为祸始。拨云见天日，可告无罪矣。”[③] 从这首诗中可以看出，安维峻内心深处对清王朝还抱有幻想，但自己已经不太可能继续为朝廷效力。因此，就以家乡作为继续践行其封建理想的基地。安维峻以隗嚣自比，认为革命党是跳梁小丑，有朝一日会受到惩罚。他告诫自己的同乡，“修堡垒，拒悍匪”，练兵自保，绝不向革命党投降。他仇视革命，坚信有一天会“拨云见日”。[④] 安维峻甚至“自称大清逸民，屡投书促兰州进攻，称黄、向与秦绅张世英皆为贼。谓不急进则诸贼必窜出秦州”[⑤]。在安维峻的唆使下，秦安县“一国旗犹不肯换”，县城城门上仍然“大书

① 安维峻（1854—1925），字晓峰，号盘阿道人，甘肃秦安县人。1880 年中进士，选翰林院庶吉士，1893 年任福建道监察御史。中日甲午之战前夕，支持光绪皇帝为首的主战派，连续上《请诛李鸿章疏》《请明诏讨倭法》等疏，声震京都。因言获罪，被革职发派张家口军台。1899 年后，主讲陇西南安书院，在家乡办学。辛亥革命中任京师大学堂总教习，仇视辛亥革命。在其家乡修有迎恩堡。曾上书升允，请求发兵以助董福祥。他不仅仇视革命，并且亲自加入到镇压革命的行列。其回乡经过固原府平远县时，被甘肃提督董福祥挽留参赞军务，为清朝军队出谋划策，抵御革命党的进攻。著《谏垣存稿》《望云山房诗集》等。

② 田凯杰：《安维峻年谱》，西北师范大学硕士学位论文，2012 年。

③ 安维峻：《回至平凉府，闻秦州革命独立，驰归，劝乡人固守》，《望云山房诗集》，《西北文学文献》第 15 卷，兰州古籍书店，1990 年版，第 410 页。

④ 赵军斌：《论安维峻与辛亥革命》，《陇东学院学报》2014 年第 6 期。

⑤ 胡锦澜：《纪陈贞瑞事略》，《辛亥革命在甘肃》，第 348 页。

曰大清国秦安县”，因此，黄钺称安维峻为甘“省之妖孽也”[①]。

3 月 15 日，清水县令张华林致函黄钺，表示对甘肃临时军政府的膺服，并在第一时间招贴告示，布告全县，采取实际行动支持甘肃临时军政府，“月之十五申刻，接奉寄谕并简明告示。数纸捧读之余，得悉宪台关怀时局，俯念民生，业于十一日率秦属官民慨然反正，伟哉此举，造福无穷。而知县复蒙谬赏，令仍暂署清水县事，并饬毕委员文硕预告一切，感佩盛情，何其有极！知县奉示后，即传集绅耆，面加开导，莫不欢欣鼓舞，喜形于色，因令捧示出署，通告绅商士庶，使共明其义，然后张贴通衢，并将致李马两函专马飞送，容俟接有回信再为禀闻”。“知县只有苦口函劝，冀其醒悟，用免费我兵力。”[②] 18 日，黄钺收到陇州牧孙传绮来函，孙表示愿意投奔效劳，“月之九日专价驰禀，行抵中途，闻我公树立义旗，号召同志，光复汉业，镇抚甘南，洵不朽之盛事也。下风逖听，感佩奚如！”“此间仅有刘文绣一旗，势难独立，顷与熟商，刘君亦深明大义，愿效驰驱。绮拟日内即偕刘军投谒军前，借承策遣。”“绮虽不敏，原执鞭棰，以侍我公左右也。”孙传绮还就如何应对兰州方面献计献策，“兰垣消息未审若何，设更有抵制异心，似宜亟召川军，并联合罗军共图大举”[③]。

4 月份，两当县县令阴谋阻止援助秦州的陕西军队从县境通过。这从秦军西路节度使给黄钺的移文中可以看出，“前因贵都督率秦州同志反正，被□□汉奸围攻势急，当即督率大兵由凤县驰救。于本月十六日抵凤，正拔队前进，忽于十八日接程小轩由两当县来函，请我军无容前进。同日，又据两当县张申要求停战，恳免进兵”。因此，陕军只能将队伍拨回[④]。5 月 10 日，两当县知

① 黄钺：《复昭武军统领马云亭》（1912 年 4 月 7 日），《辛亥革命在甘肃》，第 199 页。

② 《清水令张华林来函》（1912 年 3 月 18 日），《辛亥革命在甘肃》，第 277 页。

③ 《陇州牧孙传绮来函》（1912 年 3 月 18 日），《辛亥革命在甘肃》，第 278 页。

④ 《秦军西路节度使吴来移》，《辛亥革命在甘肃》，第 147 页。

县干脆潜逃，“秦属两当县知县张令其霦，早已悄回云南原籍”①。

5月10日，“徽县知县徐令登第，不洽舆情”，“该令携印潜逃，已经半月”②。伏羌“官绅将往来文牍概行密藏，一切告白独用宣统年号”，“近又驿使四出，修葺敌楼营房，其远恃省垣，反对都督之心，人人共见”。③

秦州百姓对甘肃临时军政府持何态度，关系到新生革命政权根基的稳固与否。若秦州百姓始终恐慌，不支持甘肃临时军政府，城内秩序混乱，则临时军政府不攻自破；若百姓拥护，人民爱戴黄钺，城内军民团结，秩序井然，则临时军政府牢不可破。应该说，在陕西辛亥革命后清陕甘总督长庚组织甘肃清军马安良、张行志等部共40余营兵力，分南、北两路进攻陕西，攻陷长武、彬县、冉桥店等地，烧杀抢掠、无恶不作的背景下，从初闻黄钺武装起义消息至认识到黄钺军队纪律的严明，从听闻兰州大军压境至秦州城内黄钺从容不迫、应对有方，秦州百姓的心理经历了一个疑惧恐慌、半信半疑、好奇观望、信服拥护的反复过程。

因此，以下关于秦州武装起义之时、甘肃临时军政府成立之初，秦州百姓心理的种种描述看似矛盾，实则合乎情理。

一类是黄钺、魏绍武、张澄子等人的记述。“是日也，闭城约二钟许，悬旗之际，妇孺奔走，环观为乐。防御之勇，站立城市，商人奉杯致敬。”④“是日也，各城门仅关闭两小时，悬旗之时各处妇孺奔走环观为乐。防御之兵各守岗位，各街商民皆举手欢呼，未曾少受惊扰。”“全城士民安堵如故，鸡犬不惊，几不知有拔帜易帜之事。午后四时，马忠孝率所部一营，由伏羌兼程南来，直逼城下，人民不免有些惊惶。”⑤“黄治军严明，市面秩序如常。”“马忠孝带兵一营借口援川，开往天水，监视黄钺。适于黄反正的第二日，抵达天水，进驻城西王家磨（距城2里），声势汹汹，扬

①② 黄钺：《呈复大总统文》（1912年5月25日），《辛亥革命在甘肃》，第111页。

③ 《伏羌会员朔健来函》，《辛亥革命在甘肃》，第248页。

④ 黄钺：《反正颠末》，《辛亥革命在甘肃》，第13—14页。

⑤ 魏绍武：《黄钺在秦州反正回忆》，《甘肃文史资料选辑》第11辑。

言攻城，而城内尚无防守设备，人心惶惶，形势紧迫。”① 时任陇南师范学校校长的王汝翼发现，“惟省军压境，城内外人心惶惶”②。“天水满民本属寥寥，辛亥事起，闻陕西满城惨败之状者，多易姓名，匿于他方，冀免于难。”③“悬旗之时，群众奔走相告，个个笑逐颜开。”④“此间官绅自为惊惧，百姓尚觉安堵，意外之虞似觉无庸。”⑤“足下起义时，戕玉游击，弟知此中必系误伤，非足下故意如此。然省城谣言皆谓杀满人于国是既定之后，必系种族之界犹存，致满人颇惶恐。”⑥“黄钺在秦州起义时，我虽在孩提，却记忆犹新。时值武汉首义那年的正月二十三，我背着书包去学堂，见街上行人面容惊慌，交头接耳，纷纷传说‘黄道反正’。学堂破例放假，于是高高兴兴地回家。家里的气氛也不同往常，大人们也在谈论什么‘光复’‘反正’的话题。”⑦“布告吏民，万众欢跃久之。”⑧

一类是对黄钺秦州起义持敌视态度的《壬子日记》作者的记述，尽管有夸大不实之处，但也在某种程度上反映了当时的“实情”。3 月 11 日，起义当天，黄钺至州署，“在门头宣布反正好处，百姓均各相视，默无一言”。“街坊铺户家家闭门，人人恐其强取，直至巳刻，个个相觑，接踵行走。上下观其黄军动静。”12 日，“黎明，天微雪。向道派马夫李姓出西门赴省送信。讫东西城门开，只准一人出入。百姓铺户均皆转移城外，黄令州派人在街鸣锣晓谕，着铺户开门照常营干。百姓均未信实，均各蜂拥出城”。“黄钺起义之后，城中居民担心清军攻城，遭受类似陕西‘红城’的惨状，纷纷出城避躲。”19 日，“此日，西门稍大开，百姓前往

---

① 张澄子:《黄钺在天水反正概述》,《甘肃文史资料选辑》第 11 辑。
② 王汝翼:《我参加秦州光复的回忆》,《甘肃文史资料选辑》第 11 辑。
③ 胡楚白:《秦州光复见闻杂咏》,《甘肃文史资料选辑》第 11 辑。
④ 《黄钺秦州起义》,《西北辛亥革命史料三种》，第 311 页。
⑤ 《李柄、任凤翮来函》（1912 年 4 月 2 日）,《辛亥革命在甘肃》，第 252 页。
⑥ 《俞恪士来函》（1912 年 4 月 8 日）,《辛亥革命在甘肃》，第 239 页。
⑦ 吴鸿宾:《忆黄钺秦州起义》,《吴鸿宾传》，甘肃文化出版社，2006 年，第 227 页。
⑧ 《黄幼蟾先生小传》,《海上名人传》，第 64 页。

观看，蜂拥不绝”。25 日，“街坊商行尚有开门作卖者，地面亦有复新之想”。4 月 12 日，“街坊谣言四起，城内兵丁惊慌，闻省中派吴道统领建威军马步五营追缴黄军等语”[①]。

需要着重探讨的是，秦州当地著名士绅张世英[②]对甘肃临时军政府及都督黄钺的态度究竟如何？

关于此点，主要有三种观点。第一种观点认为，在秦州反正过程中，张世英是一位具有进步倾向的革命者[③]。第二种观点认为，张世英对临时军政府和黄钺采取的是一种虚与委蛇的态度，表面合作，实则抵抗。如在张世英孙子张绍蕃看来，秦州独立，黄钺“遍邀绅士”，其“先祖（张世英——引者）乃出见，虚与委蛇”。“虽以议论不合，犯敢死军之怒，几濒于危而阻兵筹饷，皆先祖与省会议会李君镜清往返函商，率得弥缝大患，闾井以全。”[④] 第三种观点认为：“张世英的行为就更多一层权变，呈现在历史舞台上的是一个多歧面相：坚持公道与保护地方利益；旧秩序的难于忘却，现实的不得不正视。”张世英《再上秦州临时军政府书》“口气带有咄咄逼人之势”，“至于他司职黄钺甘肃临时军政府，应该说更多的是一种在非常时期的权变策略”。[⑤]

我们认为，张世英对甘肃临时军政府的内外事务是心悦诚服、积极主动参与的，对都督黄钺是敬佩、拥护的。

其一，张世英积极参与了甘肃临时军政府内部事务。一是亲自带头祝贺军政府成立。“张世英传六城城防绅董防带、防军保长

---

① 《壬子日记》，《西北辛亥革命史料三种》，第 244、245、246、249、253、259 页。

② 张世英，1843 年生，字育生，人尊称张育老，秦州本地人，1882 年中进士。在陕历任 8 县 2 州，革陋规，清积讼，倡教育，留下诸多美名、佳话。后长庚调时任渭南知县的张世英来甘肃，办理自治。张世英在秦州“计划出各种轻弊恤民的办法，但与官不合，推行不动”。参见《王烜诗文集》，第 451—452 页。

③ 张澄子：《张育生先生事略》，《甘肃文史资料选辑》（第 17 辑），甘肃人民出版社，1984 年；丁焕章主编的《甘肃近现代史》也基本持上述观点。

④ 张绍蕃：《陇右张育生行述》，民国铅印本，藏甘肃省图书馆“西北地方文献阅览室”。

⑤ 陈尚敏：《近代社会转型与甘肃士绅》，西北师范大学博士学位论文，2007 年。

什长往军政府听候，庆贺反正之好。”“世英引领亦渭学堂学生二十余人剪发来军政府听候庆贺。”“复引学生颂歌。”①二是担任临时军政府总务处总务长，为军政府的钱粮等事务积极出谋划策，想方设法解决军政府财政困难。3月21日，“张世英与董戒商议筹款，以顾钺之兵饷。张世英即由当行提同仁局存钱七千串文以顾目前之需。议定，寻向钺进言札提动用”②。4月16日，“黄钺因用款无着，商同董戒请张世英设法措办。张世英云：‘我着商会传知当行，即日交清军政府，俟后款项筹备，即行归还。’黄钺云：‘老先生费心。’”③三是帮助黄钺推行新政，维持秦州局势。4月10日，“张世英请六城绅士在陇南学堂公议自治会即速开办，并选定议员贾缵绪、杜树桢、哈铸等。公举张世英为正议长”④。除了自己积极出任重要职务之外，张世英还将自己的孙子张绍蕃、学生周希武推荐进入军政府任职。张绍蕃任民政司厅长，周希武任教育司厅长。4月17日，张世英亲赴教育会，吩咐各学堂即日开学，并作歌曲《近体童子歌》，教授学生传唱。正因为张世英的积极参与，他的努力得到了黄钺的肯定。黄钺在给川军司令官李树勋的信函中说，“汉绅如张君育生、董君做三、回绅哈君陶安等，尤同踊跃从公，共肩责任，得此文明现象”⑤。张世英等“曲为交接，煞费经营”⑥，“秦州绅士张世英，为甘肃一日不可少之人”⑦。

其二，张世英主动介入了调停甘肃临时军政府与兰州军政府之间的纷争，力主和平解决。一是亲自赴马忠孝营调停，“同杜树桢往谒马忠孝，并议明由商会供支，州署书役按日请示买办，动用商款，马即允之，以后日每如此供支”⑧。“马军的粮草由地方供

---

①② 《壬子日记》，《西北辛亥革命史料三种》，第250页。

③ 《壬子日记》，《西北辛亥革命史料三种》，第260页。

④ 《壬子日记》，《西北辛亥革命史料三种》，第258页。

⑤ 黄钺：《复川军司令官李树勋》（1912年3月23日），《辛亥革命在甘肃》，第188页。

⑥ 黄钺：《反正颠末》，《辛亥革命在甘肃》，第16页。

⑦ 黄钺：《致黄克强》（1912年6月26日），《辛亥革命在甘肃》，第216页。

⑧ 《壬子日记》，《西北辛亥革命史料三种》，第248页。

应。张育生把自己家里储存的百石粮食拿出来支应马军，这一调停就算化干戈为玉帛了。马军也由王家磨移往天水郡十里铺一带。”① 二是在4月初就秦州与兰州方面的解决条约提出自己的建议，并谦卑恭敬地表示：“抑职痴爱都督之过，望保地方之私，仍有不能已于言者，敢为我都督缕析陈之。”“都督何等忠信，何等明断。”“究之以上所陈，皆据公共之理势为言，尤有切于职一己者，不能不直陈也！盖职之此番不避劳怨，不避嫌疑，早夜汲汲而弗遑者，为报都督之垂青也，为共维持地方于保安也！”② 三是作为秦州、兰州之间的居间调解人，与双方沟通、协调，商议和平解决问题。黄钺多次对外表示：“敝处与兰垣解决，已由张绅世英与兰垣议长李镜清诸君居间调停。”③ 4月7日，黄钺复函昭武军统领马云亭，提及：“连日正与张育生先生商量解决。”④ “已于今日会商张君育生等，约同兰州委员向君楷、彭君名崇、李君象贤，照约缮成四份，并由弟特派专员陈君贞瑞、周君昆，会同签名盖印，仍由张君育生转达贵会，此案算已了结矣。”⑤ 4月12日，兰州省议会致函张世英等人，要求其向黄钺传达和平解决的主张。13日，兰州省议会再次致函张世英等，“祈代告黄公，万勿过生疑虑，早日和平解决，顾全大局，不胜感盼”⑥。

其三，张世英对黄钺本人的态度是欣赏、尊敬的，对黄钺在秦州期间的各项举措以及黄钺本人的人品能够予以客观公允评价。在秦州起义后，张世英第一次见到黄钺，与黄钺接触后，认为黄

① 中国国民党革命委员会天水市支部：《关于朱据之所写辛亥革命文史资料稿的来文》，甘肃省档案馆馆藏档案，1981年，117-003-0053。

② 《秦绅张世英来呈》，《辛亥革命在甘肃》，第120页。

③ 黄钺：《复陕西军政府军政司司长党仲昭》（1912年4月19日），《辛亥革命在甘肃》，第202页。

④ 黄钺：《复昭武军统领马云亭》（1912年4月7日），《辛亥革命在甘肃》，第199页。

⑤ 黄钺：《致省议会长李鉴亭》（1912年6月7日），第214页。

⑥ 《兰州省议会致张育生、董进三诸君函》（1912年4月13日），《辛亥革命在甘肃》，第304页。

钺能采纳众人意见，是秦州人民的福气。“乃谓众曰，黄能纳言，秦之福也。诸君勉力维持，不久可毕事也。”[①] 在黄钺遭到袁世凯、赵惟熙等污蔑时，张世英等立刻致电北京，为黄钺辩解，澄清事实，“大总统鉴：黄钺已于六月七号实行解决，当由陕急电呈达。马镇福祥到秦，在黄解决之后。黄接大总统宥电，亦在解决之后，可见黄之取消出于诚心，并非故意推拖有须勒令者可比。黄正严装待发，忽接湘督冬电，称大总统接兰州电，有黄钺不就范围、秦州各界均以养痈见责等语。代表等查黄钺于阴历二月即与省议会商办解决，时在赵督尚未委员来秦之先。旋被误损名誉，有待更正”[②]。6月15日，秦州取消独立之后，张世英、贾缵绪等代表秦州绅、商、学界致电北京大总统，对黄钺进行了客观公允的评价：“现在商路早通，农已就业。黄解决之时，士民陨涕，甘南投书乞留并纪绩者不乏其人，皆黄之洁己爱人，实行便民诸政有以感之。”

三　应对有方

由此看来，摆在甘肃临时军政府面前的难题纷繁复杂，需要以黄钺为首的革命党人机智沉稳应对：既要坚决捍卫甘肃民主革命成果，又要进行策略性妥协；既要不畏强权，与袁世凯展开辩驳，又要打破以赵惟熙为首的甘肃顽固派的封锁与进攻；既要联络持支持态度的各方力量，又要保持与兰州开明官绅的联系；既要厉兵秣马，又要施行新政；既要对外申诉，又要对内稳定人心。如此种种，考验着黄钺的政治智慧和与反动势力坚决斗争的决心、勇气。以下主要就稳定人心、添募兵力、处理民族关系、争取外

① 张绍蕃：《祖庭见闻录》，民国铅印本，藏甘肃省图书馆“西北地方文献阅览室”。
② 甘肃省档案馆：《辛亥革命在甘肃》，甘肃文化出版社，2011年，第98页。

援、揭露赵惟熙阴谋、与袁世凯据理力争等方面分析黄钺运筹帷幄、周密部署、保卫共和果实的各项应对措施。

首先，稳定人心。

一是刊布文告。告示主要有四方面的内容：其一，告知百姓反正的目的、意义，使秦州商民避免惊慌，照常营生。据《壬子日记》记载，3 月 12 日，“辰刻，黄兵进城张贴反正告示”，“劝慰百姓开门作卖”，出告示曰：“本军政府示：满奴欺奸，苦尽难言。革痞易兴，均有权衡。反正救民，毋得惊慌。”① 18 日，“前数日，并无进城柴草粮食，百姓个个叫唤。都督府闻之，即出示曰：‘军府之成，防匪安氓，城乡镇区，勿疑勿惊。乡间货物，照常进城，士农工贾，照常营业。认真团练，认真巡更，官民从此，同气同声’”②。21 日，临时军政府在秦州六城贴出告示：“谕尔人民，毋自疑惊。本军起义，联合秦川。天人顺应，悯拯生灵。汉回蒙满，一视同仁。生命财产，保护无侵。倘敢故违，即非国民。条约所布，悉秉至公。奸淫焚掠，法尤不容。合亟晓谕，务各凛遵。”③ 其二，辟谣。4 月 12 日，针对“城内省军吴统领追剿黄军”的谣言，临时军政府贴出告示曰：“大局粗定，人心未靖。捏造谣言，最易惑众。已饬查察，认真查禁。如有违犯，立即拿办。”④ 其三，揭露兰州顽固派势力的阴谋和罪状。3 月 24 日，张贴“共和国假护院赵芝珊之罪状一纸”，揭露赵惟熙的种种罪状，如 1911 年西安响应辛亥武昌起义时，“芝珊任巡警道，日惟革党是搜，凡稍有可疑者，皆立予之死”，总理营务时，“凡所计议，惟求克复长安，为满清图偏安，为一己谋兔窟，虽牺牲数千万同胞性命，所勿计也”，“以二万金易督篆”⑤。其四，告知秦州百姓临时军政府正在得到其他各省的声援，并非是“非法”地“孤军

① 《壬子日记》，《西北辛亥革命史料三种》，第 245 页。

② 《壬子日记》，《西北辛亥革命史料三种》，第 249 页。

③ 《壬子日记》，《西北辛亥革命史料三种》，第 250 页。

④ 《壬子日记》，《西北辛亥革命史料三种》，第 259 页。

⑤ 《壬子日记》，《西北辛亥革命史料三种》，第 256—257 页。

奋战”。3 月 18 日，临时军政府派兵张贴大汉四川北伐军李司令的告示：“照得汉族、回民，同受满清虐待。清室今已推倒，汉回不分界限。自此本军之来，谓救同胞起见。只擒长庚升允，其余并不见害。应宜同心同力，扫除专制腐败。勿受升长愚弄，以致再遭涂炭。”24 日，又张贴李司令告示：“联邦十八行省，均已先后独立。推倒满清专制，建设共和民国。凡我大汉人民，务须认定目的。亟应互相联络，巩固五族基业。本军北伐出师，文明解决一切。沿途经过地方，不得反抗谣惑。倘有余虏汉奸，即是众人公敌。除蔓毋使繁滋，同胞一乃心力。”29 日，再次张贴李树勋司令告示。3 月 30 日，4 月 14 日、15 日，相继张贴致复省都督赵惟熙信稿、西安电局接转的黎元洪的来电、湖南都督致甘肃黄都督电文等。①

二是恢复社会秩序。其一，鼓励商民重开市场，使商铺营业，学校正常上课。其二，发动民众参与城防。除了城防军外，黄钺还组织发动秦州城内“花户”“上城轮流守夜”，“尽义务共保治安”，目的是“辅助防军，严防匪患”。② 其三，保护教堂。“派兵出东门于天主堂门张贴告示，保护教堂，派兵把守。”③ 其四，采取有效的治安措施，对趁机作乱之徒予以严惩。

三是派城防军队列队游行示威，给秦州百姓以黄钺军队实力雄厚、军纪严明的印象，增强百姓信心，令百姓安心。据《壬子日记》记载：“黄军前列，有执钺小队，剑气刀光，极森严之致。然以治军有方，部属均能束身自好。入城之顷，仅向空鸣枪，示儆而已。”“黄钺部队点缀上元灯节，人各手持红灯，旌旗刀枪备极恢张。布制龙灯，长逾十丈，伴以村锣社鼓，意在示威，以为后事之张本。”④

---

① 《壬子日记》，《西北辛亥革命史料三种》，第 249、253、255—256、259—260、260 页。

② 《壬子日记》，《西北辛亥革命史料三种》，第 262 页。

③ 《壬子日记》，《西北辛亥革命史料三种》，第 245 页。

④ 胡楚白：《秦州光复见闻杂咏》，《甘肃文史资料选辑》第 11 辑。

其次，提出“欲求和平，先须武装”的口号，添募兵力，加强防御。

3 月 11 日甘肃临时军政府成立伊始，黄钺即以都督身份兼任总司令部司令官，总司令部下设总参谋官、东路宣慰使、总军需官等职，另设镇司令部。但毋庸讳言的是，临时军政府军事实力十分薄弱，秦州城内可指挥调动的兵力不过千人，武器装备方面，除张晚裕营有步枪外，其余只有从军火库取出来的单响毛瑟二百多支、大刀二百把、土开花两薄、长矛二百多条。[①] 无疑，这在某种程度上是甘肃临时军政府的“硬伤”。对此，黄钺十分清楚，在 3 月 23 日给川军司令官李树勋的信中流露出自己的担忧，“惟兵力单薄，无以服人，深恐别生反动”[②]。果不其然，兰州赵惟熙等顽固派势力在获悉秦州兵力单薄的情报后，肆无忌惮地准备发动武力进攻，“查该道所统仅五百人，军械亦极窳败，本署都督何难兴师挞伐，一鼓荡平?”[③] 甚至叫嚣，“与其遣使出疆，徒劳往返，何如兴师动众，一决雌雄”[④]。因此，黄钺认识到，为了捍卫甘肃革命果实，为了给顽固派势力以有力的回击，一味和谈并不能解决问题，关键在于增强自身的实力。在 3 月 27 日致李树勋的信中，黄钺提出“欲求和平，先须武装”[⑤] 的著名论断，认为想要与兰州顽固派势力换得甘肃的永久和平，必须先拥有足够数量的武装力量，以武装才能促进和平，体现出对“和平”与“武装”关系的深刻认识和把握。

一是“添募军队”。3 月 12 日，黄钺“得悉北伐川军犹在沔汉一带，不能联师进讨，而沪上媾和消息，尚无所闻。因力谋进

---

① 天水市地方志编纂委员会：《天水市志》（上卷），方志出版社，2004 年，第 615 页。

② 黄钺：《复川军司令官李树勋》（1912 年 3 月 23 日），《辛亥革命在甘肃》，第 188 页。

③ 《兰州司道张炳华、吴炳鑫、何奏篪移巩秦阶道文》（1912 年 3 月 19 日），《辛亥革命在甘肃》，第 154 页。

④ 《甘宁青史略》，《辛亥革命在甘肃》，第 434 页。

⑤ 黄钺：《移川军司令官李》（1912 年 3 月 27 日），《辛亥革命在甘肃》，第 134 页。

行”，乃委派刘文厚等“不分昼夜，添募军队，共成步兵一标，以谢汉秋、杨展鹏、赵鼎钟充管带。先锋营一，谭祝萱领之。卫队一，瞿炳樊领之。周钧秉领马队，李占鳌领炮队，各营分驻城内外，预备北伐。汰留标兵一营，以韩孝忠领之为城防”[①]。“第一营驻扎泰山庙；第二营扎秦州东乡马跑泉；第三营扎城内维护治安，并监视城南马忠孝营的活动。”虽然川、陕援军未能赴秦州支援，黄钺仍命令在秦州城内各大寺庙前挂上“川军驻扎处”“陕军驻扎处”的招牌，以壮声势，稳定人心。

3 月 16 日，“黄钺将北关住扎后营兵队移往大城义仓内，又将贡院炮队分扎大城南北城。军政府札委韩孝忠管带城防营制兵三百名扎西关城上，又委赵鼎忠管带新募炮队三百名扎东关城，又委湖南周昆新募马队一营”。17 日，“游署驻扎李出示招募卫队一营，如有年力精壮情愿入伍来署报名”[②]。

经过一番紧锣密鼓的招募和“急整军备”，甘肃临时军政府所辖军队在编制、架构、数量上均有很大改善，成为一支不容小觑的军事力量。据魏绍武回忆：“刘文厚为镇司令部正招讨使，以程传霖副之。即日在秦州城隍庙成立招讨使司令部。所有全部军事编练调度指挥，悉由刘、程共负其责。招讨使司令部组织，司令下设一等参谋官一，刘保我任之。其次二等参谋官二，系向梁及严少春。三等参谋官二，为张文华、陈国春。中军官一，为郭俊杰。军需官一，为李毓华。正执法官一，为张兴勃。一等书记官一，为杨儒汉。司令部成立后，不分昼夜加紧添募军队，先编了步队一标，以谢汉秋、杨展鹏、赵鼎钟任管带。此外又编先锋队一营，以谭祝萱领之。卫队以翟炳樊领之。马队由周秉钧带领，炮队由李占鳌带领，分驻城内外及泰山庙各处。另外又将原游击所属标兵，汰弱留强，编步兵一营，以韩忠孝任管带。以城防兵编敢死队一队，以杜杰任队长。共计编步骑炮 8 个营，1 个队，约

---

① 黄钺：《反正颠末》，《辛亥革命在甘肃》，第 14 页。

② 《壬子日记》，《西北辛亥革命史料三种》，第 247—248 页。

有 3000 余人。加紧训练，声势为之一壮。”①

二是加强防务，派兵昼夜梭巡，并在泰山庙一带山坡构筑防御工事，准备万一来敌进攻，誓将与之决战。黄钺率先垂范，多次亲自带兵巡查，叮嘱守城将士用心守城，防止敌人偷袭。据《壬子日记》记载，3 月 11 日，“三更时，钺亲往查城，用好言开导：‘我今日不反正秦城，必陕川各军来秦反正占据，恐伤生命。我今保护你们，并非杀害你们。好好看城，如有人观望，即行报告于城上队官’”②。4 月 14 日，“黄钺单身带兵三人出西门，步至伏羲城城上，看望马军营盘，同绅士说论民国自由很好等语。即时进城，巡视一次”③。其他革命志士也忠于职守，尽职尽责。除刘文厚“勤劳卓著”“襄理一切”外，军政司厅长受庆龙自“秦州反正之日”，认为“最重要须保护者惟筹防局”。是时，临时军政府“派有骁锐军官谢汉秋、汤砺山等率兵八十人防守”。受庆龙“以枪弹聚集之处关系非轻，兼之午后四时突有回军步队马忠孝一营，由伏羌兼程南来直逼城下，有强夺枪弹之说”，“闻信即亲至筹防局力任监守之责”。交通司次长谭其茳在“秦州反正之日”，即“与受庆龙以枪弹重要机关，会同赴筹防局力任监守”④。在黄钺的激励下，秦州守城军队上下一心，防守严密，敌人无隙可乘，“我军府关防极为严密，昼夜梭巡，未尝稍懈。司长如周昆、李宗纲，参谋如鲁秉周，科员如黄荣选、潘丙炎、周建邦、周家顺等，每于公暇，亦出巡逻。将弁如谢汉秋、谭祝萱、韩孝忠、瞿炳樊、戴芳泰、赵鼎钟，尤兢兢焉，军务司次长黎兆枚恒竟夜不寝。盖回军性质，乘间恒在黎明，每遇风雨晦暝，佳节令序，戒严必逾于平时。一夜将四鼓（二月二十二），雨雷交作，钺在病中，恐人松懈，秘偕黎瑞芬出，不意巡城一周，两遇队官胡芳廷，执事官

---

① 魏绍武：《黄钺在秦州反正回忆》，《甘肃文史资料选辑》第 11 辑。

② 《壬子日记》，《西北辛亥革命史料三种》，第 246 页。

③ 《壬子日记》，《西北辛亥革命史料三种》，第 247 页。

④ 黄钺：《咨北京稽勋局》（1913 年 1 月 2 日），《辛亥革命在甘肃》，第 158 页。

甘霈霖、王金才于城隅，各处兵士亦能鹄立不怠，私心窃慰”①。

三是严肃军纪。3 月 17 日，针对个别士兵“在街磕讯铺户”的现象，“督府闻之，即日出示严禁”。并出示晓谕，重申军纪，“照得本军政府义旗初举，首在安民，屡经出示严谕，各兵勇遵守在案。兹访闻尚有向当铺压当或勒赎已当之物者，有向钱铺勒借钱文及靴子、水果等物不给价者，有持枪游荡街市借端恐吓者。又筹防局局勇亦闻有前项情事，以致市廛不靖，人心恐惶，实堪痛恨。除查明严究并加派查弁昼夜梭巡外，合行出示。为此示仰商民人等一体知悉，如兵勇再有以前不法行为，准即来本军府喊控，以军法从事，决不宽贷。切切此谕”②。经过黄钺的铁腕治理，起义军真正做到秋毫无犯，深得秦州百姓拥护和赞扬，“黄公治军，令行禁止，廛市安堵，里邑讴歌，终始无匕鬯之惊，商旅资保卫之力”③。

再次，稳妥处理汉回民族关系。

鉴于秦州特殊的地理位置，积极稳妥处理好同秦州回族领袖的关系、处理好汉回民族问题，是甘肃临时军政府必须处理好的重大问题，也是临时军政府获得广大汉回民众支持的重要前提。黄钺于 1912 年 3 月 11 日甘肃临时军政府成立之时颁布的《檄文》中提出的“满、汉、回、蒙等各族平等”，既符合辛亥革命在全国范围内取得胜利之际孙中山倡导的“五族平等”的精神，又为此后黄钺处理汉回民族关系奠定了基础。

一是处理好与回族宗教领袖马元章的关系。马元章，字光烈，聪慧有智，阅历丰富，擅长交际。与马福祥、马麒、马国仁以及哈密王沙木胡索特等头面人物都有密切关系，是伊斯兰教哲赫林耶门宦第七辈穆热什德，教内称之为“大太爷”“沙沟太爷”或“地震太爷”，在清末民初的西北穆斯林社会中有着重要影响。秦

---

① 黄钺：《反正颠末》，《辛亥革命在甘肃》，第 16 页。

② 《壬子日记》，《西北辛亥革命史料三种》，第 248—249 页。

③ 《秦州绅民代表章玉等请愿书》（1912 年 6 月 5 日），《辛亥革命在甘肃》，第 310 页。

州起义后，黄钺两次致函马元章，以争取其支持。

3月12日黄钺致函马元章，先叙述了清政府对回民及其哲赫林耶的压迫历史，“我汉族苦满清虐政久矣，而贵教受欺凌尤惨”，“凡回民三人以上，持械同行者斩。其歧视之心，专制之酷，大串类此”。继而介绍辛亥武昌起义后全国共和大局将定的趋势及甘肃状况，告知自己已在秦州起义、建立临时军政府、“联合秦蜀，直捣金城”的消息，恳请“居父母之邦，负善人之望”的马元章“登高一呼，万山响应”。同时表明了自己的顾虑和请求：“所虑贵教中或有不明此义，妄自惊疑，尚乞明白晓谕，结成城之志。”①换言之，就是希望马元章能站在甘肃临时军政府一边，至少能晓谕哲赫林耶教众不要与临时军政府为敌。英国传教士安德鲁（G. F. Andrew）于民国时期在甘肃调查伊斯兰教后写了《中国西北的“新月”》一书，其“回回的现状”章节中认为，哲赫忍耶总教长马元章与军阀马安良在影响西北政局上势均力敌，而执掌中国回族宗教权的要人是马元章。由此可见黄钺致函联合马元章的道理所在。从哲赫林耶门宦的发展历史来看，马元章时代是哲赫林耶教群最具凝聚力的时期之一。按照哲赫林耶教阶层级和组织结构，当时的马元章完全具备“结民为兵”的能力。②如若马元章真是“未能明辨时势”，维护兰州顽固派，“出兵”秦城“拒敌”，那么以他在陇上秦州的地利、人和之势，完全可以对“秦州举事”构成威胁。黄钺的雄才大略与广见博识之处就是他深谙马元章的“护教情结”，准确预见马元章会站在甘肃临时军政府一边。

考虑到来自四川的援军抵达秦州属地时，如果没有马元章等回族领袖号召响应，或对回族群众做解释说明工作，当地回族群众不仅会惊恐慌乱，而且可能会群起攻击，所以在3月16日黄钺再次致函马元章，告知川军即将赴秦州支援一事并请马元章支持：

---

① 黄钺：《致回绅马光烈》（1912年3月12日），《辛亥革命在甘肃》，第175页。

② 马英杰：《从黄钺书牍解析辛亥前后马元章的安民护教》，《世界宗教研究》2013年第4期。

"兹接川军李司令煜森来函，伊军现抵白水江，不日到秦，随同进发。惟贵教大部分是否与弟一气联络，伊不得知，嘱令函告，以便照办。弟因此次和议，固合汉、回、蒙、满各族同胞，共襄盛举，自无有反抗之理。但恐贵教中或间有不白此义者，尚乞于川军抵境时登高一呼，俾免疑恐。弟已将阁下臂助热心转达李司令矣。"① 可见黄钺考虑问题之长远周全。

二是稳妥处理马忠孝回族军队骚扰问题。是时，马忠孝之步队一营，驻扎在秦州以西王家磨、坚家河及西二十里铺一带，"其军恒十余骑或四五骑不等，四出哨探，借肆抢劫，行旅为之不安。东路如马跑泉、甘泉寺，南路如皂荚铺，远至高桥镇，被劫之事，时有所闻。事主匿不敢报"②。"凡往来商旅无不被其留难，苦其侵掠（如任霁初等赴徽催款，所带枪支行旅被其抢去之类，不一而足）。""查该营驻扎此间已经三月，需索饷项，秦绅应之，其粮料倍于各营。乡间骚扰，秦民忍之，诚深知若辈□□□□，志在子女玉帛，小有不忍，必乘隙肆劫，贻害地方。"③ 黄钺部下"以其行同剧寇，恨入骨髓，咸欲灭此而朝食"。城内的少数敌对分子趁机勾结马军，拨弄是非，企图挑起民族纠纷。在阶级矛盾和民族矛盾交融之际，黄钺认为"歼此一营，毫无裨益，而全甘回民以为意存歧视，不免发生别种问题，反致牵动大局，故始终坚持，未曾轻发一矢"。也就是说，即便消灭马军一营并不能彻底解决问题，反而会在回民中产生不必要的误解和恐慌，导致其他问题发生。所以，黄钺始终坚持民族团结、一致对敌的方针，稳住了局势。

三是处理川军与回民冲突问题。据王汝翼回忆，适四川北伐军总司令李树勋率两标入甘来援，马忠孝乃由城西移至城南灵源观前庙滩子扼守山口，以防川军入秦。北伐军未到徽县时，致书

---

① 黄钺：《致回绅马光烈》（1912 年 3 月 16 日），《辛亥革命在甘肃》，第 183 页。
② 黄钺：《反正颠末》，《辛亥革命在甘肃》，第 16 页。
③ 黄钺：《呈大总统文》（1912 年 6 月 6 日），《辛亥革命在甘肃》，第 114 页。

该县官绅，告以将过境赴秦，所需粮秣供应，均公籴公卖，请城内将粮草等送至城外，则大军可不入城。地方答应照办。因此，李树勋未作任何准备，只带一小队坦然前进。时当地兵力除马光烈教下之回民充义团外，只周立言所带之忠武军一哨及两当罗统领在徽县所募尚未归营之新兵一部。李行至中途，充义团乘其不备，遽尔开炮袭击，其队长孙笔亭立即毙命。李一面后撤，一面埋葬孙尸。稍事整复后，即率两标统（一为刘萌西，老同盟会会员；一为杨永清，军事家兼教育家）带队出发，直驱县城。徽县官绅迎至城外，李直入县署，其大队由城南而下，径到礼拜寺，以硫磺炮弹，将礼拜寺烧毁，并将东边回民房舍同时付之一炬，"回民均逃避山沟"，"青壮年分由间道逃至天水、沙沟（属西吉），找回绅哈蜕庵及教主马光烈报告"。

消息传开，临时军政府上下、秦州各界人士震惊异常。黄钺决定委派秦州当地人士王汝翼以军政府委员名义紧急前往处置。出发前，黄钺特别叮嘱王汝翼将"致各方面之密函及油印之安民布告"，"随处张贴"。王汝翼也不负重托，"每至一村镇，即下马缓行，先通声问，再行宣传，并着临喜告谕，再勿逃避，以免动摇人心"。并令各县官员"分赴回民逃难处所，告以委员来到，即与李军联络，勿再害怕，以安其心。及至徽县，知事徐登第迎入城防局，稍事休息，即往李总司令处，先晤其刘、杨二标统及周参谋"。"旋即晤李总司令"，"将天水反正后回民安堵情况相告，并提出徽县回民之滋事，系一时误会，甘肃回族人多，如稍疏忽，将会引起民族失和，后果严重，黄都督特嘱转请注意等语"。至此，风波遂告平息①。

第四，争取外援，制衡兰州。

一是打通对外联络渠道，打破兰州信息封锁。如前所述，"秦州偏隅僻处，军府虽立，交电难通，计画进行，殊多滞碍"②，"电

---

① 王汝翼：《我参加秦州光复的回忆》，《甘肃文史资料选辑》第11辑。

② 黄钺：《咨陕西军政府文》（1912年3月22日），《辛亥革命在甘肃》，第130页。

线不通，崔军横梗，邮政复阻，驿递文告，不尽通行”，“而赵处消息灵便之兰州（陕甘停战，电线即通），不时发电，捏词架诬，致钺屡受中央诘责”。[①] 黄钺数次委派刘文厚、程传霖、罗瑞麒、严镇寰、董皋民、董之桢历经千辛万苦辗转赴西安，“详电各处”，将秦州起义的前因后果及现状公之于众，澄清赵惟熙的污蔑之词。同时，委派得力人员赴京申诉，“复经地方推选汪剑平、周尚志二人赴京面陈”，使真相大白于天下。[②]

二是针对赵惟熙扼杀秦州的企图，向陕西、四川、湖南方面求援，并取得制衡兰州的良好效果。3 月 11 日，秦州起义当天，黄钺即致函固原提督张云亭，邀张派遣军队来秦州支持，稳固革命成果，“望遣所部健儿，同襄义举，联欢樽酒，光复兰垣，计日匪迢，不胜翘盼”[③]。

3 月 12 日，黄钺致电湖南都督谭延闿，“窃自武汉倡义，而湘、粤、川、滇、秦、晋、闽、浙诸省，纷纷响应，不数月间卒成共和之局，凡有血气，鼓舞同伸。吾湘得麾下主持，未烦一卒一戈，而大事底定，瞻望桑梓，更切钦驰。钺提一旅之师，孤立甘之秦州，未敢轻发已三团月矣。乃长、升二虏，意图偏安，背约恣战，至今与陕军相持不下，上梗大局，下毒生灵，天地不容，人神同嫉。城虽寡昧，乌能恝然，前曾遣使关中，邮书西蜀，谋襄义举，共荷赞成云云”[④]。5 月 7 日，再次致电谭延闿求援，“甘肃祸机四伏”，“钺深惧事机决裂，望电商黎、黄两公，设法救援，无任盼祷！乞速覆西安电局转寄”。[⑤]

面对兰州赵惟熙“凶焰益张，派员来州迫令敝处即时取消都督”、且派军队四面包围秦州的严峻形势，黄钺数次与陕西、四川两省都督联系，希望得到其援助。3 月 12 日致函陕西都督，“尤望

---

① 黄钺：《反正颠末》，《辛亥革命在甘肃》，第 15 页。

② 张澄子：《黄钺在天水反正概述》，《甘肃文史资料选辑》第 11 辑。

③ 黄钺：《致固原提督张云亭》（1912 年 3 月 11 日），《辛亥革命在甘肃》，第 173 页。

④ 黄钺：《致湘都督谭》，《辛亥革命在甘肃》，第 179 页。

⑤ 黄钺：《致湘都督谭电》（1912 年 5 月 7 日），《辛亥革命在甘肃》，第 60 页。

贵都督义切同仇，刻派军队进援，并接济饷械，以成辅车唇齿之势，褫顽虏之残魄，一谋共和之统一”。希望其代发电报，“敝处建立政府处所日期各情形，乞详电中央并各省政府”。并将“各省都督上中央政府文牍程式及国旗徽章服制若何，恳详示，以便遵照”①。同日，致函四川都督尹昌衡，告知秦州反正后的计划，“行将偕请贵省军队，直捣兰垣，再行建置一切”。说明甘肃目前存在的困难，“顾甘向为受协省份，兵力单薄，饷械两绌，非资各省接济，势难自存”。求援，“至蒙贵军队承认请托各节，理应商请贵都督订立正式合同。惟道途远阻，文牍往返恐误事机，因暂与李司令商订草约，借资遵守，稿并奉上，乞谅察之”。并请其代发电报，“敝处建立政府处所日期各情形，祈代详电中央并各省政府”②。3 月 29 日，再次致函陕西都督，托其联合四川军政府，“出以公论，迅电兰州，逼令照行”，“除函请川军政府速电外，并乞尊处专足乾州，电责兰州，嘱其和平解决”。③

3 月 12 日，黄钺复信清水县令张华林处，表示将派员与其协商解决援助秦州的陕西军队的接待事宜，以稳定清水当地人心，“此次陕军入甘，原与敝处有约，决不至扰害地方”。“兹派军政部副长周秉钧前来招待，并交涉一切事宜，希即会同该员以礼相待。所有应供粮草，并希按日照发，至供给银钱与否，可商同周委员酌量办理。乡民畏见兵戈，到处如是，应请出示晓谕，以安众心，万不可互相惊疑，致生枝节。贵县城门应仍照常开放，免阻交通，尤为至要。陕军行止，暂亦由周委员相机定夺。”④

3 月 22 日，黄钺移文陕军统领，对其如约前来表示由衷感谢，“窃据清水县张令华林禀称，探闻贵军已抵石庄子地方等情，仰见义气，热诚不惮，远道之劳力，践同袍之约，无任钦感”。为消除陕军统领的顾虑，黄钺还告知自己组织甘肃临时军政府一事已经

① 黄钺：《致陕西都督张》，《辛亥革命在甘肃》，第 178 页。

② 黄钺：《致四川都督尹》，《辛亥革命在甘肃》，第 177 页。

③ 黄钺：《致陕西都督张》（1912 年 3 月 29 日），《辛亥革命在甘肃》，第 192 页。

④ 黄钺：《复张华林》，《辛亥革命在甘肃》，第 182 页。

呈报中央，只是与兰州方面存在分歧，正待中央解决。“建设甘肃临时军政府，比经呈报中央及责军政府在案。现闻兰州近亦承认共和，其如何办理之法尚无正式通告，将来敝政府与兰交涉及进行方法，应均俟中央政府之命令方能解决。”言下之意，来秦州支援的陕军大可放心，不必心存顾虑。“思维再四，刻下兵力单薄，应请贵军暂驻现抵境地，庶既无碍公认停战之约章，仍可为后来进行之援助，实为两便。除饬地方官供给粮草外，理合备文移请贵统领查照，酌夺施行。”①

3月23日，黄钺委派刘文厚向陕西军政府求援，请其代发电报，申明秦州独立先于兰州的事实，“请商恳西安政府，将我政府现在要约、兰州应行各条，并张都督等屡次承允赞助情节，电达中央政府，庶免兰州以我军反正在伊承认共和之后，借口抵抗，目为公敌”。同时，警告兰州方面不要轻举妄动，使赵惟熙明白甘肃临时军政府已经得到陕西、四川军政府有力支持的事实，而且即使是按照停战条约，陕西方面暂时不能来秦州援助，但一旦兰州武力进攻，陕西援军可以不受停战条约束缚，迅速驰援秦州。“请商恳西安政府，将前次屡允赞助我军举义各节，并兰州现对于我政府欺压情形，电达赵芝珊等，褫其凶焰。盖兰州敢恃全省兵力以凌我者，因陕军不能违约进援也。不知我军义举与陕组织最早，已蒙张都督凤翙、张统领云山、万统领炳南屡次赞助，有函可证。今即停战，陕军仍可驻扎与甘南交界地境，遥为牵制。如陕政府俯允照办，兰州必不敢暴动。如兰州不待中央及陕政府之秉公解决，遽行暴动，荼毒生灵，则陕军尽可声言进援，不得认为违约（如陕兰电报刻尚未通，应请陕政府用公文邮寄，或电中央政府转电兰州）。”②

3月27日，黄钺移文川军司令官李树勋，请其迅速率部来支援，“请贵司令部督率劲旅，星夜救援。彼既有来攻明文，则贵军

① 黄钺：《移陕军统领》（1912年3月22日），《辛亥革命在甘肃》，第131页。

② 黄钺：《致刘文厚》（1912年3月23日），《辛亥革命在甘肃》，第186页。

不得引停战条例，谓为师出无名也”。“现在回兵枪械未缴，掳掠之欲未遂，祸械潜伏，深虞窃发，非有大兵震慑，不足以资遣散。与其待事机既见，始劳客兵之来，何如及其未形，隐为消弭之计。欲求和平，先须武装，则贵军此来非特援助本军府，并有大造于甘肃，有大功于民国也。文到希即拔队前进，不胜盼祷。”①

4 月 2 日，黄钺移文陕西西路节度使，“顷闻贵军拔队来援，深慰云霓之望，拜赐无穷。惟乞主持公理，以为调停，并照会兰州，令其谨守停战之约，不得破坏和平，俾秦兰生灵免遭涂炭，则贵军造福甘肃不浅矣！不胜感盼之至”②。

4 月 7 日，黄钺向四川北伐军司令官发出咨文，称：“文到之日，希即迅速拔队前进，合力扫除兰州民贼，以谢甘民而维大局。惟双方应立合约，以资遵守。兹特状委交通司副司长谭其茳前来，所有开示各条范围以内之件，该员均有便宜商订之全权。如经署押，即为有效，相应咨请贵司令官查照施行。”③

4 月 12 日，黄钺向秦军西路经略使发出咨文，称：“文到之日，希即迅速拔队前进，合力扫除兰州民贼，以谢甘民而维大局。惟双方应立合约，以资遵守。兹特状委交涉使黄达前来，所有开示各条范围以内之件，该员均有便宜商订之全权。如经署押，即为有效，相应咨请贵经略使查照施行。”④

应该说，陕西、四川援军的到来，在军事上制约了兰州赵惟熙顽固派势力，使其“不敢轻于启隙；黄此时兵力虽只数千，而因川军已抵徽县，陕军又遥为声援，势力究亦未可轻视”⑤。“各军有的因为被陕军或四川同志军牵制，有的因为倾向革命（即罗平安、李宗纲两部），有的则意存观望（刘文绣部），均未听令至秦。

① 黄钺：《移川军司令官李》（1912 年 3 月 27 日），《辛亥革命在甘肃》，第 134 页。

② 黄钺：《移陕西西路节度使吴》，《辛亥革命在甘肃》，第 135 页。

③ 黄钺：《咨四川北伐军司令官李》（1912 年 4 月 7 日），《辛亥革命在甘肃》，第 138 页。

④ 黄钺：《咨秦军西路经略使陈文》，《辛亥革命在甘肃》，第 139 页。

⑤ 魏绍武：《黄钺在秦州反正回忆》，《甘肃文史资料选辑》第 11 辑。

因此临时军政府虽处清军环伺之中，但所遭受的真正的武力威胁并不大，这成为秦州历经近三个月的紧张局势而免受兵祸的重要原因。”这正如黄钺自述，罗平安，“川人也，所部三营，多川人，咸抱反正目的。其幕友刘果，罗之同乡，倡言革命，与黎兆枚、李宗纲、鲁秉周、黎瑞芬等，双方组织军队，已成一气。后罗视钺为进退，职是之故”①。赵惟熙“调崔正午五营旗驻清水县，刘文绣一旗驻刿门镇，罗平安两营、李宗纲一旗驻高桥、甘泉寺一带，马忠孝一营驻王家磨，并令张行志全部前来与我对垒，意欲以威力相劫。然我内省不疚，亦复无忧无惧。卒之，张不来，刘、李两旗溃回省城，崔时防陇州，陕军掩袭，自救不暇，罗缔好于我，始终未离徽、凤，赵黔驴之计遂穷”②。

三是与甘肃议会、官绅、军事统领方面保持沟通。3 月 14 日，黄钺致函兰州赵惟熙等，投石问路，试探赵惟熙等人态度。在通告秦州独立、建立甘肃临时军政府的消息后，云：“诸公如具有血气，亡羊补牢，或另建置，或为佽助，固所深愿，俱可酌商办理。沥血布告，拯瘠苦三边之众，竟共和一篑之功，在此一举，乞垂察焉。”③

3 月 22 日，黄钺致函甘肃昭武军统领马云亭，与其通气，“贵差弃来，述及公之硕画伟论，赞成甘肃共和，为全陇生灵造无穷之福，钦佩无量”；解释自己暂时不能取消临时军政府的原因，即兰州“所以认共和之办法，犹未见诸实行”，“升允诸人尚拥兵柄，蓄意所在，正未可知”。鉴于兰州方面“种种情形皆无共和之实迹”，所以，“钺之组织尚未敢急于取销”。同时驳斥兰州方面发布的谣言，“钺闻兰州纷纷谣传，道路处处惶骇，若谓钺之宗旨殊不可测，则钺亦颇辨菽麦，本欲维持甘肃和平，岂反欲扰乱甘肃治安耶？现进行方法一惟遵中央政府之令，不敢丝毫妄为。凡秦州

① 黄钺：《反正颠末》，《辛亥革命在甘肃》，第 12 页。

② 黄钺：《反正颠末》，《辛亥革命在甘肃》，第 14 页。

③ 黄钺：《致兰州司道赵惟熙、张炳华、潘龄皋，咨议局议长张林摄、刘尔炘》（1912 年 3 月 14 日），《辛亥革命在甘肃》，第 172 页。

绅民，皆已共见，当非钺之饰词也”。另外暗示自己已经得到川、陕方面的支持，时刻与其保持联络，“至此间军政府成立以后，已专急足至川、陕两处，电告中央政府并各省都督。昨又遣丁至陕，以兰州情形并钺等主持宗旨续行报告，一俟中央政府复电，再行取决”。最后表示自己并非出于私心，“总之，钺之组织万无自私自利之心，天日在上，可以照临。如甘省办法能如钺所主持，钺即洁身而去，不敢稍涉迟回，至贻越俎之诮。如中央政府谓钺之所主持不合，钺亦立即取销，决不稍抗命令也”①。4 月 7 日，因为赵惟熙颁布的告示中称黄钺为“匪徒”“逆焰逆党”，黄钺在回复马云亭的函件中，怒骂赵惟熙为“狗彘不食之人”！

4 月 20 日，黄钺致函兰州省议会，质问：“赵氏之所施行为民政乎？抑帝政乎？以民国而用帝政，贵议会竟莫敢谁何，监督之权安在乎？”“尤不可解者，钺之反正秦州，不过促甘肃共和进行，稍遂鄙怀，迅即归去。乃贵议会不加调查，于鄙人敛兵恤民诸政策，皆所弗道，徒摭拾无稽谣传，径行电告中央政府，致鄙人受贵同乡图揽高权之责，抑何不谅之深耶？”“赵氏剥夺甘民权利，贵议会竟怡然安之；鄙人力挽甘民权利，贵议会反拂然拒之，则蓄意所在，诚非鄙人所能测度矣。”②

四是分别呈文给袁世凯、黎元洪、黄兴、北京参议院、国务院，说明秦州起义的缘由、经过，为甘肃临时军政府的正义之举辩白。在袁世凯一味地偏向于赵惟熙之流、屡屡指责的情况下，黄钺不畏压力，不畏强权，与袁世凯展开了针锋相对的驳斥。

甘肃临时军政府甫一成立，黄钺即向袁世凯、黎元洪、黄兴致电，告知自己领导秦州起义的前因后果和下一步计划，“现在添募军勇，组织各部内容事宜，如兰州仍旧迟疑观望，不急反正，一俟川、陕援甘军队抵境，即率同进捣兰州，再行建置一切，以

---

① 黄钺：《致甘肃昭武军统领马云亭》（1912 年 3 月 22 日），《辛亥革命在甘肃》，第 185 页。

② 黄钺：《致兰州省议会》，《辛亥革命在甘肃》，第 204—205 页。

维全局”。并请求援助，“顾甘向为受协省份，兵力单薄，饷械两绌，非仰恳大总统议集各省协助之力，势难存立”。并将临时军政府的具体情况上报，请袁世凯核准，“所有建立甘肃临时军政府处所、日期及办理情形各缘由，理合抄录约章、执事人员表册，一并备文咨呈大总统鉴核施行”①。

3月12日，黄钺致电黎元洪，说明甘肃目前存在的困难，“顾甘尚为受协省份，兵力单薄，饷械两绌，非资各省接济，势难自存”。希望能得到黎元洪的支援，“伏恳先生不遗在远，共切同仇，转商之大总统及家克强君，设法佽助”。“条约底稿呈乞诲政，以匡不逮，并祈代将建立政府处所日期及情形，详电中央及各省政府。”②

3月16日起，黄钺数次致电黄兴，告知反正之事及向兰州进军的下一步计划：“川军不日抵境，当即率同进捣兰州，再行建置一切。”并请求经济支援，“钺如得仰叨威福，底定此间，前项军队自应分别斟酌遣散，以节糜饷而靖内讧。但已欠之款及后来应需之费，均为数甚巨。甘既猝难筹措，自非中央政府议集各省协助之力，势难存立。想先生不遗在远，全局萦怀，必不惜一援手之劳，以竟一篑之功也”③。3月19日，继续向黄兴请求拨款，“遣散军队必须重饷，乞速拨济，以杜后患，庶全甘生灵得早享和平之福”。同时提出“让贤”，“钺等才德庸下，亦得早卸仔肩，举贤接代，无任盼祷!”④ 4月14日，致电黄兴，指出兰州系假共和及赵惟熙的勾当、自己受到的冤屈，“现钺忍耻受辱，与兰先行解决，仰副厚意。惟实以促进共和为心，反受破坏之责；无丝毫权利之念，转被逆匪之名。大总统政出共和，心如皎日，非缕陈始末，心迹莫明，兼听则明，公理自在，伏恳电询川、陕政府就近

---

① 黄钺：《呈北京大总统文》，《辛亥革命在甘肃》，第102页。

② 黄钺：《致湖北副总统黎》，《辛亥革命在甘肃》，第176页。

③ 黄钺：《致南京黄留守》（1912年3月16日），《辛亥革命在甘肃》，第184页。

④ 黄钺：《致南京内阁总理黄电》（1912年3月19日），《申报》1912年4月5日。

查察，或派员查明虚实，钺即来京待质”①。

4 月 19 日，黄钺致电袁世凯，解释川军入甘原因：“入甘川军即北伐队，为援陕及促认共和而来，钺因与联络，非招致也。”同时说明自己已经引导川军退出甘肃，“现钺遵令解决川军，早请退出甘境”。但是，“惟赵惟熙佯称派员来商，阴饬吴、刘、马、崔等军，四面进逼。秦民恐，钺部愤赵始终不肯和平，如有他变，钺不任咎”②。

4 月 20 日，黄钺呈文袁世凯、黎元洪、黄兴、参议院、国务院，将秦州反正的缘由、经过，与兰州宣布共和先后问题，兰州假共和、使出的阴险手段，自己的初衷等原原本本地报告，再次表明自己的心迹：“无丝毫权利之念，而逆匪之名誓不甘居；实以促进共和为心，而破坏之责决不忍受。”③ 自己“目的不在争无谓之名义，但在促共和之进行，遂定约八条要求取决”。因此，“仰维大总统心周万虑，明照八表，统观前后之事，俯察彼此之情，公道具在，谁能文饰？理合据实，缕恳垂察，或电询川、陕政府，或派员来甘查办，俾明虚实，以保名誉，实为德便”④。

5 月 11 日，黄钺复电袁世凯，认为袁世凯偏袒赵惟熙，仅仅只听赵一面之词，“大总统于钺数电陈委曲，概置不答；于赵惟熙所陈无稽谣传，则据为定案，且为赵辩护”，而“大总统代表全国，似不宜据一面之词，以定是非，即君主专制时代，凡涉两方面之事，亦须派员查办，以资剖断”。并郑重表明自己宁折不屈的决心，“如谓钺孤立无援，遂可不言公理，窃恐民国之祸，来日方长。钺始终守和平恬退主义，所以解决稍迟者，正因大总统屡次来电，全与钺事实不符，必俟心迹彰明，方能去此。接此次电，所部全愤，几将决裂，钺为甘民起见，强加遏抑，仍办解决以维

① 黄钺：《致留守黄电》，《辛亥革命在甘肃》，第 56—57 页。
② 黄钺：《复大总统电》（1912 年 4 月 19 日），《辛亥革命在甘肃》，第 58 页。
③ 黄钺：《呈大总统文》（1912 年 4 月 20 日），《辛亥革命在甘肃》，第 103—104 页。
④ 黄钺：《呈大总统文》（1912 年 4 月 20 日），《辛亥革命在甘肃》，第 104 页。

大局。望此后勿发偏怙之令为幸”①！

5月15日，黄钺看见袁世凯对甘肃临时军政府的批文，见袁仍然厚“兰”薄“秦”，甚至欲将自己“重辟”，怒不可遏。22日，对袁世凯的批文逐条予以驳斥：一、“钺之反正，已救全多数生灵。方自谓有微功于民国，而大总统则曰有害公安，动摇国体。则知者以为有防微杜渐之意，不知者以为有颠倒黑白之心矣。此可为大总统惜者一”。二、“大总统必兢兢为之剖释，则知者以为受赵氏之蒙蔽，不知者以为作私人之护符矣。此可为大总统惜者二”。三、“大总统竟目为甘心破坏，为国公敌，则知者以为寓警戒规劝之意，不知者以为长武断罗织之风矣。此可为大总统惜者三”。四、“秦州不自建政府，不足收甘肃共和之功。大总统必断断指斥，则知者以为欲谋立国之本，不知者以为有伤全国之和矣。此可为大总统惜者四”。五、“大总统必斥为不应，则知者以为恐开幸进之门，不知者以为阻塞豪俊之气矣。此可为大总统惜者五”。六、“发不情之令”。七、“纯以横逆待人”。八、“秦州虽蕞尔弹丸，能屈于公理，不能屈于强权。以所指各节，无一语与秦事相类也。无理取闹之言，钺期期不能奉命！”“淆乱民国是非”。九、“凭借权势，遂帝制自为”。十、“专与舆论相违”。最后指出：“以上种种可惜，凡民国之官吏有一于此，即为民国之不祥。以民国之大总统而有此嫌疑之迹，窃为民国前途危矣。”“惟钺事即日解决，又何必如此费词？第恐缄默而去，大总统遂以为引咎自责。则民国初建，而即有覆盆之人，亦将来历史之污点矣。”② 在袁世凯居高位而当权的情况下，黄钺能如此义正辞严地控诉，着实是石破天惊之举，具备无穷胆量。“措词豪爽，凛凛然有壮士英雄之气概。以袁世凯当时之权威，而敢出此坦率之直言，亦可谓当时所仅见之一人。”③

---

① 黄钺：《复北京大总统电》（1912年5月11日），《辛亥革命在甘肃》，第61页。

② 黄钺：《呈复大总统文》（1912年5月22日），《辛亥革命在甘肃》，第107—110页。

③ 魏绍武：《黄钺在秦州反正回忆》，《甘肃文史资料选辑》第11辑。

5月22日，黄钺致电黎元洪，请黎“及早斡旋”。“我副总统暨留守黄公皆能明见万里，不以不才，同声摈弃，自不能不忍耻饮辱，相与解决，以释我副总统西顾之忧。现已酌拟十五条，由秦绅转知省议会，业经省议会通过，并经省议会一一通过，并经兰州政府一一允行，解决之期当亦不远。一俟解决完结，即日南归，决不稍作留连，形同恋栈，有砧湖湘。”①

五是口诛笔伐，揭露赵惟熙对都督名位的贪恋、对临时军政府所使的种种阴谋诡计，嬉笑怒骂，文采飞扬，读之令人拍案叫绝。

3月29日，黄钺致信给赵芝珊之流，站在全国共和大势的宏观背景之下，立意高远，逐条驳斥其阴谋。其一，直接指出赵惟熙等人的用意，“顷奉赐书，意周情挚，循环庄诵，且感且纫。然而所示之理由，尚须细为商酌，故来命不敢径违，亦不敢径从也。盖今日既为共和时代，当无事不用其共和。凡一方面之所剖决，不必为真是真非，必全国人皆表同意，方合于公法公理。诸君所断断置办者，不过谓此间不应独立，欲其取消也”。其二，解释“独立”二字的含义，为其后逐一驳斥对方埋下伏笔，“请将独立义例，为诸君详释之。独立云者，既与从前之割据纯然不同，义非于对待之方面有所反抗，质言之，不过有自治力之意。譬有人群于此，众人皆有自治力，而一人独无之，则此一人即不能独立。以不能独立之一人，羼入皆能独立之人群中，则此一人或受众人之保护，或为众人之附属，而不能与众人列同等之地位，享同等之利益明矣。然则，能独立者得乎？不能独立者得乎？唯诸君决之”。其三，强调各省独立的真正目的在于实行共和，“此次民国之建，实由各省以独立名义为之组织，然组织既成，何以不将独立名义即行取消，知此中权衡，各省皆已有斟酌。现在各省办法已成联邦之势，观美利坚地方制度与联邦政体，无一不有独立之机关，是各省正欲循独立之名，以进行共和之实。各省而仍用帝

① 黄钺：《致湖北副总统黎》（1912年5月22日），《辛亥革命在甘肃》，第208页。

政，则不可以独立；各省而改用民政，则不可不独立。甘肃必以独立为非，岂欲仍用帝政耶？”其四，说明秦州反正以及成立“甘肃临时军政府”的用意在于促进甘肃共和的进行，“来书引孙大总统之宣言，谓独立者对于旧政府为脱离，对于民国则为联合。不知苟不独立，则并未脱离帝政，并不能与民国联合也。来书又谓，甘肃亦中华民国一部分，同为中华民国团体，同受统治于中央政府之下，不知苟不独立，则不能与各省并立，而受同等之统治，且将为各省之附属矣。是此间之独立，实为甘肃树其标准”。“钺深望甘肃有联邦之资格，不忍其为各省之附属，故慨然以一旅一城为之表率，方谓甘肃绅耆必群起而德我，何期反以我为仇也?”其五，点出“帝政”与“民政”的区别，“选举之权，又民政最要机关，贵绅何为全不注意，东南各省出死力以争之者，贵绅竟倏忽而弃之”。其六，声明秦州反正日期早于兰州，承认共和日期，“来书竞竞焉争宣布共和之先后，无论钺之组织早在数月以前，川、陕往来书函俱在，虽发表在旧历正月二十三，亦较兰垣官绅于正月二十七方行会议，二月初一方悬国旗，已早数日矣。即令兰垣早已承认共和，而正月二十六张军之攻凤翔，三十日省垣来文犹用宣统年号，又何为者?”其七，驳斥兰州方面的污蔑之词，“来书一则曰扰害治安，再则曰破坏共和。试问事事循法进行，何得谓之破坏?不侵损民间一草一木，何为扰害治安?”“来书一切无稽谣传，又皆鄙人所不屑置辩。”并以兰州政府镇压宁夏起义相诘问：“必谓发表稍迟，乃非义举，然则宁夏革命最早，贵省何以不目为义举，而必遣兵毒杀乎?”其八，斥责兰州方面的军事恫吓，体现出敢于担当、大无畏的勇气，“惟贵司道昨移巩秦阶道文称，已调遣兵队四面围攻。此次书中又称，军锋未敛，炮弹相见，无论此种恫喝虚词，不值鄙人一噱，即果连营数十直压孤城，吾知必不敢轻发一矢，以秦州非鄙人之秦州，而甘肃之秦州也。即或事机决裂，钺必挺身独受锋刃，不忍秦民或遭荼毒”。最后，表示自己并非贪恋都督职位，临时军政府可以取消，但须达到自己之前提出的八条条件，“鄙人久思南归，岂恋此无谓之都督，然取消名义要在前此八条之决行，此后诸君但持中央政府之命令而来，自无不可解决之事，若仅为诸君一面之意，无论为恫喝为要求，则皆无效，言尽于此，惟诸君裁之”①。

3月31日，黄钺咨文给赵惟熙，明确声明甘肃临时军政府绝不接受赵惟熙的那一套，临时军政府不是赵惟熙说取消就取消的，“敝军府名义，由秦州绅民之组织，川、陕两处来函亦均照称。是已为联邦所公认，在未解决之日，于贵都督为对待团体，非贵都督一方面所能取销也”②。

4月5日，黄钺按照赵惟熙3月30日的来函③格式给赵惟熙回复了一封一模一样的信函，黄钺称之为“戏复”，尽显嬉笑怒骂的鲜明个性。“芝珊仁兄大人阁下：自违骏采，想象实深。昨奉赐函，知阁下窃得兰州督篆，神乎技矣！但刻下除去专制、实行共和之会，而弟又谬蒙中华国民推举，令为临时都督，才庸识暗，覆悚时虞，正与二三良友商量解职。阁下以伪乱真，危险更甚，倘承不弃，忠告之言是陈，但愿即时辞去现任职位，则军警学商各界，均将恕阁下前日既拂乎众、复欺乎心之行为。诗云：鱼网之设，鸿则离之，燕婉之求，得此戚施。僻尔甘肃之必须有良都督，理至明也。弟可卸肩，公亦不必滥竽矣。但公贪恋名位，自知难再有作都督之一日，故必须亟亟于目前也。鄙夫之患失者，无所不至，不信然耶？乃不自量，而竟遵总统咸电，试问阁下才力几何，见识几何，能担此变端日炽、种族庞杂之九百万生灵否乎？且蒙此假认共和之名，将何以对海内全体，而际此纯用民政主义时间，压制斯民，作威作福，又谁不疾首耶？阁下亦当知其非矣。为灵为蠢，辨在幾微，惟公实自审之。弟与公相印以心，阁下但能勒马收缰，一切罪状概不宣布。现值文明发达之际，咸

① 黄钺：《复赵芝珊、潘锡九、马云亭、刘晓南、张祥林、张小坞、周本斋》（1912年3月29日），《辛亥革命在甘肃》，第189—191页。

② 黄钺：《咨兰州赵都督文》，《辛亥革命在甘肃》，第133页。

③ 3月30日，黄钺接到赵惟熙信函后，评价曰：“以得署甘肃都督，譬如逐鹿已得，悖谬已极，其贪恋名位之心，乞怜逊让之状，情见乎词，尤为可鄙。”

与优容，惟公深思其宜，毋得贻羞斯可耳。敬贡药石，诸希鉴察！不尽。”①

4 月 20 日，黄钺致函兰州省议会，讽刺“区区甘肃，而赵、彭、潘、张诸竖子，出其贪鄙庸劣之技，高坐堂皇，威福自擅，而欲假托共和之名，苟幸无事，多见其不知量也”②。

四　解甲南归

尽管黄钺就甘肃临时军政府存在的合法性、必要性做出了艰苦卓绝的努力，可谓呕心沥血、殚精竭虑，但是，当黄钺见自己“收民国统一之效，成共和一篑之功”的目标初步达到，而且所受的不白之冤屈大白于天下时，其最终还是选择了当时革命党人普遍选择的道路——功成身退。

5 月 10 日，袁世凯做出批文：“据呈及各件均悉。该道心迹实有可原，惟现当政府成立，亟谋统一之时，若秦州仍拥兵不下，殊于大局有碍，务即遵照迭次电令，早图解决，罢兵息事。”③ 显然，与之前的严词斥责相比，袁世凯此次的态度、语气突然来了个一百八十度的大转变，强调黄钺秦州起义及随后的斗争是“心迹实有可原”，希望黄钺以大局为重，和平解决。

黄钺在 5 月 23 日见此批文，知道袁世凯的强硬态度有所松动，于是在 25 日呈复袁世凯，表示愿意取消独立，“钺现在正候兰州正式公文并其专使，一俟到秦，即行宣布解决，绝无留恋”。并说明自己的处境，欲尽快离开甘肃，“然钺在秦，讹言时至，日处危殆之中，一刻不能松懈，对内对外，实觉不易。而一事未妥，恐

① 黄钺：《复赵芝珊函》（1912 年 4 月 5 日），《辛亥革命在甘肃》，第 344 页。

② 黄钺：《致兰州省议会》，《辛亥革命在甘肃》，第 203 页。

③ 《大总统袁批》（1912 年 5 月 10 日），《辛亥革命在甘肃》，第 105 页。需要注意的是，袁世凯 5 月 10 日的这个批文，5 月 23 日才送达黄钺处。

至贻地方之忧，故求早了一日，即早完一日责任。此中苦况，惟垂察焉！再，钺暂仍临时都督名义，一俟宣布解决之日，即行取消”①。

25 日，国务院转来袁世凯命令，许以高官厚禄，以诱惑黄钺，“该道深明大局，罢兵息事，既知尊重中央命令，且免使甘南一带别生枝节，深堪嘉慰。即将该处事宜速行办结，遵照前电，来京听候任用。现当建设伊始，需才孔亟，该道正当勉图匡济，以副倚望也”。“该道将诸事布置就绪后，克日来京听候录用。”②

26 日，黄钺致书赵惟熙，表示“敝处只待正式公文到秦，即行宣布解决，偕同南中诸友克日归田”③。

30 日，因迟迟没有接到兰州政府的解决公文，黄钺移文兰州甘肃省议会，“查本军府所定条约已阅月余，贵议会亦屡函秦绅早已通过，然至今尚未接到兰政府解决公文，殊为焦灼。两方既认和平解决，总以迅速为妥”。黄钺认为“非派员赴省与兰政府省议会直接磋商，恐一时不能就绪”。因此，干脆委派全权委员赴兰州议和，“为此照会刘君文厚，充当全权委员，受绅庆龙亢随员，先行至兰，听候秦州解决就绪，即由该委员在兰州宣布一切。务望贵议会妥为招待，不胜盼切！”④

31 日，黄钺致书四川都督尹昌衡表示感谢：“迩来屡得大总统批电，均与从前语气大不相同，倘非公等清议逼人，安能得此？”

6 月 5 日，黄钺向北京及各省通电，又一次声明：“钺解决条件，早经省议会通过，赵督承认。惟赵久无正确咨复，殊难再候，致启群疑，只得据省议会正式回文，决定初七实行解决。请大总统宣布，并令赵督照约实行。所留军队，暂交向燊，仍以秦州道名义接统，兼办善后，钺即南归。”⑤

---

① 黄钺：《呈复大总统文》（1912 年 5 月 25 日），《辛亥革命在甘肃》，第 111—112 页。

② 《北京国务院来电》（1912 年 5 月 25 日），《辛亥革命在甘肃》，第 75—76 页。

③ 黄钺：《致兰州都督赵惟熙》（1912 年 5 月 26 日），《辛亥革命在甘肃》，第 210 页。

④ 黄钺：《移省议会文》（1912 年 5 月 30 日），《辛亥革命在甘肃》，第 140—141 页。

⑤ 黄钺：《致北京及各省通电》（1912 年 6 月 5 日），《辛亥革命在甘肃》，第 62 页。

6日，黄钺分别呈文袁世凯、参议院、国务院，再次表示将取消甘肃临时军政府，卸甲南归，“再钺游宦多年，先人坟墓，急待修理，一俟南旋后摒挡就绪，当即遵令来京，借聆钧训”①。

同日，黄钺接到惟熙来函，赵称：“弟前已派马镇福祥与阁下接洽，并将贵部军队札由向道接统在案。”“其秦绅之随同办事者，尤望阁下与马云亭、向乐谷两君妥为安置，毋任失所，将来量才器使，借重之日方长。”②

7日，甘肃临时军政府特派员陈贞瑞、周昆，兰州军政府特派员向楷、彭名崇，临时省议会特派员李象贤，秦州绅学商界代表张世英，在秦州签订《解决条约》，这标志着甘肃临时军政府的正式取消。

《解决条约》共十四款：

第一款　秦州军府遵大总统歌电，承认与兰州政府解决。

第二款　兰州政府所颁发有碍名誉之文告，即须电致中央政府为之更正。对于各州县应亦备文更正。

第三款　川军前后照会兰州政府各事，应由两方面变通函商，各用正式公文一面解决，一面驰复川军。所有应行举办事，宜酌量地方情形，随时更正进行，以副邻封厚望。

第四款　解决之时，应由秦绅主稿，会商兰州省议会，将秦州军府促进共和之功，呈由兰州政府电致中央政府，并各省都督。

第五款　秦州军府须与兰州政府名义合并，由黄都督在兰州宣布起义之宗旨，并辞职之理由。

第六款　秦州军府全体人员，有愿向兰州政府办事者，由兰州政府应与以相当之位置。

第七款　兰州政府须将政纲服制，仿照东南各省一律改革，以期实行共和。

---

① 黄钺：《呈大总统文》（1912年6月6日），《辛亥革命在甘肃》，第113页。

② 《兰州都督赵惟熙来函》（1912年6月6日），《辛亥革命在甘肃》，第263页。

第八款　秦州军府在秦州已行之各种便民政策，兰州政府应催促秦州切实进行，并通饬各府州县仿照办理。

第九款　秦州军府各办事人员应送薪水。如愿归者，应加送川资。至一切夫役，应发工食。

第十款　秦州军府动用秦州各公款，应从丁粮项下摊还。

第十一款　电局为独立机关，此后秦州军府如向兰州电局发电，无论何人不得干涉。

第十二款　本条约除缮一纸由两方面全权委员签押外，应加缮二纸分交秦绅及兰州省议会，以便秦州军府解决之后，为监督共和进行地步。

第十三款　秦州军府军队有愿随黄都督南归者，兰州政府须酌给恩饷。

第十四款　秦州军府于解决之时，得将本条件宣布各州县，通告各省。

在甘肃临时军政府与甘肃军政府（兰州）达成的《解决条约》中，黄钺等重点提出两点要求：一是兰州政府（即甘肃军政府，下同）需恢复甘肃临时军政府名誉，并保证其在秦州已经实行的各种便民政策，并命令各府州县仿照办理；二是兰州政府必须仿照东南各省，一切实行共和。

6 月 11 日，黄钺致函毅军河北镇总兵赵倜，请其在自己一行南归过境时沿途保护，“已遵于六月初七日解决，现整行装，准于日内首途，拟取道河洛，计由秦州启行，随行人等约百余人，候抵长安，当分途投往。但共和甫定，邮路虽通，而迢递关山，难保无萑苻之虑，异时道过柳防，应恳麾下俯念行路之难，饬属妥为保护，以利遄行”①。

17 日，黄钺准备返程了。秦州军绅学各界在孔庙明伦堂举行隆重的欢送会，黄钺发表了慷慨激昂的临别赠言。再次声明起义

① 黄钺：《致总统毅军河北总镇赵倜》（1912 年 6 月 11 日），《辛亥革命在甘肃》，第 215 页。

宗旨的同时，也表达了对维持共和、建设政治民主、发展民生的忧虑，特别是对袁世凯的进言。秦州绅学各界纷纷致书告别。黄的幕宾汪剑平，英年多才，致书告别时，有“风萧水寒，小子去矣，他日中原逐鹿场中，或相值耳”之语。秦州人民还作了一篇纪功词，写在旗上，送给黄钺，以作永久纪念。启程之时，“万众攀辕”①。民众学生千人，不约而同，送往东郊，依恋不舍，挥泪牵衣，握手告别。于锦旗飘展，夏光熠熠中，这位雄健革命者，缓缓地踏上了归程。

黄钺组织发动秦州武装起义，是他十数年来致力于推翻清政府专制统治、建立共和政府的必然之举。在他的主观动机中，毫无个人权位名利思想，完全出于促进共和的至诚。他追求的是“收民国统一之效，成共和一篑之功”，而秦州起义在客观上也确实达到了这个效果。所以，在和兰州赵惟熙以及北京袁世凯的交涉中，最使他不能释怀的就是赵、袁等总是试图把他的举动歪曲成个人争权位。在和平解决之后，他之所以毅然选择南归，既是出于对袁世凯的反感，也是为了彻底证明自己的本心。

我们认为，在经过几个月的坚决斗争之后，黄钺之所以选择取消甘肃临时军政府，主要有如下原因：

第一，黄钺十分淡泊名利，并不热衷于都督的虚名，“权利上之思想一介不屑，名誉上之关系一介必争”。从 1912 年 3 月 11 日甘肃临时军政府成立之日起，黄钺就反复对外声明，“钺复谕以才德浅薄，暂肩兹任，一俟全甘大定，组织完备，即行取消”②。“敝军府但欲促甘肃共和之进行，不与之争无谓之名义，遂定约八条，要其决行，以为敝军府解决地步。”③“此不能视兵力之强弱遽自取销者，保名誉，非争权利耳。各省公论朝到，钺夕即南归，决无须臾留恋。”④“故遵命劝我取消名义，无不乐从。现正与兰州开条

---

① 张澄子：《在辛亥革命中的天水》，甘肃省档案馆，117－003－0053。

② 黄钺：《反正颠末》，《辛亥革命在甘肃》，第 13 页。

③ 黄钺：《咨各省都督文》（1912 年 4 月 5 日），《辛亥革命在甘肃》，第 136 页。

④ 黄钺：《致陕西统制张云山》（1912 年 4 月 5 日），《辛亥革命在甘肃》，第 196 页。

解决，但期实行共和，使斯民享同等之幸福，方不负鄙人举义之初心。”① “然所以责钺者，总谓钺有争为都督之意，天乎冤矣！夫钺所设之军政府，必曰临时，即谓随时可以取消也。凡种种条文，无不隐含此意，至对众宣言与投书各处，尤先以此发明，乃矢诸天日而公不信，披沥肝胆而公犹疑，钺诚无告诉矣。然请为公更进一言，曰钺贪恋甘肃都督而不肯取消者，为极无廉耻极无人格，则公可以谅此心乎？然非畏公之兵力也，盖本意如此耳！”② 黄钺呈袁世凯文中反复声明：“钺无丝毫权利之念。”③ 4月14日，黄钺致电南京留守黄兴，亦表明自己：“无丝毫权利之念。”④ “弟材虽庸谫，人格尚高，权利上之思想一介不屑，名誉上之关系一介必争，执事果以实行共和为怀，甚愿以后抱君子之心，出君子之言，行君子之事。”⑤

5月22日，黄钺在给袁世凯、黎元洪、黄兴、参议院、国务院的呈文中也指出：“合观大总统之用意，不过谓钺借词拥兵以图私利而已。不知钺在满清时代早已爵列五等，官居参议。使果但知私利，则当率师来秦之时，即为攻陕之计，无论所统骁锐六营，固能踊跃前驱，而张、罗各军，亦必欣然用命。则左提右挈，由宝鸡而取凤翔，乘胜而会师西安，当时长安空虚，则克捷亦意计中事。如此则有功于满清，固可膺厚赏；无功于满清，亦可得高迁，如前之冯国璋，后之赵（惟熙）、彭（英甲）、马（安良）皆其例也。乃始终不发一卒离秦，并牵制罗、崔各军之后，使不得逞其大欲，则当时之事势为公益乎，抑为私利乎？此时之所争，为共和乎，抑为一身乎？想海内外同胞，必有能辨之者。大总统

---

① 黄钺：《复崔时斋》（1912年4月5日），《辛亥革命在甘肃》，第198页。

② 黄钺：《复昭武军统领马云亭》（4月7日），《辛亥革命在甘肃》，第199页。

③ 黄钺：《呈大总统文》（1912年4月20日），《辛亥革命在甘肃》，第104页。

④ 黄钺：《致留守黄电》，《辛亥革命在甘肃》，第56页。

⑤ 黄钺：《复赵芝珊》，《辛亥革命在甘肃》，第197页。

注目所在，何视天下之人格尽如此其卑下耶？”[①]

第二，与黄兴、黎元洪、谭延闿的态度转变有关。可以说，黄钺发动秦州起义，黄兴、谭延闿以不同方式予以鼎力支持，但甘肃临时军政府建立之后，出于种种原因，黄、黎、谭三人又均要求黄钺“深明大义”“顾全大局”，取消独立。这在一定程度上影响了黄钺的决定。

1912 年 3 月 11 日秦州起义之后，黄兴致电袁世凯，就黄钺秦州反正的前因后果进行说明，强调黄钺秦州反正之事，他和谭延闿二人均派革命党人参与其中，“兴由南京、延闿由湖南各专派高云麟、罗韬等潜赴秦州，促黄反正，以维大局”[②]。4 月初，为了和平解决秦、兰军政府对峙之局面，黄兴致电袁世凯，保举黄钺为新疆都督。黄兴认为，此举不仅可以解决甘肃军政府东西对峙之难题，而且也是移兵实边之良方。况且“黄之先人，昔曾抚新，黄君生长新疆，熟悉彼处情形，新疆所有军队，大半系其先人旧部，且怀抱拓殖政策有年”[③]。据当时《申报》报道：“为东南兵队计长久，特建移兵实边之策。前日闻黄留守电致袁总统，保举黄钺君为新疆都督，即为实行此项计划。缘黄之先人昔曾抚新，黄君生长新疆，熟悉彼处情形。新疆所有军队，大半系其先人旧部，且怀抱拓殖政策有年。黄留守知之最深，故以之推荐。”[④]但是，至 4 月 17 日，留守南京的黄兴致电赵惟熙，由赵转送黄钺，建议黄钺取消军政府，“窃维共和告成，南北统一，秦州独立名义自应取消。当此时局艰危，正赖群策共济，各泯猜嫌，足下才识宏通，深明大义，务请遵照大总统命令实行，取消独立，同保治安，大局幸甚。翘盼西陲，无任祷祝”[⑤]。

---

① 黄钺：《呈复大总统文》（1912 年 5 月 22 日），《辛亥革命在甘肃》，第 109—110 页。

② 黄兴：《致袁世凯电》，《黄兴集》，湖南人民出版社，2008 年，第 213 页。

③ 佚名：《京华短柬》，《申报》1912 年 4 月 17 日。

④ 《申报》1912 年 4 月 17 日。

⑤ 黄兴：《黄兴集》，第 303 页。

5月1日，黎元洪致电西安，“转临时都督黄”，称黄钺“苦心毅力，伟画嘉猷，成立共和，所资甚大，临风引领，无任依驰。尚祈原始要终，顾全大局，永保和平，切盼”①。

5月13日，谭延闿致电“西安电局专送秦州黄都督钺鉴”，首先说明袁世凯要求自己做黄钺的工作，“执事既与知好，务希劝令释兵息事。如与赵督不能相处，政府必当量材而用，另令位置，以期永息纷争，共维大局”。继而婉劝黄钺取消独立，“吾辈此次反正，专以国利民福为前提，但求于事有济，牺牲个人宗旨，原不足惜。公之志事，有识共知。功成身退，未为不可。望勿坚执，致起衅端”②。28日，谭延闿再次来电，“电局送秦州黄钺、向燊两君鉴”，“万不宜为甘牺牲远器，伏望从速引身回湘，暂置理乱于不问”③。6月2日，谭延闿又发来电文，再劝黄钺“明哲知幾，幸早裁夺为要”④。

第三，与民国初年流行的地方自治主义有关。黄钺认为：“一省不应有两政府，不待智而知。弟之建设不能即时取销者，因已电达中央政府及各省都督，自应取诸公决。促无论如何作复，鄙人决不负此都督重任，贻误将来，况当民政时代，所有长官不宜以外省人居之，总赖绅民出为提倡，各尽维持桑梓之义务，做事方有关切。”⑤因此，4月22日，黄钺致电谭延闿，表示自己去意已久，另举荐甘肃各界认可的俞明震为甘肃都督，“惟前藩俞明震物望素孚，学识超卓，官绅商学望其再出，与旅甘湘人尤洽，俞为都督，全甘受福。钺久思让职，现秦绅已有电推荐，恐无效，乞极力赞成，转中央政府任命”⑥。

4月26日，甘肃汉、回之绅、商、军、学各界代表张世英、

① 《武昌黎副总统来电》（1912年5月1日），《辛亥革命在甘肃》，第83页。
② 《湘都督谭来电》（1912年5月13日），《辛亥革命在甘肃》，第84页。
③ 《湘都督谭来电》（1912年5月28日），《辛亥革命在甘肃》，第85页。
④ 《湘都督谭来电》（1912年6月2日），《辛亥革命在甘肃》，第86页。
⑤ 黄钺：《复崔时斋》（1912年4月5日），《辛亥革命在甘肃》，第198页。
⑥ 黄钺：《致湘都督谭》（1912年4月22日），《辛亥革命在甘肃》，第59页。

哈铸、董皞民等四百余人联名致电袁世凯、孙中山、黎元洪等，认为“赵惟熙、彭英甲与甘民结怨甚深，人地不宜。秦州黄公遵令解决，请委任俞明震为都督，以靖甘乱”①。甘肃旅陕同乡会也认为，黄钺应“避事权之嫌”，不宜担任甘肃都督。赵惟熙“万不行共和之实，只知引用私人”，也不适合担任都督；改推“各界所推重”的俞明震②。

黄钺的解兵辞职在社会上引起强烈反响，当时受到舆论界的普遍赞扬。甚至兰州赵惟熙等也向各省都督、议会发出通电，惺惺作态，虚情假意地肯定黄钺秦州起义之举，“自独立以后，除戮游击玉润，此外未伤一人，不愧文明办法。今则相机解决，实属深明大义”。“该员年富才优，尚祈大总统加之委任，以昭激劝而励才能。”③

就主观愿望而言，黄钺急流勇退，自解兵柄，显示了他不争名利的高贵品质和维护全国统一的善良愿望；就客观形势而论，黄钺离开秦州以后，以赵惟熙为代表的甘肃封建顽固势力卷土重来，该地区革命形势发生逆转，这是违背黄钺初心的，也是他不愿看到的；然而，在民初纷繁复杂的政治博弈中，黄钺亦诚有不得不退之苦衷。

① 《秦绅致北京袁大总统、南京孙大总统、湖北黎副总统电》（1912 年 4 月 26 日），《辛亥革命在甘肃》，第 94 页。

② 《旅陕甘肃同乡会通电》（1912 年 6 月 12 日），《辛亥革命在甘肃》，第 91 页。

③ 《申报》1912 年 6 月 21 日。

第六章　与时俱进　家国情怀

解甲之日，即是南归之时。黄钺自甘肃秦州启程，经陕西西安、潼关，河南，湖北汉口，湖南长沙，于1912年7月26日抵达宁乡故里。南归途中，所到之处，社会各界无不致以敬意。在乡居的短暂闲暇时光，黄钺依然心系甘肃，为甘肃人民的命运和前途奔走呼号。同时，黄钺为北方突然加剧的边患所忧心，以各种形式积极投身爱国运动。受袁世凯的多次邀请，黄钺暂时为袁世凯所迷惑，于1913年2月15日抵达北京与其会面。“二次革命”爆发后，黄钺果断加入革命党人阵营，积极反袁，遭袁通缉。后拥护孙中山领导的护法运动。1918年，奉孙中山之命，出任湘鄂豫招抚使，组织游击部队，讨伐北洋军阀张敬尧。1922年，当选为湖南第一届省议会议员。1927年南京国民政府成立后，因与蒋介石政见不合，去职还家，隐居乡里。抗日战争期间，力主抗日，以年近七旬高龄组织湖南抗日武装。毕生可谓“无役不从，无苦不受”，鞠躬尽瘁，死而后已。

一　心忧边患

1912年6月21日，黄钺一行200余人离开秦州迤逦向东而行。甫一进入陕西省境，就受到陕西都督张凤翙委派军队的沿途保护。据当时《申报》报道："现在共和成立，全国一家，邮路虽通，难保无萑苻之虑，应请转饬沿州县营汛随时保护，以利遄行，请烦查照施行等因，准此合行令知。令到仰该司查照来文，刻即转饬东西各军队及应过各厅州县一体保护可也，此令。"①

刚到西安，陕西各方人士无不表示热烈欢迎。"前甘肃临时军政府都督黄佑禅君因兰、秦合并，解职东旋，已于前月抵陕，寓红埠街。是日，适陕中各界天雨未接旌麾，甚为抱歉。兹以黄君前此反正秦州，促进共和，义声卓著，拟择日开欢迎会，以表悃忱云。"② 欢迎会后，张凤翙为尽地主之谊，欲挽留黄钺在西安"为十日之欢，以尽交谊"。

在西安短暂停留期间，7 月 1 日，黄钺向袁世凯发出通电，对赵惟熙、袁世凯欲予以重用的褒奖之词毫不领情，一针见血指出其虚假本质，明确表示不愿意与之为伍！"本应遵令来京，但钺本下才，不适于用。赵惟熙于钺时毁时誉，毫无定凭，其毁皆伪，其誉岂真？赵本无自知之明，何得有知人之识？无论毁誉，钺皆不受。大总统于钺亦随奖随斥，不取证全国之议论，惟依一人为转移，则斥之何辱，奖之何荣？恳给假南归，暂免服务，事理应然，非敢高蹈也。"③ 可见，黄钺对赵惟熙、袁世凯的把戏十分清楚，对于其此时灌的迷魂汤能时刻保持清醒的头脑。

梁园虽好，不是久恋之家。黄钺"归心似箭，又因随从过多，不肯少留，即于七月六号起节东行。张统制当派马队管带刘长泰带领骑兵四十名，沿途护送，并函知潼关郭协统一体派兵送至河南火车站"④。

7 月 18 日，黄钺一行"抵汉口"。在武昌，黄钺与黎元洪进行了晤谈，"略陈甘肃大概"。在汉口时，黄钺还原计划赴上海，与

---

① 《近况》，《申报》1912 年 7 月 8 日。

② 《陕人预备欢迎黄钺》，《申报》1912 年 7 月 18 日。

③ 黄钺：《致北京大总统电》（1912 年 7 月 1 日），《辛亥革命在甘肃》，第 64 页。

④ 《黄钺由陕回湘》，《申报》1912 年 8 月 1 日。

黄兴“面陈一切，因在渑池患痢症，非常委顿，遂改计返里”①。

回到湖南，故乡人民更加报以隆重欢迎。鉴于黄钺在西北辛亥革命中的特殊贡献，同盟会湖南支部特意致函邀请黄钺，于7月24日在长沙烈士祠召开欢迎大会。该函件称：“秦州绾百二河山，古称天险。先生坐镇其间，闻风响应，使东南各省经营革命事业，不至有后顾之忧者，厥功甚伟！兹值中原统一，解甲归来，追溯殊猷，官绅敬礼。谨择于本月二十四日午后三时，就烈士祠会场开欢迎大会。届时务乞驺从贲临，增辉盛举，是所盼祈。”②

7月26日，黄钺“抵沩阳原籍”③。

8月17日，黄钺收到黄兴来函。黄兴在此信函中充分肯定了黄钺领导秦州武装起义的历史功绩，并对黄钺在秦州所受的不白冤屈表示安慰：“半年以来，我公维持甘事，煞费苦心，明眼人自有公论。悠悠之口，初何损于日月之光，望勿介怀为要。”④

黄钺离开秦州之后的甘肃可谓“一夜回到辛亥革命前”，民主共和形同虚设，官场派系林立，各自争斗，演出了一幕幕闹剧。据当时《申报》报道：“兰州函云，甘垣剪发者，学界尚多，商界则寥寥无几，官界则不特无人剪发，且翎顶袍褂依然。满清旧染，甚有乘此过渡时间钻营运动，剥削民脂较前更甚，几不知道德廉耻为何物者。闻有一候补员何某将其亲生十八岁之爱女配于署甘肃提督八十余岁之柴某为妻，因得署检巡厅肥缺，甘垣人员无不传为笑柄。至该省鸦片无处不种，较前更甚。盖因价昂利厚，官场无如之何也。且因甘垣交通不便，粮价贱而伤农。近日白面双秤（每斤三十二两）每斤不过大钱十数文，故人多不种粮而种烟云。”⑤

对此甘肃政治乱象，甘肃各界如向燊、刘文厚、刘树人、孟

---

① 黄钺：《致黄克强》（1912年6月26日），《辛亥革命在甘肃》，第216页。

② 《同盟会湘支部来函》，《辛亥革命在甘肃》，第294页。

③ 黄钺：《致上海民立报馆》（1912年8月5日），《辛亥革命在甘肃》，第217页。

④ 《南京留守黄克强来函》（1912年8月17日），《辛亥革命在甘肃》，第295页。

⑤ 《陇右要闻录》，《申报》1912年6月25日。

庸、章和、慧照等纷纷给远在湖南的黄钺来信，强烈恳求黄钺继续关注甘肃，并设法挽救。“南旋既久，秦州士绅犹有以陇中后事，沥陈险象，恳君维持。君力任之，为之代表诸当道，不稍推卸。”“而尤于归隐后，疾痒相关，尚不忍以秦越视人，漠然置之臆外。吁！古今来热肠志士，如君之造福生民者，诚几人哉？”①

1912年6月，黄钺才刚刚踏上南归路途，刘文厚即来函，恳请黄钺“颉颃于孙中山、黄克强诸先生之间，为同胞造无量幸福”②。7月、8月汪清两次致函黄钺，称“秦州自公去后，诸仍满清旧制，马、吴二军先后至秦，一片干净土储牧屯营，损毁殆遍，而对于剪发诸同人尤属难堪，街衢成魑魅之乡，使人不可一日居。而兰省暗无天日，较秦尤甚”③。请求黄钺“时以甘事为念，将用何策以补救耶？”④“我公痌瘝在抱，济众为怀，拯救甘民，尤为宏愿，又况地处灵通，迥非昔比，为力易易，人所共信，诚能设法维持，以解倒悬，使甘民出黑暗地狱，登诸庄严世界，则鲋鱼涸辙，不致为枯肆之索者，幸得遇仁人为之援手，此不惟边氓感戴鸿慈于无暨，都督始终为甘之目的，亦可达到圆满地步矣。”⑤“第一闻甘事即不觉忧心如焚，惟望吾公为甘人一设法焉。”⑥

其实，对于自己倾注了无数心血的地方，黄钺何曾一日忘怀！他在离开甘肃作临别赠言时就表示：“鄙人办事决不肯有始无终，即解决以后无论如何为难，总以达到起义之目的，俾甘民脱离专制之苦，得享共和之福，此又鄙人所牢记于心，而不能因去甘之后不即为我甘民尽此一分义务耳。”⑦ 在从甘肃返乡的途中，黄钺就“在武昌晤黎公时，略陈甘肃大概，及甘肃省议会议长李镜清、

① 黄人羲：《陇右光复记叙言》，《辛亥革命在甘肃》，第8页。

② 《刘文厚来函》（1912年6月17日），《辛亥革命在甘肃》，第282页。

③ 《汪青来函》（1912年7月），《辛亥革命在甘肃》，第286页。

④ 《汪青来函》（1912年8月），《辛亥革命在甘肃》，第287页。

⑤ 《章和来函》（1912年8月），《辛亥革命在甘肃》，第300—301页。

⑥ 《寇献琛来书》（1912年9月9日），《辛亥革命在甘肃》，第276页。

⑦ 《解决后之赠言》，《辛亥革命在甘肃》，第49页。

秦州绅士张世英，为甘肃一日不可少之人，现被该省劣绅恶吏所排挤，请其设法维持”①。并致函黄兴，请其关注甘肃政治局势，“马翰如（安良）才庸而实阴险，以威胁人，本部亦多不服；马云亭（福祥）则一无才无识之人，性又油滑，皆不足恃，此甘肃后来措置之可虑者也。赵惟熙无识而无天，俗吏之尤，甘肃除二三私人外，全体反对。以此等人为长官，安得而不酿祸？项城背拂舆论，是其所长，我公如何设法维持，是甘肃九百万生灵日夕所仰望者也”②。

在短暂赋闲在家的日子，黄钺通过阅读信函、报纸等方式，密切关注着甘肃的动态。他还呼吁新闻媒体揭露甘肃乱象。8 月 5 日，黄钺致函上海民立报馆，对于甘肃乱象，表示自己心有愧疚，“现虽旋里，借藏鸠拙，对于甘肃推倒建置，未达目的，负咎实深”。希望媒体鼓吹，“甘肃险象已露，去国之人无术补救，惟望诸公鼓吹，拯此一方。兹附二稿，各详目前甘肃事实，乞登录正张，并请寄登外洋各报。盖此刻陇中暗无天日，若无公等以口舌挽救，则永听其沉沦也”。“钺代表全甘九百万生灵顶礼。”③

8 月 19 日，黄钺致函黎元洪，请其设法治理甘肃乱局，“两月以来，迭接甘肃士绅来书，缕陈该省险状，尤以萧绅汝玉等一书为悲切”。“中央政府不知情实，徒以功名为笼络之，具不知实长其傲气，藐视一切，是欲维持，反以速祸，此甘肃现在之情实也。钺既还湘，与甘肃已断关系，然既知其详且恐有妨大局，不敢不告。我公乃眷西顾，必不恝然置之也。”④

8 月 22 日，黄钺致函给汪健，袒露心迹：“鄙人员还湘上，何尝一日忘秦，力所能及者决不迁就。”⑤ 9 月 14 日，复函给汪健等，告知汪健、董进三等人赴京时，可以找黄克强、周道腴、陈汉元求助，“此数公者，均弟至好，且又关心甘肃大局，诸君到京之

---

①② 黄钺：《致黄克强》（1912 年 6 月 26 日），《辛亥革命在甘肃》，第 216 页。

③ 黄钺：《致函上海民立报馆》，《辛亥革命在甘肃》，第 378 页。

④ 黄钺：《致黎副总统》（1912 年 8 月 19 日），《辛亥革命在甘肃》，第 218—219 页。

⑤ 黄钺：《致汪健》（1912 年 8 月 22 日），《辛亥革命在甘肃》，第 220 页。

后，即可前往谒见。弟已另缄告布诸君来意（并呈洛阳原缄），且请竭力设法，为诸君振臂一呼”①。15日，致函黄克强、周道腴、陈汉元等，请当时在参议院的陈家鼎、湖南代表周震鳞等为奔赴北京呼吁的甘肃代表朱仲穆、汪清等人提供帮助，“弟故缄恳三公，一为朱君等代表，一为全甘请命。公等于甘肃情形，早经缕诉，想已洞察，务乞竭力筹谋，脱甘人于水火之中，伸天下晓然于赵氏之恶”。并强调在经济上接济汪青等人，“朱君等以同伴人多，费有不支，乞公代商甘省议员田君骏丰等，互相筹措，倘再有不敷，请汉兄代垫百金，弟当由此间归赵”②。

11月20日，黄钺再次致函黎元洪，希望黎采取措施，切实帮助甘肃脱离困局，“去位之人，久不欲与闻国事，无奈甘肃士绅相率来湘，力求维持。钺以疾痒相关，不忍恝置，只好代全甘生民请命于先生，务恳大力主持其间，始终成全，毋使一班民贼蹂躏于边陲，钺当为全甘代表熏香顶礼，诵我公德于无量”③。

在情系甘肃、为甘肃社会的进步和发展继续操劳的同时，黄钺没有忘记曾与他一起在甘肃战斗过的同志，不忘旧部为甘肃辛亥革命成功所做的贡献。1913年元旦节刚过，黄钺想到追随自己在秦州武装起义的革命志士尚未被政府记功表彰，感到十分愧疚，“回忆在甘之秩序井然，实赖各同志之赞匡辅助，而赏功酬庸之典，今尚阙如，清夜思维，五中焦灼”。因此，1月2日，黄钺郑重向北京稽勋局咨文，将尚未列入名册的湘籍和外省同志列入，“幸逢大总统特设稽勋局，派员分赴各省，调查开国功勋。钺虽解组归来，赋闲桑梓，岂敢安于缄默？令各同志组织革命之劳勋，自我而论，除同钺回籍人员，由敝省呈请稽勋外，所有在甘出力、成绩可稽、曾任各机关职员，用特摘尤造册，咨请贵局察核，照章奖励，并分饬各省稽勋局长查照办理”。除罗列秦州起义的参与

① 黄钺：《复汪健等》，《辛亥革命在甘肃》，第221页。

② 黄钺：《致黄克强、周道腴、陈汉元诸君》，《辛亥革命在甘肃》，第222页。

③ 黄钺：《致副总统黎》（1912年11月20日），《辛亥革命在甘肃》，第223页。

人员名册外，还详细介绍了刘文厚、受庆龙、寇献琛、谭其茳、魏国英、汪清、毕文硕、蔡镇西、张桓等志士的功绩。①

赋闲在家的日子其实并不轻松，甘肃政局的混乱令黄钺忧心忡忡，以前旧部的功勋表彰事宜令黄钺挂心，北方边患的突然严峻又牵动着黄钺的心。

有清一代，尤其是道咸以降直至近代以来，外患频仍，国土日蹙，边疆地区成为与中华民族兴亡安危的焦点。其中，西北边疆地区由于战略地位的重要性、民族成分的复杂性、文化发展的多样性以及地形气候的特殊性，从而倍受学术界的关注，兴起了以探究边陲史地、谋求保国固土为主要内容的西北边疆史地学，并在当时处于“显学”的特殊地位。19 世纪后半期，一方面沙俄向中国整个北方进行蚕食，另一方面英国又从中亚向新疆侵略。1820 年，回部贵族残余在英国支持下的叛乱引起了全国上下的关注。鸦片战争直到清末，西北国界日蹙。辛亥革命期间，北方边境发生了几件大事。其中最严重的事件就是沙俄侵略蒙古。众所周知，内外蒙古历来都是清政府辖下的领土，而且蒙古族人民享有一定的特权。1911 年武昌起义后，垂涎此地已久的沙俄策动少数蒙古王公、政府驻库伦办事大臣，于 1911 年 11 月 16 日宣布成立“大蒙古国”，同时，沙俄竟然迫使外蒙当局与之私自签订《俄蒙协约》和《俄蒙商务专约》，控制了外蒙古政治、军事和经济大权。消息传开，全国愤慨，一致抗议，但袁世凯此时正计划解除国民党对他的限制，对“蒙事”拖延再三，既没有派军征讨，也没有持强硬态度对抗沙俄，引起全国人民的强烈不满。

黄钺自小就游历西北，受父亲影响，耳濡目染，比一般人更加关心西北，心忧边患。为此，他主要以参加库事筹备会、湖南筹蒙会、湖南各团联合筹边会等爱国团体，并出任重要职务，以

① 黄钺：《咨北京稽勋局》（1913 年 1 月 2 日），《辛亥革命在甘肃》，第 157 页。另，1917 年 3 月 22 日，黄钺以“公府咨议官、陆军中将、前甘肃临时都督”的名义，具呈内务部，重申前请，请给予前甘肃临时军政府非陆军出身人员勋章，“以旌其功”。

组织重新刻印边疆史地著作等形式，积极投身于这一时期如火如荼的爱国运动。

一是向黎元洪推荐解决蒙古问题的良策。1912 年 11 月 20 日，黄钺致函给黎元洪，称："蒙事日急，主战主和，先生必筹思已熟。当此民国初建，万有不慎，易启外人觊觎。湘中同志现有组织征蒙团之议，然此刻天气渐寒，东南军队颇难适用。兹有敝同乡陈贞瑞条陈政府，意欲以甘肃回队出师征蒙，其说亦颇近，是特将原稿奉呈政府，如不用兵则已，倘欲以武力制胜，乞先生竭力主张赞成斯举，既可消甘肃无形之隐患，又可奠民国于苞桑！"[①]

二是担任湖南征库联合大会军务协理。随着"蒙事日急"，12 月 8 日，湖南长沙各政团召开"征库联合大会"，谭人凤被举为总理，黄钺和龙璋分任军务、筹饷协理。[②]

三是担任库事筹备会协理。湖南"自俄库协约问题发生，全省人民同声愤恨，纷纷联合结成数大团体，以为征讨之预备，旋因各团主任为力谋统一起见，遂将征蒙同志会、决死团、征库筹饷演说团、前学生军、女子卫生队五团体改组合并为库事筹备会，以取一致之进行，已开会公推谭人凤君为总理"，黄钺和刘文锦、龙璋等为协理。1913 年 1 月 16 日，"蒙事"筹备会、"蒙事"讨论会及征库爱国志愿团在贾太傅祠开联合会议，决定将三团体合并为一，定名为湖南筹蒙会，并在教育总会开成立大会，"推举职员，亟筹进行方法"。"湘省各法团对于俄库问题均主张以武力解决。"[③] 1 月 30 日，参与讨论"拟设筹边学校"的提议，"筹边会湘支部宁坤君以库伦独立、西藏继变，近则外人又怂恿满洲谋叛，强邻四逼，险象环生，查中央筹边本会章程纲要，必须实行殖边政策，培植边务人才，研究边地军情，昨特商请宋君教仁、刘君文锦、杨君载雄、黄君钺、龙君璋，拟办筹边学校，内分农林、

---

① 黄钺：《致副总统黎》（1912 年 11 月 20 日），《辛亥革命在甘肃》，第 223 页。

② 韩信夫、姜克夫：《中华民国大事记》第 1 册，中国文史出版社，1997 年，第 230 页。

③ 《库警声中之湖南》，《申报》1913 年 1 月 17 日。

体育（附测绘侦探）、交涉附国际法学三班，养成边务长材”①。

四是担任湖南筹蒙会副会长。为了抵抗沙俄对蒙古的侵略，湖南筹蒙会成立，“以保全领土、拥护主权为宗旨”。主要“条陈政府筹蒙方略，提倡军国民教育，唤起一般人民注意边务，赞助屯垦实边政策，振兴国家财政，实行五族经济大同银行，主张民债，研究军事”。宋教仁任名誉会长，正会长是龙璋，黄钺与陶思曾、罗永绍、邹代藩等6人任副会长，评议长为罗杰。加入筹蒙会的会员条件是：“凡中华民国已达成年、具爱国热忱、留心蒙事与本会宗旨相合者，由本会三人以上之介绍，经调查认可，得为本会会员，分左列各项：一、中外各学堂毕业者；一、经验最深学识优长及奔走国事者；一、熟悉边务或能特别认捐者。”从《湖南筹蒙会简章》来看，其入会条件要求得很严格，不仅要求有爱国热忱与服从本会宗旨，而且必须是中外各学堂的毕业生，具有优长的学识与丰富的实践经验，特别是熟悉边务的军政人才，且入会还须经3人以上的介绍与调查认可后方得加入。担任副会长职务，要求更严，必须是社会声望、功绩显赫者，毫无疑问，黄钺是合适的人选。②

五是1913年3月3日与宋教仁、谭人凤、龙璋等联合发起成立湖南各团联合筹边会，并发布湖南各团联合筹边会启事。“敬启者：民国初奠，内政之措施未遑，协约发生强邻之侵凌日迫。当此危急存亡所关，实我国民急难恐后之秋，是以爱国之士，奔走呼号，合群结社，以图补救者日有所闻。然团体林立，主张各殊，或为激烈之趋向，或采平和之政余，心虽热而势力其薄，事不专则效果难期。因之在原各政党社会团体，集合百有余团，公同会议，组织一各团联合筹边会，以一致之进行，促全国之猛省。公举徐君绍桢为会长，王赓、白逾桓两君为副会长，各省都督及各

① 《关于俄库近闻》，《长沙日报》1913年2月1日。

② 《湖南筹蒙会简章》，《长沙日报》1913年1月13日；《湖南筹蒙会举定干事一览表》，《长沙日报》1913年1月15日。

政党首领为名誉会长，并由各团各推一人为参事，按期会议，决定进行方法。会所暂设顺治门外大街中间路西。先是，本会组织之始，曾由各团公举代表景耀月、姚雨平、徐绍桢、白逾桓、林述庆诸君，赴总统府、国务院质问政府对蒙方针及一切情况，经赵总理面许，本会每日得派代表赴国务院调查实际，大总统并令徐、姚二君常至参谋、陆军两部商议等因，具见政府赞许维持之意。惟现在西南边氛又复告警，事机危迫，尤逾曩昔。必须合全国人之心思材力，一致筹维，庶克有济，断非仅恃京师一方面所能奏效而收功。是以在京会众议决，即请各省都督各与本省政党团体组织支部，随时随事电本部会商，集思广益，戮力同心，共以御侮为前提，勉作政府之后盾。诸君子爱国心长，知必能俯念时艰，共予赞成。兹由同人等商议，即以库事筹备会、筹蒙会两团合并为湖南各团联合筹边会。更集在湘各政党、各社会团体，共同赞襄，以为一致之进行。庶几济孤舟于巨浪，彼岸诞登，戢烽火于金瓯，国基永奠，斯则我五族同胞亿万斯年之幸福也已。”①

二　参与“二次革命”

自1912年7月下旬由甘肃返抵湖南宁乡故里，至参与“二次革命”前的一段时期，黄钺有没有赴北京面见袁世凯，出于何种原因，对袁世凯态度究竟如何，在北京期间开展了哪些活动，黄钺本人对此次北京之行作何观感等等，对于这些问题，以往研究者囿于史料匮乏，没有提及。我们依据上海市历史博物馆所藏相关史料，可以为上述问题找到初步答案。

据上海市历史博物馆所藏1913年《沪军都督府调查部往来电报》，黄钺曾在北京给自己的好友、伶界大亨潘月樵发过两封

① 《湖南各团联合筹边会启》，《长沙日报》1913年3月3日。

函件：

“月樵先生执事：抵此兼旬，无所事事，项城词意尚好，不能不暂与委蛇。尊意欲补官，恐难达目的。蒋作宾兄颇关心，意欲于稽勋局下手，将来或可达勋章勋金目的。执事事绩如未经册报稽勋局（苏、沪各稽勋局交我），可寄一份来径递京北京稽勋局办理。仆与作宾可作证据人。”“此间甘人欲购同文馆板之《廿四史》寄兰州图书馆而嫌其价昂，请亲向上海各书肆询明此书价目，见示以布。即颂近安。弟钺冠。二月二十五日于自北京米市胡同宁乡馆发。”

“月樵先生执事：嘱查之件及陆军部科员某君之原函一并呈电。目前办法，能请陈英士咨部补官（须详叙前办劳绩），乃正当办法，否则请岑云翁录案咨部亦可以。执事现为岑属官也，若此两策均不行，弟当发不平之鸣，录叙执事前后劳绩，呈请总统饬部核议。一面咨部查核，纵不能达到圆满目的，伶界阶级或可借此以划除之。惟行此着能得蓝天蔚君与弟同列衔更好。蓝君与弟曾不认识，执事既与蓝君契可，将此意告知，要其同盟，如不能其同意，弟即单衔直入。弟屡叙积年事迹及此光复功绩，与夫后方勤务诸端（不能遗漏）。弟不能担任，以不明晰故也。执事可托人将底稿撰就（兼履历）寄来。其首尾弟自斟酌加入，至部中应托照料之人，弟当负责任，无烦重念。弟栖径此间，味同嚼蜡。上月廿一，委一总统军事顾问，月薪六百元，颇不敷用。惟初承委任，未便遽辞，只好稍候，再图西方美人。弟虽有得见颜色消息，然弟新自西方归，见其人并不美，故弟颇不注意。倘得如莲卿者，则当终身倚之。环望东南，实无其人，能毋令人有劳想之慨耶。手此。顺请勋安。不宣。湘泉处致意。弟黄钺脱帽。四月十号洌于北京宁乡馆。”①

由此，我们可以得到如下基本信息：

第一，黄钺到过北京，是 1913 年 2 月 15 日抵达的。面见了袁

① 《沪军都督府调查部往来电报》，1913 年，线装本，上海市历史博物馆馆藏。

世凯，袁意欲拉拢黄钺，黄钺与其虚与委蛇。在北京的感受是“栖径此间，味同嚼蜡”。3 月 21 日，被袁世凯授予“总统军事顾问”虚职。而且在北京的住所是米市胡同宁乡会馆。

第二，对于将潘月樵功勋上报北京稽勋局的事情，黄钺表示愿意鼎力相助，帮忙递送材料、作证人。“弟当发不平之鸣，录叙执事前后劳绩，呈请总统饬部核议。”

第三，黄钺在北京期间，中途曾短暂出国游历。出国的感受是“弟新自西方归，见其人并不美”。从时间上推测，应为 1913 年 3 月、4 月之间。关于黄钺是否出国一事，曾有不同观点，如 1912 年“五月初，黄允出洋游历，秦州军政府从权实行解决，径电中央”。“六月朔，秦州独立取消，黄钺赴日本游历。”① “关于黄钺留学日本之事，我们认为更不确切。” “从我们掌握史料看，只是甘肃有人说黄钺留学日本。而《宁乡县新志》所记黄钺生平，《黄氏家谱·黄钺传》中都没有记载。另外我们访问黄钺之子黄祖同，外孙徐梦庄、族孙黄先文时，他们都没有说黄钺曾到日本留学。”② 由档案材料来看，这些观点均失之准确。

至于黄钺赴北京面见袁世凯的原因，我们认为主要在于，袁世凯数次通过电报、函件邀请黄钺赴京，黄钺在多次拒绝后最终还是为袁世凯的“诚挚相邀”所迷惑。早在 1912 年 5 月，黄钺还在甘肃临时军政府都督任上时，袁世凯就对黄钺多次抛出橄榄枝。“该道将诸事布置就绪后，克日来京听候录用。”③ “该道深明大局，罢兵息事，既知尊重中央命令，且免使甘南一带别生枝节，深堪嘉慰。即将该处事宜速行办结，遵照前电，来京听候任用。现当建设伊始，需才孔亟，该道正当勉图匡济，以副倚望也。”④ 6 月 26 日，黄钺经陕西西安转道回湖南途中，袁世凯又以国务院

---

① 《甘宁青史略》，《辛亥革命在甘肃》，第 435 页。

② 任书贵：《黄钺不是同盟会会员也未留学日本》，《兰州大学学报》（社会科学版）1982 年第 2 期。

③ 《北京国务院来电》（1912 年 5 月 25 日），《辛亥革命在甘肃》，第 75 页。

④ 《北京国务院来电》（1912 年 5 月 25 日），《辛亥革命在甘肃》，第 76 页。

名义致电，“该道深明大义，殊堪嘉许。赵都督力保该道才堪大用，俟部署事竣，望速来京，以备录用，慎勿萌高蹈之怀也等因，合电遵照”①。“行抵陕西，大总统复电，促黄入京授职。”② 对于“数次奉电，令克日来京听候任用”③，黄钺亦是数次拒绝，后碍于情面，6 月 6 日，呈文给袁世凯、参议院、国务院，称“钺游宦多年，先人坟墓，急待修理，一俟南旋后摒挡就绪，当即遵令来京，借聆钧训”④。7 月 1 日，黄钺致电袁世凯，“恳给假南归，暂免服务，事理应然，非敢高蹈也”⑤。

从南北议和告成开始，到袁世凯被临时参议院选举为第二任临时大总统为止，袁氏多次在公开场合表示赞成共和，外界普遍对袁世凯抱有幻想，认为其能真正实行民主共和。“毫无疑问，辛亥革命时期几乎所有的资产阶级革命党人都曾对袁世凯存有过幻想，只是程度不同而已，有的幻想多一些，有的少一些，有的幻想时间长一些，有的短一些。”⑥ 如孙中山提出了利用外资，在十年内建筑二十万里铁路的雄心勃勃的计划。为了实施这个计划，他决定应袁世凯的再三邀请，偕黄兴一起北上，与袁会谈。孙中山于 1912 年 8 月 18 日起程赴京。抵京后，受到袁世凯的隆重接待，双方的会谈更是十分投机。9 月 9 日，袁世凯授予孙中山筹办全国铁路全权。黄兴在南京留守府撤销后，一心“避政界而趋实业，尤专注于矿业，与中山先生铁路政策相辅相成”。9 月 11 日，黄兴与陈其美往总统府会见袁世凯，晤谈两次，“均情意欣洽”⑦。正是孙、黄进京与袁会谈，使革命党人的妥协倾向达到顶点。黄钺也曾一度寄希望于袁世凯，确实对袁氏存在幻想，但这不全是

① 《北京国务院来电》（1912 年 6 月 26 日），《辛亥革命在甘肃》，第 78 页。
② 胡锦澜：《纪陈贞瑞事略》，《辛亥革命在甘肃》，第 349 页。
③ 黄钺：《致总统毅军河北总镇赵倜》（1912 年 6 月 11 日），《辛亥革命在甘肃》，第 215 页。
④ 黄钺：《呈大总统文》，《辛亥革命在甘肃》，第 113 页。
⑤ 黄钺：《致北京大总统电》（1912 年 7 月 1 日），《辛亥革命在甘肃》，第 64 页。
⑥ 饶怀民：《李燮和与沪宁光复》，第 272 页。
⑦ 毛注青：《黄兴年谱》，湖南人民出版社，1980 年，第 195—202 页。

黄钺个人的过错，这应当从资产阶级与生俱来的软弱、妥协性格方面去寻找原因。

不过，包括黄钺在内的革命党人对袁世凯的幻想到“宋教仁血案”发生戛然而止。1912 年 8 月 25 日，国民党在北京正式召开成立大会，选举孙中山为理事长，黄兴、宋教仁等为理事。9 月中旬，国民党湖南支部正式改组成立，谭延闿为支部长，仇鳌为副支部长。1913 年 3 月 15 日，湖南省议会正式成立。3 月 20 日夜 10 时多，宋教仁拟搭乘沪宁火车赴京，不幸在上海车站遭到袁世凯走狗派来的凶手刺杀，22 日不治身亡，年仅 31 岁。

“宋案”的发生，使辛亥革命后沉迷于“实业救国”声中的革命党人惊醒过来，他们看清了袁世凯的真面目，认识到民主革命任务并未完成。其时，孙中山正在日本为实行自己“筹建 20 万公里的铁路计划”而筹集经费，得知宋教仁被袁世凯派人暗杀的噩耗，匆忙赶回国内，在上海召开紧急会议，制定了武力讨袁的正确决策，并派人分头联络，以期国民党人一致行动。党内各派在倒袁这一点上一致起来。但是，在如何倒袁的策略问题上依然存在着严重的分歧。孙中山是一个意志坚强、百折不挠的伟大的革命家，他虽然一度陷于迷惘，但刺宋的枪声很快使他惊醒过来，他毅然支持激烈派，主张兴师讨袁。当 1913 年 4 月 26 日“宋案”证据公布，4 月 27 日袁世凯准备战争的违法大借款消息披露，革命党人对袁世凯的愤怒达到了顶点，各地纷纷声罪致讨袁贼赵犯之声不绝于耳。袁世凯一直在进行战争准备。1913 年 5 月 3 日，袁世凯发布除暴安良令，准备与革命党人公开决裂。5 月 15 日，袁又取消了黄兴的陆军上将衔。北洋军人更纷纷发表通电，点名辱骂黄兴、李烈钧、胡汉民，而领头的竟是两位国民党都督——陕督张凤翙、晋督阎锡山。袁更大肆活动，收买南方高级将领。在袁咄咄进逼面前，革命党人士气消沉。谭人凤面责黄兴说：“每日车马盈门，所议何事？自己失计，而曰人心已死乎？两月以来，大言炎炎，方以为必有后盾，孰知毫无准备，徒托空言。”① 7月初，在孙中山的坚持下，革命党人下了起兵的决心。7月8日，李烈钧返抵江西湖口，7月12日，在湖口起义，“二次革命”终于爆发。

但是部分革命党人顾虑重重，打起了退堂鼓。国民党内部意见不一致。身为湖南国民党支部长的谭延闿对孙中山领导的国民党总部的决定抱有抵触情绪，首鼠两端。在“二次革命”前夕，谭延闿绞尽脑汁施展两面派策略，明里极力强调独立的困难，与革命党人讨价还价，借以拖延阻挠；暗地里却与袁世凯、黎元洪等人私通款曲，留作退路。7月7日，谭人凤受黄兴指派由沪返湘，策动湖南独立。在召集湘省国民党上层人士的紧急会议上，龙璋、谭人凤、周震鳞、仇鳌、唐蟒各派“主张分歧，久而不决”②。直到1913年7月25日，湖南正式宣告独立，加入“二次革命”行列。

在此过程中，黄钺不为利禄诱惑，态度明确而坚决，拒绝袁世凯拉拢，力主武力反袁。8月1日，黄钺自长沙致函袁世凯死党、第一军军长段芝贵，“为党人游说，指现政府为专制恶魔，指平内乱为民官战，且谓政府所恃以为立国之本，唯炸弹与金钱”，要段芝贵“顿兵浔阳，按甲不动”，敦促袁世凯立即“退位，以保共和”。段芝贵“得书后当即专电中央，略称查该中将前在秦州妄称独立，南北统一，坚不取消，借故稽延，拥兵自固。赵都督惟熙各电有□可稽，是其叛悖行为久应从严科治。大总统宽其既往，录其微劳，被以优容，授之官职，不知洗心革面，力改前非，四出煽谣，自弃民国，于芝贵处犹且如此，其平日暴乱之迹可想而知。独此国是未宁，纲维紊杂，群情之不肃，由于法纪之不修，使黄钺等竟克逃出，则叛逆之徒更无忌惮，拟请大总统将黄钺军职先行褫革，并饬下湖南都督严密查拿，一俟获到，即由芝贵将

① 谭人凤著，饶怀民注：《石叟牌词》，甘肃人民出版社，1983年，第159页。

② 刘泱泱：《湖南通史》（近代卷），湖南人民出版社，2008年，第831页。

其原函封送备质，审实重办，以申军法而快人心，不胜迫切待命之至”①。

袁世凯闻讯，恼羞成怒，竟以“背叛共和，民国公敌”的罪名，下令将黄钺褫官并通缉。其令曰：“黄钺着即褫去陆军中将，交湖南都督谭延闿严拿惩办，并着各省都督、民政长饬究通缉，务获属办，以伸法纪。”② 至10月份，黄钺、周震鳞、程潜等仍然受到袁氏通缉，“十七日直隶行政训令各警察厅署通省各县文云内务司案呈准总检察厅函开，本年七八月间乱党黄兴等先援在赣宝沪皖闽粤蜀湘等处地方以颠覆政府僭窃土地为目的，聚众起事，占据都市城寨，抵抗国军，实犯暂行刑律内乱罪各条。现在兵事平定，各省次第解严，所有本案在逃人犯亟应依普通手续予诉”③。

戎马倥偬之余，“文武兼资”的黄钺寄情诗词，抒发情怀，创作了上百首诗词，收入其《怡皂庵诗文集》《云涛阁词存》。④ 据考证，1917年、1919年，黄钺集中写了10首诗词⑤，现辑录二首如下：

满江红

雾谷云环，浑不异。昔年颜色，曾记得？蘅塘眺望，玉屏山阙。弓印苍苔坡竹裹，脸潮红晕湖莲侧，恨无端，风雨薄琼枝，芳菲歇。

云花现，浮沤灭。千秋憾，何堪说？盼秦楼肠断，杜鹃啼血。客燕忽回铜雀梦，惊鸿瞥下金台月。愿嫦娥，长近莫相违，环无缺。

玉宇琼楼，又经过。两番春色，最难堪。秋河一水，迢

① 《黄钺恐将不免》，《申报》1913年8月28日。

② 《申报》1913年8月30日。

③ 《直省通令缉捕党首 总检察厅之大起诉》，《申报》1913年10月22日。

④ 可惜的是，这两本诗词集均已散佚。

⑤ 黄钺：《怡皂庵词》，《寸心》1917年第3期。黄钺自称“怡皂庵主人”，其词故名为“怡皂庵词”。《尚小云专集》，第6、13页。

遥仙阙。崔护重来兰泽畔，相如渴倒金盘侧，猛回头，梅影印瑶窗，银缸歇。

钧天散，洛神灭。尘寰事，与谁说？向小桥东畔，泪沾襟血。旧梦幻如枝上露，前身叨是花间月。只韦朗，再世觅因缘，凭圆缺。

无题①

未逐渔舟去，来游楚氏楼。仙人不可见，愁对白蘋洲。

三 情系桑梓

20世纪20年代初，中国出现风靡一时的联省自治运动。1920年，北方自直皖战争、南方自粤桂战争后，两方都失去统一中国的较为强大的政治力量，不仅南北不能统一，南方北方各自的内部也不能统一。在此形势下，联省自治运动思潮自维新变法运动后再次出现。联治派的基本主张是：先由各省自制省宪法，依法自组政府，实行省自治，然后在此基础上，互派代表开联省会议，制定联省宪法，组织中央政府，完成国家统一。② 1920年夏，张敬尧被逐，谭延闿入主湘政。11月23日，谭延闿辞职，24日，赵恒惕接受总司令职，27日，谭延闿离湘赴沪。赵恒惕升任湘军总司令之时，北方直、奉两系击败皖系后，共同控制北京政府。南方桂系惨败，宣布取消两广自主，解散军政府，听候中央处理。北京政府下达统一命令，准备乘机统一南北。在此背景下，赵恒惕急需一部省宪法作为自治的招牌，以应付时局。12月，湖南省政

① 无题，标题为编者所加。原诗署款："民国八年己未夏，长沙黄钺题，古梅山黄煌书，同游者昭潭吴贞缵，资阳杨仁，衡山李占鳌，沩阳彭立群、黎兆枚、朱璋、徐汉、黎元吉、文奎斗、唐澄，祁阳刘颖仙。""来游楚氏楼"句兼有注："相传此地为楚敏毅、淑蕙两仙栖真处。"该诗刻于湖南永州市朝阳岩公园零虚山。

② 宋斐夫：《湖南通史》（现代卷），湖南人民出版社，2008年，第78页。

府成立制宪筹备处，延聘省内外学者起草宪法草案。12 月 24 日，赵恒惕对外发表“联省自治”主张。1921 年 4 月 21 日，赵恒惕公布《湖南省宪法草案》和省议会组织法、省长选举法等。

1922 年元旦《湖南省宪法》正式公布。1 月 7 日，省议员竞选活动展开。3 月 30 日选举结束，最终全省 75 个县选出议员 163 人。5 月 1 日，湖南第一届省议会自行集会，选举林支宇为议长，孔昭绶、雷震寰为副议长。黄钺当选为议员①，其就此以议会为舞台，开启了一段维护湘土、保境安民、回报桑梓的议员生涯。

一是在联省会议召开与否及地点的问题上，黄钺主张在长沙召开省议会联合会。据 1922 年 8 月 9 日《申报》记载：“自联省会议之呼声突起后，章太炎辈主张以在长沙开会为宜。省议会已将章电转达西南各省，征求同意，惟该会中人意见未能趋于一致，议论共分数说。第一说认为湘省既已宣布自治而兵匪如麻，流亡塞途，若萃各省代表于一隅，则自治之弱点行将毕露，即湘人之荣誉亦必坠地无余。第二说以联省会议应由国民政府召集，其主张显然与直系之恢复法统完全相左，湘省独贸然树此异帜，必促反响，且代表制度之会议必不免于意气用事，将来本省军人必有倾袒，或以此而牵动本省政潮尤为危险。第三说则觉经费问题不易解决。湘省当此民穷财尽之时，即此一批代表招待费亦恐无力筹措。第四说深不以湘省自视太高为然，如以召集会议之发起人自民通电西南，西南未必认为湘省领袖资格，如不予应声，岂非扫兴之至。此均反对在长沙开会之一派议论也。其与此说相左者则谓，湘省为自治之先进，当非过誉，故不宜自视太卑，深负名流之望。王上仁主张将章氏有电照转西南，请即来湘集会，仍一面筹划经费，不可吝啬。黄钺赞成王说，谓此为最荣誉、最有价

① 湖南宪法会议第一次名单：主席荆嗣佑，副主席江隻。主任秘书李鸿辉。议员：唐国珍，黄英灏，陈小元，汤日新，晏孝泽，严国桢，左全志，唐陶，雷飞鹏，王克家，陈振东，黄钺，彭定钧，周天爵，鲁兆庆，胡毓桢，黄纯垓，黄衍，杨华，陈坚，熊激华，方荣煊，杨云鹤，唐德度，李宗嵘，黄藻奇，何炳麟，宾步程，朱继承，马续常，曹典球，唐璥，杨树榖，符定一，程子枢，李希贤，陈强，张声树。

值之事，不必有所顾忌。”[①] 8 月 23 日，“联省自治促进会假中华路某宅开筹备会议”，黄钺与章太炎、曹亚伯、刘君亮等 20 余人参会。[②]

二是主张“湘事由湘人自了”，维护湘土，保境安民。是时，“北兵准备入湘一说，久有所闻，其欲督理湖南军务者有洛吴参谋长李倬章与鄂军旅长胡念先。胡系湘人，长沙人呼声尤高。洛吴计画，赵炎午如能在湘立足，对南北不作左右袒，直军大可放心，不必多管闲事。如赵不能立足，北军只有善自为谋，驱谭去赵。人以为洛吴助赵，实则彼因赵氏主张省宪定国，心窃非之，故只愿利用赵氏，而不能为赵所利用也。赵之不肯召北兵为助，一则以非我族类，其心必异；二则湘省地属西南，历史上投北人物皆无好结果。赵在湘执政多年，平时颇重体面，北兵入湘，名利两无所得，故决计不肯出此下策也。自长沙恢复后，赵命邹礼赴洛拒兵，乃北兵忽以护路为名，节节进驻，意图席卷岳州，此谭之大不利，而亦赵之所深忌也。省议会为此事特于二十三日开协议会，到六十余人。首由何国琦主席报告云，今日开会系因罗议员大凡昨由岳州回省，说有北军一旅入岳，已有一营入驻云溪，经在岳议员李况松等向其交涉，谓赵省长力能定湘，无须外兵干涉。该旅长答谓，系保护铁路，并非助赵。交涉再三，该旅长允俟电洛吴请示，李议员等亦已联合多人致电洛吴、鄂萧阻止，尚未见复。查此事关系吾湘自治问题，本会应如何去电力阻，请众讨论”。

对此，黄钺一方面同意其他议员“阻止北兵入湘”的观点，另一方面，他看得更为深远，担心南方军队仿效北军，也进驻湖南，故而提出阻止北兵的同时，也应阻止南方军队入境。“谓罗大凡由岳州归来，言岳阳商会已接得北军之函，令其准备招待，不日入驻云云。查此次原系湘省内部之事，无须外兵干涉，北军如

① 《联省会议地点问题》，《申报》1922 年 8 月 9 日。

② 《联省自治促进会开筹备会》，《申报》1922 年 8 月 24 日。

此破坏省宪，本会决不承认，应严电阻止外，并一面致电粤方，亦请勿干涉湘事。唐陶云湘省内部战争，无论谁胜谁败，俱不容外兵干涉，但本会一纸空文，阻挡效力恐等于零，故赵省长亦应去电声明，湘事由湘人自了，无须外兵入湘。本会既为人民代表，应对于残局善后注意设法解决，否则恐由内部之争变成南北战事。”①

三是仗义执言，主持正义。1924 年，湖南省议会发生副议长被殴打一事，据当时《申报》报道：“湖南省议会昨下午一时开第十六次议事会，孔副议长主席，将摇开会铃尚未报告文件，文一元忽拍案而起，质问主席，云前日选举军务司长签到而未投票之二十六人为什么要登报，言际并忿骂不已。赵聚垣云，前日我是一点钟到会，三点钟方去，乃三点钟后方开选举会，何能怪人签到不投票？孔主席云，前日签到者足一百二十五人，方开始投票，而投票者仅九十九人。”孔正在解释，“陈树森忽拍案大骂孔副议长不应将未投票人姓名登报，并谓更正是掩耳盗铃欺人之举。彭定钧云，从前中途逃席议员，点名两次，未见将姓名登报，何以此次缺席者就登报？至此，文一元、陈树森二人大骂大闹，说议长别有作用，竟离席喊打。陈树森首先跑上议台，连批孔副议长之颊，孔未还手，于是全场哄然，秩序大乱。比时杨亮卿等多人连同警卫等一律跑上议台劝解，始将陈树森由西廊扶出”。对此暴行，黄钺愤慨发言，表示对于打人凶手必须严惩，“今日解决办法，一面将陈交惩戒，一面仍开议正案”②。“29 日，该会开选举会时因孔调伤未到，公推年长之唐宝俊主席，报告陈树森自请与孔同付惩戒及孔辩白各函。”黄钺考虑到会议议程最后表决，可能发生变故，因此“临时动议，请变更议程，先解决此案”。“多数主张不讨论，即以黄之动议付表决，全体通过。”③

---

① 《湘人谋阻北兵入境》，《申报》1923 年 10 月 2 日。

② 《逃席议员行凶副议长被打》，《申报》1924 年 1 月 1 日。

③ 《殴孔案之告一段落》，《申报》1924 年 1 月 6 日。

四是提倡联省自治，组织省会联合会。“湘议会因应付时局问题，于八日上午特开协议会。由正议长欧阳振声主席，首由主席发言。现在时局变化，本省不能不有表示。外间对此之主张或仅言停战言和或主张联治统一或主发起省议会联合会以解决时局，其解决时局之途径有主召集国民会议者，有主开国是会议者，有主开国民代表会议者，但就省议会言之，省议会联合会从前有人为此主张，如能成立，亦属真正民意机关，现应否发起，请同人讨论。”黄钺认为：“时局变化，本会有表示之必要，但须抱定省宪与联治主义，不党南，亦不党北，但促进各省自治，贯彻联省主张，省议会为民意结晶，如能开联合会，当可解决大局。”①

任湖南省议员期间，黄钺还情系桑梓，积极为家乡人民赈灾。1924 年，湖南发生大水灾，宁乡受灾严重。黄钺“痛切剥肤”，决定联合其他旅沪湘籍人士，“向沪慈善家竭诚呼号，冀得巨款，以救燃眉”。并“组成湖南水灾义赈会，设会所于恒丰纱厂批发所内”，黄钺、王一亭、周震鳞、聂云台等为干事。

据《申报》记载，黄钺踊跃投身于赈灾活动。如“在沪设定事务所”，与周震鳞等致电“长沙各有力同乡，请借拨款项，急赈该县水灾”。“养电惊悉，互浸奇灾，亘古未有，吾民何辜，罹此浩劫，震鳞等顷已邀集旅沪邑人筹商急赈进行事宜，当经决议在沪设立筹赈事务所，以便与各慈善团体及各仁人君子接洽，敝所即设法租界贝勒路学志路顺昌里十六号，贵所进行方法，极所钦佩，省政府已否拨款急赈，灾情奇重，善后更难，非官民协力积极通筹，未死选黎，终无所托，湖南米盐公股存款及华洋筹赈路款，与夫一切可移缓就急之款，应请贵所速呈省署，并请愿省议会议决拨借，遴派妥员会同县绅核实散赈。本省久患困贫，力有未逮，并应函请当局通电全国及处汉、京、津当局各慈善团体，请求协济，敝所同人，痛切剥肩，凡力所及，自当奋迅呼吁，以尽天职也。所有调查邑中被灾详情及急赈现状，仍乞随时电示，

① 《湘议会应付时局之主张》，《申报》1924 年 11 月 17 日。

毋任企祷。”①

1924年6月30日，因灵学会捐款2000元助赈，黄钺与周震鳞、胡曜等特函该会致谢，函云：“灵学会会长诸公赐鉴，敝邑巨浸奇灾，数十万遗黎，百物荡尽，待哺嗷嗷，屡得湘中函电，其状至惨，业已随布新闻登载。前日接宁乡驻湘筹赈事务所养电，注重电汇巨款，先施急赈，震鳞等因即约集同乡会决议，定在本埠贝勒路望志路顺昌里十六号，设立宁乡水灾筹赈驻沪事务所，匆卒闻离，失措徬徨，伏蒙贵会悯念灾黎，立需仁泽，决定先电拨大款二千元，敬聆之余，大众感泣，沪上大慈善家，闻贵会救人急难热肠，必皆望风兴起，则敝邑人民，纵兹再生，其感德何可言喻耶，专此铭谢，敬颂公安，谨启。”②

7月1日，黄钺等发表致伶界联合会函，云：“月翁会长，桂春、春恒副会长赐鉴，敬启者，近接敝县绅民函电，为水灾告急，求募巨款，电汇回湘，拯济垂死难民，情词至惨，望教甚切，各报日为登载，震鳞等在沪设所筹赈，想经鉴存，进行之初，端赖有力团体首为提倡，方易集腋成裘。夙钦省联合会善士如林，每遇中外人民水旱灾，所属各大剧曲家，莫不见义勇为，演艺施赈，菩萨慈悲，现身说法，佛心布施，广结善缘，已溺已饥，缨冠被发，功德无量，感格天人，伏乞垂悯。敝县数十万苍生，待哺嗷嗷，迅赐设法施仁，俾不至皆流饿殍，则再生之感，永远不忘矣。专代呼吁，伫盼德音。至演剧施赈办法，用如何方便法门速集巨款，均听诸公施设，早需而已。专此敬颂公安，并祝伶界联合会群公百告。”③

此外，值得特别指出的是，1924年，黄钺参与了北京政变，后出任豫北游击司令。

第一次直奉战争后，冯玉祥被曹锟政府免去了河南督军职务，

① 《旅沪湘同乡请赈宁乡水灾电》，《申报》1924年6月28日。

② 《宁乡同乡函谢赈款》，《申报》1924年6月30日。

③ 《宁乡水灾筹赈之进行》，《申报》1924年7月1日。

调任陆军检阅使，率部驻南苑。冯玉祥极为不满，由此与曹锟、吴佩孚之间的裂痕越来越大，但他暂时隐忍未发，伺机举义。时任陕军第一师师长的胡景翼[①]对此知之甚悉，意欲与冯联络。黄钺、钮永建、赵皖江乘机奔走，在冯玉祥、胡景翼两人之间穿针引线，使两人的联系日益紧密。对于这段历史，黄钺本人在事后曾有过明确回忆，“钺与胡督，道义相交。去岁倒曹，曾与谋议，往来函件，载在报章”。于是，胡、冯两人在反对曹、吴态度上渐趋一致。起义前，胡景翼请李仲三与冯玉祥秘密联系，最后决定共举大义。胡请刘允臣、李仲三、邓宝珊等去南苑签订协议，以昭信守。同时，胡景翼又请续西峰同刘、李、邓去孙岳处联络。孙岳是同盟会会员，当时虽任北京卫戍司令兼师长守备京师，但他对孙中山先生的革命政纲是拥护的，对曹、吴的种种所为亦极力反对。经续等联系，便欣然同意起义。1924 年 10 月，乘第二次直奉战争激战正酣，胡景翼、冯玉祥、孙岳在喜峰口、张家口等地秘密起义，打起反对曹锟、吴佩孚的旗帜，并各率所部秘密开往北京。10 月下旬占领北京，囚禁曹锟，解散议会，改组内阁，曹、吴统治土崩瓦解，第二次直奉战争就此结束。此次起义史称“北京政变”，并被誉之为“北伐先声”。之后起义部队改为国民军。冯玉祥部编为国民军第一军，驻防河北；胡景翼部编为国民军第二军，驻防河南；孙岳部编为国民军第三军，驻防陕西。[②]

1924 年 11 月，胡景翼就任河南省督办后，把兴利除弊、期成清明之政治作为省政的主要任务和奋斗目标。在胡景冀的支持和领导下，清乡除匪、肃清贪污、整顿财务、发展交通、振兴实业

---

① 胡景翼，字笠僧，陕西富平人。1910 年入同盟会，辛亥革命时期在耀县（今耀州区）组织起义失败后流亡到日本。1915 年护国战争时期奉派回国。1917 年护法战争期间加入于右任在陕西组织的靖国军，任第四路司令。1920 年直皖战争后被直系收编为陕军第一师。直奉战争期间所部驻在彰德—顺德一线。

② 马文彦：《胡景翼将军在“北京政变”前后》，中国人民政治协商会议陕西省富平县委员会文史资料研究委员会《纪念胡景翼将军逝世 60 周年专辑》，1985 年，第 50—55 页。

等项工作都迅速地开展起来。[①] 在清剿河南当地匪患方面，胡景翼决定分兵剿灭：自带杨瑞轩、史可轩、田生春三个团直趋豫西，豫南由蒋世杰负责，豫东交由李纪才，豫北则黄钺负责，并正式委派黄钺出任豫北游击司令。

对于黄钺出任豫北游击司令一事，囿于相关史料的匮乏，史学界历来是语焉不详。鲜为人知的是，黄钺出任此职务实际上不到一个月的时间，还未充分展开剿匪行动，却倍受冤枉，无辜蒙冤。据当时"国闻通讯社开封通信云"，"去年直奉开仗，河北土匪军队全已开拔赴苏，归来则四分五裂，业已遣调他去，不复为患。此次胡氏到汴，任意收匪，河北三府又委任其亲信黄钺前往收匪，巨匪未收成，反将各县民团枪支一律勒缴。各乡民见此情形，亦即铤而走险，民变为匪。适有杨清臣溃兵数千，与匪合作，刻闻浚滑阳阴已聚有一万余人，声势甚大，黄钺无可如何，已到省辞职，然匪患已起，恐又将成一心腹大患矣"[②]。

对此，平白无故受到污蔑，历来在意自己声誉名节的黄钺感到十分愤慨，郑重致函《申报》，陈述自己出任豫北游击司令职务前前后后的过程，澄清事实真相。"顷阅贵报三月三十一日国内要闻栏内汴省匪患又亟条下，据开封通讯，胡督委亲信黄钺前往河北三府收匪，勒缴民团枪支，以致匪患大炽，无可如何，到省辞职云云，案与事实全然不符，谨为贵报一详言之。""迨胡督抵汴，钺自上海奉约前往，因豫北各属溃兵散卒所在皆是，由钮惕生、景梅九诸君会掼钺前往收抚，胡督因有豫北游击之命。钺以旧家参与革命，倾家荡产，滞留海上，亦已五年，素无权利之争，自抱诗书之好，名士关阋，差足自保，岂欲借区区司令以售其无谓之野心？而彼都人士，疑怪相乘，造作语詈，横相污蔑，钺于旧历去年腊月二十四日启用关防，今岁正月初十即已取消，奉行之吏，未出省门，招待之所，虚悬汲县，万目睽睽，固非一手所能

① 李凤权：《胡景翼传》，陕西人民出版社，1991 年，第 177—178 页。

② 《汴省匪患又亟》，《申报》1925 年 3 月 31 日。

掩也！初基若此，后事何堪？望六之年，宁忍揶揄，率然辞谢，何足重轻！河北士民，都堪案谂，受任不及一月，自卫曾无一兵，民团之械，何自而缴？禹州缴械，大变旋生，怀处卫辉，今如何也？凡此谬悠之谈，明知之士，一见自解。其用意所轶，但恐淆乱听闻，于个人名誉未免横受损失耳。理合函告，乞为更正。即颂著安，黄钺谨启。四月五日。”①

四 积极抗日

1927 年南京国民政府成立后，黄钺任行政院参议。他多次应互济会共产党员汤匊中②请托，冒险营救和保护一些共产党员，还协助周恩来营救曹瑛、陶铸、龚饮冰、王一清、陈永清、戴云、刘立青、徐耘夫等出狱。后因与蒋介石政见不合，乃还乡隐居，闭户读书，自甘淡泊。

1932 年，湖南人民奋起反对何键的倒行逆施，旅京（南京）人士在中共地下党负责人张子珩及社会知名人士胡良翰的联络下，由贺耀祖、叶开鑫等资助经费，于9 月某日，邀集近千旅京湘人在湖南会馆集会，由胡良翰出面主持，组成请愿团，推选黄钺、胡良翰、李益滋（贺耀祖外甥）、张子珩四人为代表，率领全体与会者举着“打倒屠杀湖南民众的何键”的白布横幅大标语，前往国民党行政院请愿，并沿路散发传单，历数何键的罪行。队伍到达行政院后，代表递呈要求撤惩何键的请愿书，等候院长汪精卫接见。但汪借口开会，不肯露面，还把四位代表软禁在会客室内。后来请愿团创办了刊物《洞庭波》，进行“倒何”的宣传，后又改

---

① 《开封黄钺来函》，《申报》1925 年 4 月 14 日。

② 汤匊中（1899—1990），字子周，湖南宁乡县人。中国共产党早期的出色党员、著名教育家，曾任省政协委员。擅长楹联创作，有专集《沧浪诗联拾贝》行世。

为《大风日报》，扩大了宣传力度。这次请愿有力地揭露了何键的反动本质，迫使其反革命气焰有所收敛。①

1935 年，李品珍②与湖南大学进步学生黄鼎青在宁乡县创办《沩风》刊物，宣传革命真理，黄钺对此极力支持，热情赞助，并受聘为“沩风社”的董事。

1936 年，闻知“西安事变”，黄钺致电行政院副院长孔祥熙曰：“大敌（日寇）当前，宜以和平议叙为上策。”

1937 年，“七七”卢沟桥事变发生后，日寇侵华日急，中国亡国灭种之祸迫在眉睫。黄钺目睹时艰，于同年 11 月与中共地下党员汤匊中、刘静安③、徐上达④及社会知名人士周震鳞、刘人瑞、胡曜（胡良翰）、洪楠生等在宁乡鹿角窑洪楠生家、宁乡县城沩宁旅社先后集会，商讨筹组“湖南抗日义勇军游击部队”赴前方抗日一事。通过协商，黄钺被推举为游击部队总司令，洪楠生为副总司令，汤匊中为参谋，刘静安、刘人瑞负责军事。刘静安并慷慨捐献银元 1300 元作为司令部活动经费。通过共同的努力，不到半年时间，便组织起了一支具有数千人马的抗日武装力量游击部队，并设总部于长沙天鹅塘。

湖南抗日义勇军游击部队总部成立后，随即通电朱德总司令及全国各爱国抗战团体，同时发表了《告全国同胞书》，称“中华民族危急！我四万万兄弟姐妹，只有与日寇血战到底，才是拯救死亡之唯一出路。三户亡秦，听楚歌之悲壮；一心兴复，托黄帝之英灵”。并派汤匊中暗中与八路军驻长办事处负责人徐特立、王凌波联系，派刘静安去平江与新四军负责人涂正坤、罗梓铭联系，共同运筹抗战事业，另派刘人瑞、洪楠生去湘西，想方设法壮大力量。

湖南抗日义勇军游击部队厉兵秣马，拟赴前方杀敌之际，却

① 周德民：《张子珩事略》，宁乡县档案馆馆藏档案。

② 李品珍，1938 年任中共宁乡县委书记。

③ 刘静安，中华人民共和国成立初任益阳县武装大队长。

④ 徐上达，原红二师政委。

遭国民党政府当局镇压。原来当游击部队成立之初，即有当局密探特务钟绍钦伪装成积极分子，混入部队。钟绍钦侦察到该部队与八路军、新四军有密切联系，“受共产党唆使”，即密电蒋介石。蒋获密电后，即令九战区司令长官薛岳惩办。1939 年 10 月，驻扎在长沙的宪兵 18 团兵分两路，一路包围长沙天鹅塘游击部队总部，当场搜捕并用囚车将黄钺和刘静安分别押送省府和宁乡县府关押；另一路抵黄钺老家宁乡西冲山乡方塘村梽木塝搜捕，此部没有抓到黄钺，却将事先印好的通缉令四处张贴。所幸的是，总部其他成员侥幸脱逃，一一流亡在外。宪兵 18 团还包围和解散了设在宁乡、湘潭、湘阴、浏阳、平江、靖港等地的各抗日义勇军分部。①

黄钺被拘省府之后，周震鳞、贺耀祖等人向薛岳严词抗议，责其不应迫害革命元勋，摧残抗战事业，加以抗日群众的强大压力，薛岳被迫将黄钺、刘静安释放。

五 逝后哀荣

1943 年 12 月 24 日，黄钺病逝于原籍湖南宁乡，终年 74 岁。国民政府明令褒扬，谓其“毕生从事革命，矢志忠贞，赞助共和，厥功甚著，特予明令褒扬以彰潜德，显明勋”。

1944 年，居正、邹鲁、陈立夫等拟订《拟请政府褒恤黄钺提案》，对黄钺在各个历史时期立下的彪炳史册的功勋作了客观公正的评价。“查黄钺同志，早岁以清室勋臣后裔从事革命，庚子至辛亥十年间奔走南北，散财结士，长江上下同志得其维护之力甚多，当时忌者曾目之为官场革命党。辛亥武汉首义后，北方以革命首领吴禄贞同志，为袁世凯戕害滦州，晋陕民军失去支应，势甚孤危，嗣经黄同志以新领兵众据秦州，振臂一呼，光复陇右，于是

① 向天水：《黄钺传略》，《黄钺与秦州起义》，第 77—78 页。

山陕义师，声气一贯，清廷胆落，共和告成。自宋案发生，黄同志复首声袁罪，敝屣荣利，益努力于革命工作，凡吾党正义所在，旗帜所张，无役不从，无苦不受；尤以十三年说胡景翼、孙岳攻击曹吴，北伐时游击豫北，协助克复武昌诸端，建功殊伟。兹闻在籍病故，遗有寡妇孤儿，身后备极萧条，稚子年仅一龄，茕茕无依，丧葬久悬，缅怀功劳，谨撮大要，并抄周震鳞、鲁荡平两同志所叙革命事略及勋绩大端，提请优恤，并请移付政府，明令褒恤，特予公葬。生平事迹宣付史馆，藉发幽光而昭激劝。居正、邹鲁、李文范、邓家彦、刘维炽、陈立夫。”①

周震鳞等亦撰写了《黄钺同志革命事略》的证明文件抄本。“黄钺，年七十四岁，湖南省宁乡县人，出身前清，由优贡生承袭二等男爵，湖北特用道工作，素具革命志愿，于纪元前十一年庚子七月，值拳匪之乱，在北平统领杨武楚军，拟在南京涿定一带，邀截西幸之清西后，毙之于途，因西后密出怀来误道致逸，率部南至清江，因军饷无着，即时遣散赴沪，与张通典、禹之谟、马君武、张继等进行革命事业。癸卯、甲辰、丙午间，借故友英人麦士尼为能之力，而救章炳麟于厄，一救黄兴、张继、章士钊等于狱。辛亥以散秩大臣记名都统甘肃军事参议官兼混成协协统，并统骁锐汉回各军，建节皋兰。时清室虽严防汉人，然对于勋臣世胄任用，颇示优异。时年秋武昌民军首义，陕西、湖南诸省应之，陕抚钱能训逃，陕甘总督长庚荐钺文武兼资，才堪疆寄，请以继钱，清廷允之，冀借以羁縻，钺以不屑也。统其所部驰抵秦州，联络甘南一带罗平安驻军援陕。时攻陕主将升允所率马安良、张行志各军已破长邠汧陇。马部围乾州，张部攻凤翔，陆洪涛等攻克礼泉、咸阳，长安势甚岌岌，旦夕莫保。钺于天水举义，推任都督，建设甘肃军政府于秦州，升允虑后路为钺部所截，勉强停战，共和告成，端在此举。民国既建，钺以关陇底定，解甲还

① 中国国民党中央委员会党史委员会：《居委员正等拟请政府褒恤黄钺提案原文》，《革命人物志》第20集，第207页。

湘，旋受上级衔陆军中将勋二位。二年，反对袁世凯，遭褫职通缉。三年，逐袁党湘督汤芗铭，钺部唐晋、徐任等死者数十人。五年，胡景翼逐袁氏爪牙陕督陆建章，钺与衡阳陈贞瑞为主谋。七年，北洋军阀张敬尧督湘，钺时奉大元帅孙命，充湘鄂豫招抚使，组游击队击之，前后一年，部将如谭廉忠、喻雪冬死之。十一年洪兆麟叛变，先总理避居黄埔永丰兵舰，钺与谢良牧等组队讨洪，请命于先总理，汪兆铭、韩恢、居正、谢持等预闻是计。因洪部罗肇雄伙夫泄谋，致成振湘等殉难，大计不成，钺亦赴沪。十三年，胡景翼、冯玉祥、孙岳攻击曹锟及吴佩孚，三军一致，皆钺与钮永建奔走构成。是时钺亦任豫北游击司令。十五年，经喻杰（培之）等介绍入国民党。是年夏国军由粤北伐，钺任鄂豫边防司令，联合豫军任应岐、李振臣两师为之用；又令旅长张纛掘毁湖北横店祝家湾一带铁路，吴佩孚果逃，几遭擒获。及克武昌省城，钺部团长张廉又预伏健卒内应，开中和门以迎国军。是时钺部独立第一旅旅长任笑山，亦克复徐州、韩庄、滕县一带，以为北伐国军先驱。是役，钺部特派员鄂人陈定一狙击吴佩孚于汉口后城马路，不中遇害。迨首都奠定，钺任行政院参议，所有受任文件及党证十七年元月二十二日在汉口万寿街湘益栈被火，荡然无存。惟念该同志从事革命，拥护国家，始终一致，其事迹已载邹鲁所辑国民党史料及钺自著《陇右光复记》《革命回忆录》等书。闻鼙思将，弥念前劳，显微阐幽，匹夫有责。国民政府委员周震鳞、中央委员鲁荡平。”①

1947 年，邹鲁编著的《中国国民党史稿》专列“纪元元年三月十一日，甘肃秦州光复”一节，对黄钺领导的甘肃辛亥革命经过进行了详细的记述。现录之如下：

> 初黄钺等以东南进化甚速，民族主义，稍有知识者，悉皆知之；独西陲风气固塞，若无人将革命思想预为灌输，一

① 中国国民党中央委员会党史委员会：《黄钺》，《革命人物志》第 20 集，第 205—207 页。

旦民军骤兴，独西陲为梗，非计之得也。遂决定从事于西。会黄钺与清陕甘总督长庚有旧，往投之，及抵甘。同志周昆、卢士璜昆季及黎兆枚均在焉，因与鼓吹新学，并与蜀人顺爻秘密组织大同会。纪元前一年（辛亥）夏，陈贞瑞、江郑等至甘，势益张，迨四川铁路问题起，机愈熟。及武昌起义，黎兆枚、罗瑞麒遂运动新军，但新军程度幼稚，不能应。黄钺虽充军事参议，总理兵备，然甫两月，威信未孚，均不能动。是时清藩司刘谷孙、法司彭英甲、巡警道赵惟熙、劝业道张炳华同为营务处总理，最无知识。九月初六日，长庚将新军兵备处所辖之军械局改隶营务处管理，彭气焰益炽，力主召募兵队，以抗陕师，且倡言新军必变，勒缴器械，更编营制。黄钺乃劝长庚以保境息民，坐待大局之定，长庚以为然，按兵不动。嗣因升允由陕逃至平凉，迭电清廷请勤王，得署陕抚，并调彭英甲及陆洪涛一军随往。彭又逼长庚起用河州回将马安良，令率兵图陕。黄钺亦不安其位，出守秦州，甘、陕兵连。黄钺等以甘、陕之兵一日不解，即共和之局一日不定，盖东南和战，视西北为进止。是时宗社党有欲保潼关以西，作小朝廷求活者，甘绅刘尔炘、张林炎等，因谬倡迎銮之说以附和。黄钺聚同志与谋，或谓宜先取汉中，以救咸阳；或谓不如取道陈仓，袭长安。主取汉中者，谓汉中为秦、蜀关键，可资联络。况汉中总兵江朝宗，犹为清守，而李光辉拥兵驻汉，意存首鼠，将终为陕患，尤宜图之；主取长安者，谓关中为西北枢纽，南接荆、襄，今潼关既被敌军所攻，张钫势不能敌，凤翔、乾、醴，又有甘军牵制，危险已极，势难久存。百二雄图，与其沦于民贼，据为偏安，曷若联合驻徽县罗平安一军，乘间取而代之，以维大局。黄钺以江、李均自守之辈，取汉中固无益于陕；直奔长安，益增陕军西顾之忧。不若暂驻秦，抚绥回族，联络罗军，俾弗东侵，虽曰保境息民，不啻为陕守也。若陕西不能支，则义旗一举，先图平凉，以截甘军后路，马、陆势必反顾，则陕危不救自解，共和可望告成。同志赞成，反正之议遂定。

初，黄钺陆续派遣陆军学生李仁斌、李宗南、安国柱、李望英及同志寇献琛、黄达等，赴陕联络，共六次，或以去不能回，或以申道阻滞，终不得要领。直至二月十日（即农历十二月二十三日），第七次派遣之胡文蚧，自乾州回，始得张云山覆书，允助反正，约年内派队至秦，定期夹攻，以为声援，粘附旗式，秦、陕密信，至是始通。时闻川军援陕，北伐司令李树勋已抵广元，乃遣张雯华往达意旨，并函蜀军政府，恳其就近拨军队援助。十八日（即壬子正月初二日），黄钺以陕军专使不至，又闻去腊二十以后，乾州战事甚恶，恐其自救不暇，计将中变，因遣胡文蚧偕魏国英赴陕以觇之。又用蔡镇西、汪清计，遣毕文硕赴凤翔，游说张行志。张不纳，毕回秦，过陇州，又运动骁勇管带崔鸣镜、崔崧等背张向秦，谋泄，二崔几被害。二十一日（即农历正月初五日），省报陆洪涛一军已于阴历除夕陷醴泉，转攻咸阳，长安危甚，人心惶惶。是日，复遣寇献琛、张桓赴汉中略阳与川军联络，二十三日又添派彭庆堂南下助寇等。二十六日陕军统领万炳南自凤翔函示赴秦师期，三月五日，刘文重偕受庆龙至秦，出示两湖同乡公函，劝黄钺举义。黄钺以城内防军及伏羌军学各界，不下二千余人，已经黎兆枚、周昆等运动成熟。翌日，刘文重亲赴徽县，一以侦探北伐川军情形，一以联合忠武右旗军队。刘未行时，已在省与鄂人刘佐寅、粤人方芷亭运动军队，图反正，炮队管带梁国璋颇为所动，卒以外援无力，未能得手，始愤而至秦。三月六日，陈贞瑞至，谋遂定。

三月十日之夜，传谕各哨官长，分配地点。前哨谢汉秋、汤砺山率八十人至筹防局，帮带瞿炳樊率六十人至州署，黄际丰、胡芳亭副之；右哨杨展鹏率四十人至义仓守军械火药；前哨张祖联率三十人守西门西关；右副哨戴芳泰率三十人守东门东关，兼保护天主教堂；左副哨刘德馨率二十人守南门；左哨严少春、后哨王章金共率八十人守泰山庙营盘，并保护北门福音堂；后哨谭祝萱及巡查秦志芳率六十人至游击署，黄钺自领亲兵四十人及差弁余振东、成起凤、严镇寰、张佐胜等，径赴道署，黎瑞芬、潘炳炎、甘霈霖从之。三月十一日（即农历正月二十三日）为我军起义之日，辰刻入城，市民安堵，黄钺等相继抵署，集绅商百余人，宣布约章，众推黄钺为正都督，向燊为副都督。其后，省城方面，亦于三月杪宣布承认共和，别组甘肃临时军政府，与秦州军政府对峙。至六月初旬，双方始各派代表，协订条约十四款，秦州军政府于是宣布取消。①

黄钺去世后，其旧部、好友等纷纷作诗以悼念。

黄钺好友、著名诗人、“南社”创始人之一高旭赋诗两首，以为纪念。

题《华胥梦幻》，为黄幼蟾作

我亦曾经沧海过，抛残红豆泪痕多。千秋艳史该如是，再世灵箫竟若何？只愿他生化顽石，不妨一水托微波。浮生本属华胥梦，未死终当拥翠娥。

幼蟾以明月前身小影见贻，次韵奉题

何当还我自由身，写出珠园字字真。
不尽沧桑家国恨，画中人是断肠人。
纵教九死恋红楼，读曲填词碎玉钩。
倘使娲皇天可补，茫茫江水亦西流。②

黄钺同事陈墨西赋诗一首，以为怀念：

述辛亥壬子在甘肃反正事　兼怀黄幼蟾

江南芳草倦春游，幽咽如闻陇水流。
伍举班荆逢蔡友，子房决策复韩仇。
孤军竟破西酋胆，一檄能医孟德头。

---

① 邹鲁：《中国国民党史稿》第四册，商务印书馆，1947 年，第 995—997 页。

② 郭长海、金菊贞：《高旭集》，社会科学文献出版社，2003 年，第 245 页。

周政共和凭此定，东陵却有种瓜侯。①

据陈墨西回忆：“予居南京共十二年。庚戌冬，俞恪士提学甘肃，邀予偕行。予思边省风气必尤闭塞，欣然愿任此凿险缒幽之役。遂于辛亥初春登程，车行两月始达兰州。沿途所见，实以穴居之民号不毛之地为多。至兰州后，即主学署总务兼办省师范学校。时黄钺幼蟾，以道员世爵与甘督长庚有世谊，已先两月至兰。旧地重逢，为之称快。遂日与密谋以甘肃反正。黄虽与长庚有旧，然长任事迁迟，故黄旅居数月未得要领。予请俞促之，长乃任黄为督练公所兵备处总办。武昌起义，川、陕继之。甘与川、陕为邻，故长庚积极用兵攻陕。黄因子日微露革命宗旨，大为官场所哗。臬司彭英甲、警道赵惟熙尤齮龁之。长本荐黄为甘肃军事参议会。攻陕军兴，彭、赵等改督练公所为营务处主以司道，将黄职任全行销灭。黄请募兵卫长。长乃命黄为骁锐六营统领。彭、赵以黄既统兵，尤不容其在省。长遂令黄出防秦州。又甘候补道、衡山向燊者，亦予旧交。予以其在湘办学甚久，介绍于俞。俞先请其共襄学务。是时俞已任藩司，乃荐向为秦州道。遂与黄偕行赴秦，黄至秦后，即潜迁人分赴川、陕，约与合作。向本日本留学生，亦非无革命思想，然颇慎密不露。黄因与之无素，莫测端倪，两方部属又无能传达意旨，遂以为不能同心相应也，彼此几将破裂。予在省垣尝讽俞反正，俞以兵权不属，噤不敢应，且以不能阻止长庚用兵，而藩司职主筹饷，恐民党成功或受责备，乃以其位让赵。予另与二三同志运动省军，惟炮队一营能用，其余约二十营则无间可入，故炮队亦势孤而不能发。会省方闻向、黄不协，俞嘱予赴秦调解之。既至遂沟通双方，向亦坦然乐从，乃建甘肃军政府于秦州，举黄为都督，向副之，予以教育司长名义兼军府秘书长。今中央邹委员鲁《中国国民党史稿》（光复篇）中，纪甘肃之光复曰：‘陈贞瑞至甘势益张。’又纪秦州之建军政

① 《陈墨西先生癸酉述怀——述辛亥壬子在甘肃反正事》，《陈墨西先生文集》，1999年。

府曰：‘陈贞瑞至谋遂定。’可约略知当时情形。是时，甘肃攻陕之军，由中路东进者为马安良、陆洪涛，由南路东进者为张行志、罗平安，共约五十营。长庚以彭为陕藩兼东路行营营务处，又起升允为督师。马军尤为勇悍。陕西新起之民军已岌岌可危。及清廷逊位，而长庚将诏旨匿之，仍促各军猛进。秦安人安维峻倡奉满清偏安西陲之说，甘肃官绅多和之。董福祥之二侄又出私家饷械，各将数营在平凉、固原之交，安亲往说之，董氏竟为所用。及闻秦州之举，马军先退，诸军继之，安、董等更匿迹销声矣。甘肃省议会长李镜清，致黄书有‘西军之安然撤回，敝会之不至推倒，镜清之尚能生全，及一班官吏之不敢公然反对共和，皆公外结奥援内得人心，有以助之。愧无净铜以铸公像’等语。故秦州军势虽孤，关系殊大。西军一退，长庚即行出走。因赵惟熙已攫得藩篆，乃以督篆副之，赵乃自称护理陕甘总督。即用该项名义电达袁世凯承认共和。袁本不知甘省内容，而秦州又不通电，遂命赵为甘肃都督。赵恐黄或攘其位，乃诬黄有土匪行为，故袁氏来文于黄多所申斥。予素知袁之为人，闻总理以职位让之，不胜太息，乃连草公牍，将革命之意义及黄之行动，详告甘肃官民，并及全国。一时甘人传诵殆遍。而黄之心迹因此大白，又为黄复袁氏文，直接数其十罪。袁仍无以难黄，反欲罗而致之，然黄终不为袁用也。予去秦时，向氏撰联见赠，有曰：‘排山倒海，著作无双。’可见文字亦未尝无灵也。甘肃虽因秦州反正而罢攻陕之军，并承认共和，然袁氏已命赵为都督，则一省不容有两政府。予因撰约章十四条，大致以在秦州所行政策，嗣后不能改易，并须通饬各州县照行。经省议会一一通过，复文到秦，遂以秦州政府合并于兰州。予与宁乡周昆为秦方全权委员，与兰方全权委员偕同签字。凡建立军政府约四月，遂告结束。留向氏在秦善后，黄与予遂于秋间先后南归。赵氏即电告袁谓‘共和政府从此统一’云。”

黄钺战友、曾任甘肃临时军政府司法司司长的周芷荪作挽联悼念：

挽黄钺[①]

驱除鞑虏，创造中华，是功高党国。稽勋忘大曲，苌弘血肉，范叔饥寒，都成泡影。万里长蛇荐食，抗战方殷，尚待缺补金瓯，公胡撒手？

寿享期颐，珠依老蚌，正乐遂田园。归骨剩完肤，虎口余生，鸿毛性命，总算安全。一朝驾鹤登仙，音容顿渺，想到同挥玉斧，我更伤心。

令人欣慰的是，黄钺数十年冥心孤往，百折不挠，奔走革命的英雄事迹从未被人遗忘，他身上体现出的为了国家民族的未来，置生死安危于不顾，置功名利禄于度外的英雄气概从未被人忘却。黄钺墓得到历届人民政府和其后裔关注，2005 年宁乡县人民政府公布为县级文物保护单位，2011 年又由湖南省人民政府公布为省级文物保护单位。2011 年宁乡县文物局进行文物普查时，将黄钺故居定为不可移动文物，予以保护。辛亥革命一百周年之际，民革甘肃省委员会和民革天水市委员会在天水市共同召开纪念辛亥革命暨秦州起义 100 周年大会。会议认为，秦州起义作为全国辛亥革命运动中的最后一次起义，是辛亥革命在甘肃最壮丽的一幕，是辛亥革命的重要组成部分，是甘肃近代革命史上的重大历史事件，在中国近代旧民主主义革命史上具有重要的历史地位。黄钺遗著《陇右光复记》为甘肃省档案馆重新整理出版，此书的出版寄托了人们对甘肃临时军政府都督黄钺的无穷哀思和永久怀念！

① 周芷荪：《挽黄钺》《沩宁耆旧联选》，《宁乡文史》第八辑，第 190 页。

附录　黄钺年表

1869 年，诞生

6 月 2 日（农历四月二十二日辰时），出生于湖南省宁乡县西冲山乡方塘村梽木塝（今属东湖塘镇）。

父亲黄万鹏，字忠璘，亦字抟九，号定坤，一生戎马倥偬，累迁至新疆提督。母李氏“系出名门，素娴礼法，事姑以孝，相夫以顺，课子以严”，生子三：义贵、义瑾、义骞。

1873 年，4 岁

“延师在家，课读《百家姓》《三字经》《弟子规》等启蒙书籍。”性格较为内向，“不善说话。但读起书来，朗朗有声”[①]。

1876 年，7 岁

求学于善化西林寺（今长沙市望城区雨厂坪镇南岳庙村），读《幼学琼林》《增广贤文》等。西林寺有多尊神像，早晚随住持一起顶礼膜拜。

时左宗棠任钦差大臣，进军新疆。在老湘军中抽调黄万鹏、余虎恩、谭上连、谭拔萃、谭和议、汤仁和、侯名贵、席大成八员虎将为西征主力。4 月，黄万鹏、余虎恩、谭上连率部先行出关。5 月，刘锦堂率大军继发。7 月，黄万鹏、余虎恩率马队进袭

① “幼年部分”参考了黄祖同先生所撰《黄钺年谱》（未刊稿），谨致诚挚谢忱。

黄田，大败敌军。湘军乘胜追击，进军乌鲁木齐。清政府闻捷，赏黄万鹏穿黄马褂。黄万鹏由新疆军中传讯黄钺改文习武。

1877 年，8 岁

在家聘请武教练传授拳术和刀枪使用技艺，兼读《孙子兵法》。

1878 年，9 岁

荫袭二等男爵。

1887 年，18 岁

与王氏结婚[①]。

1889 年，20 岁

生长女琼华，又名黄丹书。琼华后适湘潭永佳田徐某为妻，生子名徐大伢子。为外孙取名为徐梦庄，寓庄周梦蝶之意。

1890 年，21 岁

居老家，为祖母杨氏勒石刻碑。

1891 年，22 岁

捐款“平银三两四钱一分半”。

1892 年，23 岁

萌生反清革命思想。“钺自有知识以来，即痛恨满清之虐政残害齐民，奔走呼号，求其铲除者已二十余年。”

1893 年，24 岁

6 月 12 日，以“候补同知”由京领照，赴江苏禀到。

1895 年，26 岁

面对甲午战争的惨败和《马关条约》的签订，其感到无比震撼与愤懑，反清革命意志益坚。“前清光绪甲午以后，时事日非，瓜分之说，倡自各国新闻纸，海内志士，纷然陈言，清政府多留

① 王氏生三女：琼华、瑶华、梅华。三子：承德、承慧、承慈，夭折。

中不报。钺计非革新专制，推倒满清腐败政府，不足以图存。”

1898 年，29 岁

是年春，致书湖广总督张之洞，“说以日本幕府维新故事，以觇其志意”。目的是劝张之洞“自立”反清。随后偕志士王家宾、李彭年、彭寿霖等赴湖北武汉拜访张之洞。张之洞授黄钺为“湖北候补道台”，但对黄钺维新主张不置可否。“自念计画不行”，谢绝鄂巡抚谭继洵的挽留，“乃只身赴粤”。

5 月 13 日，“承袭二等轻车都尉”，由湘进京。

9 月，父黄万鹏病故，在家迎灵柩，主丧事。光绪皇帝为之撰写悼念碑文。

1900 年，31 岁

在北京余虎恩所统虎军营务处任职，率部在齐化门（今朝阳门）、东直门一线抗击八国联军。乘慈禧太后西遁之际，“遂收聚溃勇，欲乘机蹙之于途”。

因时值盛夏，“伏尸盈野，疫疠盛行”，“冒暑大病，日昏卧舆中”。

是年，寓居江宁，得交张通典、禹之谟等人，在上海成立寰球中国学生招待所、广艺书局等革命联络机关。

1901 年，32 岁

1 月 3 日，以“二等男爵”身份由京到江苏。

1902 年，33 岁

2 月 20 日，由上海转“赴江西，接办宜泰矿物”。

6 月 18 日，与“张伯纯部郎偕同英人麦士尼总戎及矿师平克司克伦二人，上溯袁州河察勘蒋冠群大令所办宜春煤矿”。

10 月 3 日，以“江苏候选道男爵”身份“因公来沪，假寓愚园。昨午命驾入城，先赴道辕拜谒袁海观观察，继至县署拜谒县主汪瑶庭”。

是年夏，暗中为吴敬恒、钮永建避祸。

1903 年，34 岁

“苏报案”发，托好友华英报馆经理英人麦士尼为能，“联合工部局总办朴兰德及教士李提摩太，并二三有力之英人，出而干涉”，营救邹容、章炳麟。

1904 年，35 岁

1904 年 2 月 15 日，黄兴与刘揆一等人创办华兴会，后因长沙甲辰起义机密尽泄，黄兴潜逃上海。11 月 19 日，革命志士万福华自行暗杀亲俄派官僚王之春未成被捕，黄兴等受牵连被捕入狱。奔走斡旋，竭力营救，“方自浙返沪，与粤人丁惠康（字叔雅）同主华宁里吴葆初宅。一日，偶于曾广钧座闻被捕有郭人漳、张继，皆旧识，而黄兴虽易姓名，亦在逮（兴初非此名，只闻其字瑾午，罗大维侦悉，密以相示）。钺遂叩麦士尼为能之门谋救。麦力任之，潜商驻沪领袖领事。不二日，讯判郭等四人先行释免，余六人随后保释，万判监禁。是时，华兴会破坏禁网尤密，此次革命巨擘黄兴与诸君不遭毒手者，以运动出狱，非常敏慎，风声未露故也”。

是年，祖母杨太夫人去世，回家乡主持丧事。

1905 年，36 岁

是年，与黄易在湖南组织新华会虚无党支部，借名办矿，实为革命秘密机关。事为端方侦悉，黄易被捕下狱，黄钺流亡上海。“其后数年常往来沪上，密与党员黄易、李世昌、贺永龄、成邦杰、葛连城、吴超徵、童俊、洪本枂、张通汉等，先后组织寰球中国学生招待所、广艺书局及武汉之益中书局、武库书局、大家来栈等处，以为秘密机关。”

是年秋，与县府合作，在宁乡县城梅家田开办楚沩织布厂，招收女工 40 多名，后组织女工去长沙禹之谟开办的湘利黔织布厂工艺传授所接受短期培训。

1906 年，37 岁

9 月，经黄兴介绍，在上海加入同盟会。自此，革命意志弥加坚定，从事革命活动不遗余力。

是年，同盟会湖南分会会长禹之谟被捕，关押在靖州监狱。禹之谟在狱中致《泽、蔚二弟书》中写道："幼蟾创办宁乡实业，煞费苦心，幸抵于成，甚为敬佩。渠意合办之说，实合群德。我厂有自主之权，合无不可。但有眷属兼女厂，有未便耳。彼厂是一县公立，众心未必一同，合办恐难见诸实行。为我致意黄君，我厂所经历之事，当无不尽情告之也。"后禹之谟被害，黄钺赋诗悼念，诗云："讨虏竟无功，义举也随黄鹤去，知心能有几，论交忧忆白门秋。"

是年夏，章太炎即将刑满释放之际，清政府欲乘章太炎出狱离开租界对章实施秘密逮捕，再次通过麦士尼为能的关系，"经渠运动有效"，并与孙中山从日本派来上海迎接章太炎出狱的同盟会会员仇亮、龚陈百等接洽，确保章太炎顺利出狱以及安全离开上海前往日本。

是年，鼓动伶界大亨潘月樵等创办"榛苓""菁莪"学堂。

是年，任湖南全省黄氏中学堂正监督，开办师范速成科。

1908 年，39 岁

主修《西湖黄氏五修族谱》。

1909 年，40 岁

6 月 9 日，母亲去世，主丧事。

9 月，将祖母杨爵太君墓改葬于益阳青山仑，并作铭文："山川磅礴，蔚为佳城，钟灵毓秀，嘉惠女贞，子孙亿万，为名公卿，天佑有德，蜚声湘衡。"

1910 年，41 岁

11 月 23 日，辞去"定忠栈"主持职务，"偕同志黎瑞芬发长沙"，奔赴西北，去甘肃传播革命火种，开拓新的革命阵地。

是年，在长沙落星田主持革命党人的秘密结社联络点"定忠栈"。与杨任、成邦杰、阎鸿飞、吴超徵、安定超、彭友胜、刘文锦、吴作霖等往来密切。

是年，为《西湖黄氏五修族谱》作序，其中有云：“莫为之前，虽美弗彰；为之后，虽盛弗传。欲美彰而盛传，其在斯乎，其在斯乎。”

是年，作《西林寺记》，“钺忝列黉宫，得祠奖湘元银叁拾两，钺益以银柒拾两，托房伯有纪公监修，将下栋补苴，勉栖神像，两厦亦略加修葺。钺以限于财力，暂难恢复旧观。倘侥幸事会稍有寸进，尚欲踵前人之志而扩充焉”。

1911 年，42 岁

1 月初，“冲寒前进”，历时 40 余天，抵达甘肃兰州。在兰州的革命党人周昆、卢士璜、黎兆枚“闻钺至，喜甚”。以故人之子和候补道员的双重身份拜访陕甘总督长庚。

6 月，被长庚委任为“兵备处总办”及军事参议官。

10 月 10 日，武昌起义爆发。闻知后致书谭延闿，“武汉建义，湘陕首先应之。天意亡秦，不谋而合，推倒满清，在此一举。武昌据长江上游，战争必先之地点，然非吾湘早为声援，恐难自立，是公等之响应，其功甚伟，所关甚大。南望衡湘，不禁额手称庆”。

10 月 22 日，陕西独立，黄钺向长庚建议：“固当以守为战，保境息民，坐待大局之定。”长庚“颇以为然，按兵不动”。

11 月 11 日，致函湖南都督谭延闿，告知秦州起义计划。

12 月 21 日，带兵抵达秦州，驻兵城北泰山庙。

12 月 27 日，致函甘肃藩司俞恪士，劝其在长庚面前游说，“俾督帅晓然于保境安民，以待大局底定之，为不二法门”。

是年，与兰州革命党人谭其茳、顺爻、周昆、黎兆枚、卢士璜等“朝夕过从，以谋鼓吹新学说，开通一般人民之智识”。“秘商组织大同会”，并试图运动新军，在兰州相机发动反清武装起义。

是年，受到兰州顽固派官僚的排挤、打压。后得长庚令，“募一旅出防”秦州。初步拟定立足秦州、就地反正的方案，“如罗平安所统驻秦诸营可以联合，则就秦州反正，北捣兰州，以救陕西，作釜底抽薪之计。否则，率师归楚，勉效驰驱。”“日聚同志，深谋熟计”，周密部署，多方联络，为秦州起义作充分准备。

1912 年，43 岁

1 月 3 日，致函俞恪士，告知秦州前线战况。

2 月 23 日，致函阶州观察吴礼泉，劝阻昭武马步全军统领马云亭率军南下。

3 月 10 日，致函昭武军统领马云亭，邀其共举反清义旗。

3 月 11 日，率革命党人、民军战士在秦州发动武装起义，成立甘肃临时军政府，被举为都督，后兼任总司令部总司令官。

3 月 12 日，以甘肃临时军政府正都督身份通电各省都督及袁世凯，“务望公等义切同仇，不遗在远”。

是日，致函黎元洪：“伏恳先生不遗在远，共切同仇，转商之大总统及克强君，设法佽助，拯瘠苦三边之众，竟共和一篑之功，甘肃幸甚！”致函四川都督尹昌衡：“义旗甫张，秋毫无犯，约章颁布，四民合从，行将偕请贵省军队，直捣兰垣，再行建置一切。”致函陕西都督：“尤望贵都督义切同仇，刻派军队进援，并接济饷械，以成辅车唇齿之势，褫顽虏之残魄，一谋共和之统一。”致函马光烈，称：“所虑贵教中或有不明此义，妄自惊疑，尚乞明白晓谕，结成城之志，鄙人实深倚赖焉。”致函秦州幕友卢叔衡：“请即劝将伪印呈缴，随来弁赴道署，共商一切。”致函秦州州牧张幼履：“希即呈缴伪印，随来兵刻赴道署，筹商一切。”

是日，天微雪，派州官在秦州街上鸣锣晓谕，着商铺开门，照常营业，恢复和平气象。

3 月 13 日，令军政司职员将筹防局开花九生炮一门，拉至伏羲城西城上，把董事房一间拆毁安放，派 40 名兵士看守，以防马忠孝率部攻城，并令秦州四门严加防守。

3 月 15 日，临时军政府发给前秦州知事木印一方，改秦州直隶州为秦州。稍时雪止，太阳复出。二更时，黄钺单身带兵三人出西门，步至伏羲城城上，看望马军营盘，“同绅士说论民国自由很好等语”。

3月16日，致函黄兴："想先生不遗在远，全局萦怀，必不惜一援手之劳，以竟一篑之功也。"致函回绅马光烈："弟因此次和议，固合汉、回、蒙、满各族同胞，共襄盛举，自无有反抗之理。但恐贵教中或间有不白此义者，尚乞于川军抵境时登高一呼，俾免疑恐。"

是日，将北关驻扎后营兵队移住大城义仓内，又将贡院炮队分扎大城南北城。军政府札委韩孝忠管带城防营制兵三百名扎西关城上，又委赵鼎钟管带新募炮队三百名扎东关城，又委湖南周昆新募马队一营，即在北关天兴店将释放军流犯张连、李小浍等十三人改穿灰色军衣，将游署、道署、天水驿驿马统一组成马队。州绅赵鼎钟得黄钺之委，即在街上扬鞭走马，以显革命军之威严。中午，革命军士将秦营库中军械衣服炮枪抬至游署院内，任意挑选，并派兵守卫头门。

3月17日，发出告示，肃军纪，安市民。

3月18日，临时军政府派人张贴四川川军司令官李树勋告示。调剂柴草粮食进城，解决市民生活必需品之忧，并再出告示安民："军府之成，防匪安氓，城乡镇区，勿疑勿惊。乡间货物，照常进城，士农工贾，照常营业。认真团练，认真巡更，官民从此，同气同声。"

3月19日，致电南京内阁总理黄兴："遣散军队必须重饷，乞速拨济，以杜后患。"

是日，赵惟熙等顽固派势力致电袁世凯，诡称承认共和，在兰州成立"甘肃军政府"。

3月20日，与临时军政府官员一道接待群众，解决百姓实际困难。

3月21日，按中央政府国旗式样，依式制旗，升于都督府前，宣读祝词。委派张世英与董戒商议筹款，以维持兵饷。

3月22日，致函甘肃昭武军统领马云亭："钺之组织万无自私自利之心，天日在上，可以照临。如甘省办法能如钺所主持，钺即洁身而去，不敢稍涉迟回，至贻越俎之诮。如中央政府谓钺之所主持不合，钺亦立即取销，决不稍抗命令也。”

是日，致函刘文厚：“惟兰州司道现对于我政府欺压情形，殊属险恶，外援既绝，一旅孤立，不能不设一抵御之法，勉为支持，以待中央政府之解决。”

是日，为进一步安定人心，维护稳定的社会秩序，与革命党人在秦州发起组织“民国同心会”，印发同心会“布票”（会员证），并动员或规定秦州会党、起义军士卒、哨官、民间人士入会。

3月23日，复函四川川军司令官李树勋：“顷探贵队前驱已抵徽县，而官绅等不明宗旨，致有小起冲突之说，已专派秦州汉回正绅前往，剀切开导，俾无惊疑，致生阻碍。”

3月24日，临时军政府改悬红黄白青蓝五色国旗。

3月25日，临时军政府收到学生捐款，张贴告示嘉勉：“军政府示：照得秦州亦渭学堂学生董之瑜等二十一人报效军费钱二十串文，真乃急公好义，实堪嘉尚，本府亦有厚望焉！除电达中央政府外，合行牌示，仰即一体周知。切切此示。”

3月26日，临时军政府转发秦州商务分会致城防局公函。

3月27日，移文川军司令官，表示：“欲求和平，先须武装。”

3月29日，复函兰州赵惟熙、潘锡九、马云亭等，“鄙人久思南归，岂恋此无谓之都督，然取消名义要在前此八条之决行，此后诸君但持中央政府之命令而来，自无不可解决之事，若仅为诸君一面之意，无论为恫喝为要求，则皆无效”。致函陕西都督：“乞尊处专足乾州，电责兰州，嘱其和平解决。”

3月31日，向赵惟熙发出咨文，表示接到袁世凯“复电之日，再议解决”。

4月1日，致电南京参议院，表示“始终为甘民计，绝不破坏和平”。

4月2日，移文陕西西路节度使，请其“照会兰州令其谨守停战之约，不得破坏和平，俾秦兰生灵免遭涂炭”。

4月3日，致函四川标统刘丽生、杨子云：“钺等无丝毫权利思想，而其唯一之目的，亦与公等志在推倒兰州恶劣政府，促甘肃共和之进行无异。”

4 月 5 日，致函陕西统制张云山，表示“各省公论朝到，钺夕即南归”。复函赵芝珊，表示自己“材虽庸谫，人格尚高，权利上之思想一介不屑，名誉上之关系一介必争”。

是日，咨各省都督文：“目前，各方面军队虽已遥遥相持，总期衅不先开，但必须得大总统复敝军府之专电，与各省都督之公评，则解决方易。”

4 月 7 日，向四川北伐军司令官李树勋发出咨文：“希即迅速拔队前进，合力扫除兰州民贼，以谢甘民而维大局。”

4 月 9 日，指示张世英请六城绅士在陇南学堂公议自治会从速开办事宜。

4 月 10 日，复函马云亭：“钺此时惟有以一身发难，代全甘国民与兰州专制政府相战，使甘肃国民安坐以享其成。”

4 月 14 日，致电黄兴：“钺反正后未遣一卒出境，未损一草一木，州中政治渐次改良。”“惟实以促进共和为心，反受破坏之责；无丝毫权利之念，转被逆匪之名。”

4 月 19 日，复电袁世凯，表示“钺遵令解决川军，早请退出甘境，惟赵惟熙佯称派员来商，阴饬吴、刘、马、崔等军四面进逼。秦民恐，钺部愤赵始终不肯和平，如有他变，钺不任咎”。

4 月 20 日，呈文袁世凯：“钺无丝毫权利之念，而逆匪之名誓不甘居，实以促进共和为心，而破坏之责决不忍受。”

4 月 22 日，致电湘督谭延闿，表示自己“久思让职”。

5 月 7 日，致电湖南都督谭延闿，“望电商黎、黄两公，设法救援”甘肃危局。

5 月 11 日，复电北京袁世凯：“大总统代表全国，似不宜据一面之词以定是非。”“望此后勿发偏怙之令。”

5 月 22 日，复呈北京袁世凯，发“毫无忌讳之言”，“秦州虽蕞尔弹丸，能屈于公理，不能屈于强权”。

是日，致函黎元洪：“钺自督师驻秦以来，军民相安，感情甚厚，反正后尤注意民事。”

5 月 23 日，致函四川都督，对于四川军政府的鼎力相助，“虔心望风拜谢”。

5 月 25 日，呈复袁世凯，表示自己“现在正候兰州正式公文并其专使，一俟到秦，即行宣布解决，绝无留恋”。

是日，接北京国务院来电，“该道将诸事布置就绪后，克日来京听候录用”，“现当建设伊始，需才孔亟，该道正当勉图匡济，以副倚望也”。

5 月 30 日，移文甘肃省议会：“两方既认和平解决，总以迅速为妥”。

6 月 5 日，致电北京及各省：“所留军队，暂交向燊，仍以秦州道名义接统，兼办善后，钺即南归。”

6 月 6 日，呈文给袁世凯、参议院、国务院，称“钺游宦多年，先人坟墓，急待修理，一俟南旋后摒挡就绪，当即遵令来京，借聆钧训”。

6 月 7 日，甘肃临时军政府特派员陈贞瑞、周昆，兰州军政府特派员向楷、彭名崇，临时省议会特派员李象贤，秦州绅学商界代表张世英，在秦州签订《解决条约》，标志着甘肃临时军政府正式取消。

6 月 11 日，黄钺致函总统毅军河北总镇赵倜，请其沿途保护，“现整行装，准于日内首途，拟取道河洛，计由秦州启行，随行人等约百余人，候抵长安，当分途投往。但共和甫定，邮路虽通，而迢递关山，难保无萑苻之虑，异时道过柳防，应恳麾下俯念行路之难，饬属妥为保护，以利遄行”。

6 月 15 日，致电谭延闿，指责袁世凯“毫不加察，未接议会之电，遽加申斥，始终偏听，夫复何言”!

6 月 16 日，呈文袁世凯：“钺严装待发，留无几时，退为公民，坐享康乐，甚所愿尔。”

6 月 17 日，秦州军学各界在孔庙明伦堂举行隆重欢送会，黄钺发表慷慨激昂的临别赠言：“鄙人办事决不肯有始无终，即解决以后无论如何为难，总以达到起义之目的，俾甘民脱离专制之苦，得享共和之福，此又鄙人所牢记于心，而不能因去甘之后不即为我甘民尽此一分义务耳。今者将与诸君别矣！无几时矣！惟有责望诸同胞将善后应办各事，一一进行，使今日未尝破坏之秦州，建设为完善无缺之秦州，以为他日全甘之模范。”

6月21日，“第发秦州”。从陕西过境时，陕西军政府令军队沿途保护黄钺一行，“转饬沿州县营汛随时保护”。

6月26日，接到北京国务院电：“该道深明大义，殊堪嘉许。赵都督力保该道，才堪大用，俟部署事竣，望速来京，以备录用，慎勿萌高蹈之怀也。”

6月下旬，抵达陕西西安，“寓红埠街”。陕西各界“以黄君前此反正秦州，促进共和，义声卓著，拟择日开欢迎会，以表悃忱云”。

7月1日，致电袁世凯，明确表示不愿意与之为伍，“赵惟熙于钺时毁时誉，毫无定凭，其毁皆伪，其誉岂真？赵本无自知之明，何得有知人之识？无论毁誉，钺皆不受。大总统于钺亦随奖随斥，不取证全国之议论，惟依一人为转移，则斥之何辱，奖之何荣？恳给假南归，暂免服务，事理应然，非敢高蹈也”。

7月6日，离开西安，继续东行。陕西军政府“派马队管带刘长泰带领骑兵四十名，沿途护送，并函知潼关郭协统一体派兵送至河南火车站，以尽地主之谊”。

7月18日，抵达武汉。与黎元洪进行晤谈，“略陈甘肃大概”。在汉口时，还计划赴上海，与黄兴“面陈一切，因在渑池患痢症，非常委顿，遂改计返里”。

7月24日，同盟会湖南支部在长沙烈士祠会场开欢迎大会，“秦州绾百二河山，古称天险。先生坐镇其间，闻风响应，使东南各省经营革命事业，不至有后顾之忧者，厥功甚伟！兹值中原统一，解甲归来，追溯殊猷，官伸敬礼”。

7月26日，“抵沩阳原籍”。

8月5日，致函上海民立报馆，对于甘肃乱象，表示心有愧疚，“现虽旋里，藉藏鸠拙，对于甘肃推倒建置，未达目的，负咎实深”。“甘肃险象已露，去国之人无术补救，惟望诸公鼓吹，拯此一方。兹附二稿，各详目前甘肃事实，乞登录正张，并请寄登外洋各报。盖此刻陇中暗无天日，若无公等以口舌挽救，则永听其沉沦也。”

8 月 17 日，收到黄兴来函：“半年以来，我公维持甘事，煞费苦心，明眼人自有公论。悠悠之口，初何损于日月之光，望勿介怀为要。”

8 月 19 日，致函黎元洪，请其关注甘肃，“钺既还湘，于甘肃已断关系，然既知其详且恐有妨大局，不敢不告。我公乃眷西顾，必不恝然置之也”。

8 月 22 日，致汪健，“鄙人员还湘上，何尝一日忘秦，力所能及者决不迁就”。

7—8 月，甘肃各界如向燊、刘文厚、刘树人、孟庸、章和、慧照等纷纷致函黄钺，强烈恳求黄钺设法挽救甘肃危局，“时以甘事为念，将用何策以补救耶?”“我公痌瘝在抱，济众为怀，拯救甘民，尤为宏愿，又况地处灵通，迥非昔比，为力易易，人所共信，诚能设法维持，以解倒悬，使甘民出黑暗地狱，登诸庄严世界，则鲋鱼涸辙，不致为枯肆之索者，幸得遇仁人为之援手，此不惟边氓感戴鸿慈于无暨，都督始终为甘之目的，亦可达到圆满地步矣。”“惟望吾公为甘人一设法焉。”

9 月 14 日，复函给汪健等，告知汪健、董进三等人赴京时，可向黄克强、周道腴、陈汉元求助。

9 月 15 日，致函黄克强、周道腴、陈汉元等，请当时在参议院的陈家鼎、湖南代表周震鳞等为奔赴北京的甘肃代表朱仲穆、汪青等人提供帮助。

11 月 20 日，致函黎元洪，希望黎采取措施，切实帮助甘肃，“务恳大力主持其间，始终成全，毋使一班民贼蹂躏于边陲，钺当为全甘代表熏香顶礼，诵我公德于无量”。

同日，致函黎元洪：“蒙事日急，主战主和，先生必筹思已熟。当此民国初建，万有不慎，易启外人觊觎。湘中同志现有组织征蒙团之议，然此刻天气渐寒，东南军队颇难适用。兹有敝同乡陈贞瑞条陈政府，意欲以甘肃回队出师征蒙，其说亦颇近，是特将原稿奉呈政府，如不用兵则已，倘欲以武力制胜，乞先生竭力主张赞成斯举，既可消甘肃无形之隐患，又可奠民国于苞桑！”

12 月 8 日，湖南长沙各政团召开“征库联合大会”，被举为军务协理。

1913 年，44 岁

1 月 2 日，咨北京稽勋局，将尚未列入名册的湘籍和外省同志列入，“所有在甘出力、成绩可稽、曾任各机关职员，用特摘尤造册，咨请贵局察核，照章奖励，并分饬各省稽勋局长查照办理”。

1 月 16 日，湖南筹蒙会成立，“以保全领土、拥护主权为宗旨”，任副会长。

2 月 15 日，抵达北京，受到袁世凯的接见，袁意欲拉拢。虚与委蛇应付之。对于潘月樵功勋上报北京稽勋局之事，予以鼎力相助。

3 月 3 日，与宋教仁、谭人凤、龙璋等联合发起成立湖南各团联合筹边会，并发布湖南各团联合筹边会启事。

3 月 21 日，被袁世凯授予“总统军事顾问”一职，自述“栖径此间，味同嚼蜡”。

3—4 月间，出国作短暂游历。

3 月，宋教仁被刺身亡。7 月，国民党人反对袁世凯独裁反动统治的二次革命爆发。不为利禄诱惑，态度明确而坚决，拒绝袁世凯拉拢，力主武力反袁。

8 月 1 日，自长沙致函袁世凯死党段芝贵，“为党人游说，指现政府为专制恶魔，指平内乱为民官战，且谓政府所恃以为立国之本，唯炸弹与金钱”，要段芝贵“顿兵浔阳，按甲不动”，敦促袁世凯立即“退位，以保共和”。袁氏闻讯，恼羞成怒，竟以“背叛共和，民国公敌”的罪名，下令将黄钺褫官并通缉。其令曰：“黄钺着即褫去陆军中将，交湖南都督谭延闿严拿惩办，并着各省都督、民政长饬究通缉，务获属办，以伸法纪。”

是年，“勤劳之暇，集秦州反正事实暨往来电文、公私缄牍，并颂词报录，凡有关系于秦州表面者，皆荟萃而编辑”为《陇右光复记》。

是年，用黄帝“华胥梦幻故事”，作小说《华胥幻影》，记载秦州反正经过。

1914 年，45 岁

反对袁世凯爪牙汤芗铭督湘，部属唐晋、徐任等数十人死难。

1916 年，47 岁

因反对洪宪帝制遭通缉。

次女瑶华（黄者寿）嫁长沙龚饮冰①。

1917 年，48 岁

3 月 22 日，以“公府咨议官、陆军中将、前甘肃临时都督”的名义，具呈内务部，重申前请，请给予前甘肃临时军政府非陆军出身人员勋章，“以旌其功”。

7 月，通电拥护孙中山领导的护法运动。

9 月，被委任为广州大元帅府参议。

是年，在《寸心》1917 年第 3 期上发表《怡皃庵词》，词牌名分别为《满江红》《满庭芳》《玉楼春》《临江仙》《玉京秋》《望江南》《踏莎行》。《烛影摇红，题绮霞主人红绡玉照》《七言绝句四首呈乞绮霞主人哂政》刊载于《尚小云专集》之“文苑拔萃”。《新秋即事》《斗虎歌》《杂感》刊载于《诗录》《南社湘

---

① 龚饮冰：1896 年生，曾化名龚再僧、张若臣，湖南省长沙县人。幼年在善化学堂读书，后进入湖南政法专科学校攻读。辛亥革命后加入中国国民党，随黄钺参加反袁世凯及其走狗汤芗铭的斗争。1923 年，京汉铁路工人大罢工期间，在长沙开办亚陆通讯社，任社长，兼任《霹雳报》主笔，声援工人罢工。经何叔衡介绍加入中国共产党。1926 年，与谢觉哉创办《湖南民报》，宣传国民革命。后长期从事中国共产党的秘密工作。中华人民共和国成立后，历任中共中央统战部副部长、全国人大常委等职。

集》第七期。另著有《楚春楼随笔》《云涛阁词存》《怡皃庵》，今已散佚。

1918 年，49 岁

奉孙中山之命，出任湘鄂豫招抚使，组织游击部队，讨伐北洋军阀张敬尧。

是年夏，与昭潭吴贞缵，资阳杨仁，衡山李占鳌，沩阳彭立群、黎兆枚、朱璋、徐汉、黎元吉、文奎斗、唐澄，祁阳刘颖仙同游零陵名胜古迹朝阳岩，作“未逐渔舟去，来游楚氏楼。仙人不可见，愁对白蘋洲”，刻于朝阳岩石壁。

1920 年，51 岁

应赵恒惕之聘，与王正廷、蒋方震、彭允彝、李剑农等组成湖南省宪法起草委员会，起草《湖南省宪法》。

1922 年，53 岁

《湖南省宪法》于 1922 年元旦正式公布。1 月 7 日，省议员竞选活动展开。5 月 1 日，湖南第一届省议会自行集会，当选为议员。

8 月 23 日，“联省自治促进会假中华路某宅开筹备会议”，与章太炎、曹亚伯、刘君亮等 20 余人与会。

出任鄂北司令，与冯玉祥、孙岳等部联合，抗阻北洋军阀曹锟、吴佩孚南下。

6 月，陈炯明发动武装叛变，孙中山被迫移驻永丰舰（后改名为中山舰），暂避其锋，与谢良牧等拟编组军队请命讨伐，汪精卫、居正、谢持及韩恢等国民党要人，均预闻此事，但不幸事机不密泄露，其部属成振湘等人遇难，乃以失败而告终。

是年，原配王夫人逝世，享年 55 岁。

1923 年，54 岁

率湘军讨贼军一路经郴州、韶关，配合友军，进驻广州，驱逐陈炯明残部。

应家乡清末举人王章永之约请，任《土桥庙 · 五侯祠志》

倡修。

1924 年，55 岁

10 月，冯玉祥、胡景翼发动“北京政变”。“曾与谋议”，与钮永建、赵皖江奔走联络，在冯玉祥、胡景翼两人之间穿针引线，出力甚多。

是年，被胡景翼委派为豫北游击司令。

是年，湖南发生大水灾，宁乡受灾严重。“痛切剥肤”，联合其他旅沪湘籍人士，“向沪慈善家竭诚呼号，冀得巨款，以救燃眉”。并“组成湖南水灾义赈会，设会所于恒丰纱厂批发所内”，与王一亭、周震鳞、聂云台等出任干事。

1925 年，56 岁

4 月 6 日，赴北京碧云寺孙中山先生遗体停厝之处，参加祭奠。

5 月 3 日，河南各界召开追悼孙中山、胡景翼大会，著文悼念。

1926 年，57 岁

参加北伐，任鄂豫边防司令。

1927 年，58 岁

任南京国民政府行政院参议。“四一二”反革命政变后，多次应互济会共产党员汤匊中请托，冒险营救和保护一些共产党员，还协助周恩来营救曹瑛、陶铸、龚饮冰、王一清、陈永清、戴云、刘立青、徐耘夫等出狱。后因与蒋介石政见不合，去职还家，隐居乡里。

1930 年，61 岁

11 月，参加国务会议，提出“大赦”议案。

1932 年，63 岁

鉴于当时国人吸食鸦片成风，奸商猖獗贩卖烟土，向行政院提出“禁烟”议案。

1935 年，66 岁

是年，共产党员李品珍同志与湖南大学进步学生黄鼎青在宁乡县创办《沩风》刊物，宣传革命真理，对此极力支持，热情赞助，并受聘为“沩风社”的董事。

1936 年，67 岁

闻知“西安事变”，致电行政院副院长孔祥熙：“大敌（日寇）当前，宜以和平议叙为上策。”

1937 年，68 岁

抗日战争爆发后，在乡与汤匊中等联合组织湖南抗日义勇军游击队，任总司令，并与八路军驻湘通讯处有所联系。

1938 年，69 岁

还乡隐居，闭户读书，甘于淡泊。年初闻悉南京大屠杀惨案，极其愤慨地表示：“日本不败，那就没有天理。”

11 月，痛惜长沙文夕大火，悲愤吟诗一首：“一炬成灰实可哀，鲁灵宫殿独崔嵬。昊天有意留残蜡，权作王孙避债台。”

1939 年，70 岁

被湖南省主席薛岳拘押，经周震鳞、贺耀祖等人据理力争，保释出狱。

1941 年，72 岁

参与编修《宁乡县志》。

续娶宁乡周颖芝。

1943 年，74 岁

2 月 7 日（正月初三），子黄祖同[①]出生。

---

① 黄祖同，字承怡，因黄钺虚岁 75 岁得子，故取乳名“七五”，系宁乡县技术监督局退休干部、当地知名文史专家。1983 年当选为宁乡县第九届人大代表，1982 年至 2002 年，任长沙市第五至八届政协委员。

12 月 24 日（农历十一月二十八日亥时），病逝于宁乡故居，享年 74 岁，葬老家后山。翌年春，墓址由当时的国民政府拨专款修缮，2011 年由湖南省人民政府公布为省级文物保护单位。

后　记

黄钺是辛亥革命时期著名的资产阶级民主革命家，也是一个充满传奇色彩的英雄人物。长期以来由于资料匮缺，对黄钺的研究几乎无人问津。适逢导师饶怀民教授主编“湘籍辛亥风云人物传记丛书”，将《甘肃临时军政府都督黄钺传》列入其中，并命我执笔。自2013年始，我利用工作余暇，远赴北京、甘肃等地，收集史料，继而挑灯夜读，撰写书稿，乐此不倦。经过三年多努力，这部《甘肃临时军政府都督黄钺传》终于得以完稿。

在本书撰写过程中，导师饶怀民教授精心指导，从标题到篇章结构乃至语言文字都提出许多修改意见，为本书增色不少；黄钺之子黄祖同亲自陪同作者赴黄钺故居考察，并将其收藏的大量第一手资料倾囊相赠；原全国政协委员、湖南省政协常委、民革中央委员、民革湖南省委副主任、黄兴长孙黄伟民，湖南省教育厅副巡视员邓江祁教授，中共湖南省委党校党史部主任霍修勇教授，湖南省社会科学院党组成员、副厅级纪检员刘云波研究员，湖南师范大学历史文化学院院长钟声教授、副院长刘利民教授，湖南商学院王佩良教授、阳信生副教授，湖南省地方志编纂委员会省志编纂处处长黄俊军博士，上海大学彭善明教授，湖南大学陶贤都副教授，长沙师范学院周若清副教授，湖南农业大学期刊社社长赵佳荣教授、李东辉副编审、曾凡盛副编审，湖南农业大学马克思主义学院院长刘新春教授、严明春书记、副院长王健教授、杨惠兰副教授等领导、师友、同事给予了热情帮助；国家图书馆、上海图书馆、甘肃省图书馆、甘肃省档案馆、湖南图书馆、湖南省档案馆、湖南省方志馆、湖南师范大学图书馆、湖南农业大学图书馆等单位为作者提供了大量文献资料；同时，本书还得到岳麓书社领导的大力支持，责任编辑管巧灵、王文西、邱建明为本书的出版付出了辛勤的劳动。当本书付梓之际，一并致以诚挚感谢！

由于水平有限，本书的疏漏和错误之处在所难免，敬请专家和读者不吝赐教。

陈向科

2016 年 5 月 10 日

图书在版编目(CIP)数据

甘肃临时军政府都督黄钺传/陈向科著．—长沙：岳麓书社，2017．11
(湘籍辛亥风云人物传记丛书)
ISBN 978-7-5538-0787-4

Ⅰ．①甘…　Ⅱ．①陈…　Ⅲ．①黄钺(1869—1943)—传记
Ⅳ．①K827=52

中国版本图书馆CIP数据核字(2017)第229372号

GANSU LINSHI JUNZHENGFU DUDU HUANGYUE ZHUAN

甘肃临时军政府都督黄钺传

作　　者：陈向科
责任编辑：管巧灵　王文西　邱建明
责任校对：舒　舍
封面设计：胡　颖

岳麓书社出版发行
地址：湖南省长沙市爱民路47号
直销电话：0731-88804152　0731-88885616
邮编：410006
岳麓书社网址：www.yueluhistory.com

2017年11月第1版第1次印刷
开本：890×1240　1/32
印张：8.125
字数：226千字
ISBN 978-7-5538-0787-4
定价：28.00元

承印：长沙鸿和印务有限公司

如有印装质量问题，请与本社印务部联系
电话：0731-88884129